Klaus von Beyme

Politische Theorien
in Russland

Klaus von Beyme

Politische Theorien in Russland

1789 – 1945

Springer Fachmedien Wiesbaden GmbH

Die Deutsche Bibliothek – CIP-Einheitsaufnahme

1. Auflage Dezember 2001

Alle Rechte vorbehalten
© Springer Fachmedien Wiesbaden 2001
Ursprünglich erschienen bei Westdeutscher Verlag GmbH, Wiesbaden 2001

www.westdeutschervlg.de

Umschlaggestaltung: Horst Dieter Bürkle, Darmstadt

Gedruckt auf säurefreiem und chlorfrei gebleichtem Papier

ISBN 978-3-531-13697-4   ISBN 978-3-663-11102-3 (eBook)
DOI 10.1007/978-3-663-11102-3

Inhaltsverzeichnis

Einleitung

Nur die sechs größten Länder Europas haben nach 1789 durchgehend beachtliche Beiträge zur politischen Theoriebildung geleistet. Russland unterschied sich jedoch selbst von einem anderen wenig entwickelten Land wie Spanien durch die ungebrochene Kontinuität seiner Autokratie, die in Spanien in den Turbulenzen ständiger Pronunciamientos immer wieder einmal unterging. Daher fehlten Russland als einziger europäischer intellektueller und politischer Großmacht einige Vorbedingungen für die Herausbildung einer eigenständigen Theorie der Politik:

1) Der Dualismus zwischen Kirche und Staat hat in Westeuropa die Eigenständigkeit des Staatsdenkens seit Dante, Ockham oder Cusanus beflügelt. Im Cäsaro-Papismus der orthodoxen Länder fielen geistliches und weltliches Oberhaupt zusammen. Erst als diese Symbiose erschüttert wurde, hatten schwache Zaren wie Paul es nötig zu dekretieren, dass die Kirche sich bedingungslos der Unterstützung der weltlichen Macht zu widmen habe. In Russland hatte es Abspaltungen „rechtgläubiger" Sekten gegeben, aber keine Herausforderung wie die Reformation, die selbst in katholisch gebliebenen Ländern wie Spanien und Italien Anreiz für ein eigenständiges politisches Denken bot.

2) Es fehlte in Russland eine eigenständige altständische Tradition, die Ansatzpunkt zu einer Fronde gegen die Autokratie werden konnte. Die Bojaren-Duma wurde zwar von den Slawophilen später verklärt, aber es gab keine Kontinuität zum Zemstvo-Parlamentarismus des späten Neunzehnten Jahrhunderts.

3) Die Herausforderung der französischen Revolution - die in allen westeuropäischen Ländern eigenständiges Denken anregte - war in Russland nicht existenzbedrohend gewesen. Unter dem später geisteskranken Zaren Paul durften in Reaktion auf die Revolution Worte wie „citoyen" oder „société" nicht benutzt werden, obwohl man bei Hofe weitgehend französisch sprach. Russland wurde von Napoleon 1812 bis Moskau bedroht, aber die rasche Vertreibung hat kein Trauma hinterlassen, wie die napoleonische Willkür von Spanien bis Preußen. Als Alexander I (1801-1825) an die Macht kam, schienen Autokratie und Aufklärung in Einklang zu stehen. Alexander war von dem Schweizer Laharpe erzogen worden,

der später Mitglied des Direktorium der Helvetischen Republik wurde. Er war ein Aufklärer und Republikaner. Russland durfte nach dieser Sozialisation auf eine liberale Öffnung hoffen. Zur Beginn der Regierungszeit Alexanders wurden Theoretiker wie Montesquieu, Smith oder Bentham übersetzt. Selbst Robert Owens sozialistische Experimente soll der Zar anfangs finanziell unterstützt haben. Aber Alexander I enttäuschte die Hoffnungen der aufgeklärten Geister in Russland bitter. Statt liberaler Theoretiker gewannen in der Zeit der Restauration konservative Vordenker von Chateaubriand bis Schelling an Einfluss bei Hofe. De Maistre, das Haupt der konterrevolutionären Publizistik, hat als langjähriger Botschafter für Piemont-Savoyen seinen Einfluss in Petersburg direkt geltend gemacht, und Franz von Baader hat dies indirekt durch Denkschriften getan, auch wenn ihm schließlich sogar die Einreise verwehrt wurde, weil man seinen Einfluss auf gewisse christliche Kreise in Russland bedenklich fand.

Es hat auch in Russland in der Ära Zar Alexanders Ansätze zu einem „Beamtenliberalismus" wie in Deutschland oder Spanien gegeben. M. M. Speranskij (1808-1812) als leitender Staatsmann hat dem Zaren Reformgesetze vorgelegt. Sie wurde von ihm gutgeheißen, aber nicht durchgesetzt. Eine konstitutionelle Monarchie, die zum Kompromiss zwischen Revolution und monarchischem Prinzip in Westeuropa wurde, konnte in Russland nicht entstehen. Es gab keinen Ansatz zu einer Nationalrepräsentation. Selbst Preußen, wo diese erst in der zweiten Hälfte des 19. Jahrhunderts durchgesetzt wurde, obwohl sie früh versprochen worden war, hatte Ansätze zu einer Repräsentativverfassung in den Provinzialständen. Das Zemstvo-System bekam in Russland nicht vor 1864 eine Chance, und nicht vor 1906 kam es in der ersten Duma zu einer Repräsentation der gesamten Nation. Selbst diese wurde bald wieder aufgelöst und erst in der dritten Duma war das Wahlrecht so weitgehend manipuliert, dass die Opposition (liberale Kadetten und Sozialdemokraten) in der Minderheit blieb.

4) Es fehlte Russland das Gefühl der Niederlage, das in Spanien, in Preußen (1806) und in Frankreich (1871) einen theoretischen Lernprozess auslöste. Die Rheinbundstaaten, die italienischen Satellitenstaaten und Spanien waren dem Geist der französischen Modernisierung direkt ausgesetzt worden - nicht nur durch den Transfer von Ideen. Lediglich Österreich blieb ein Hort der Reaktion, in dem sich eine bezahlte konservative Publizistik um Metternich scharte (Gentz, Müller, F. Schlegel). Italien war vom jakobinischen und liberalen Geist so stark geprägt worden, dass noch im Risorgimento der Konservatismus mit einem Tropfen liberalen Öls gesalbt blieb. Spanien hatte in den Cortes von Cádiz eine liberale Verfassung erarbeitet, die selbst für die russischen Aufständischen der Dekabristen (1825) vorbildlich wurde. Spaniens antinapoleonische Guerilla-Revolution war zwar überwiegend von konservativ-klerikalen Kräften getragen,

aber es gab eine Gruppe der „afrancesados", die mit französischer Aufklärung liebäugelten und von der napoleonischen Besatzungsherrschaft enttäuscht wurden. Nur Russland hatte die Bedrohung durch Napoleon selbst 1812 als uneingeschränkten Sieg wahrgenommen. Es wurde zur Vormacht Europas und Hüter der Heiligen Allianz.

Der Mythos der Unbesiegbarkeit der russischen Waffen erwies sich als ähnlich fatal wie in Preußen nach Friedrich dem Grossen. Er führte zu selbstgefälliger Ruhe im Status quo. Erst im Krimkrieg (1853-1856) wurden die Russen einmal besiegt, als die Westmächte den bedrängten Türken zu Hilfe kamen. Diese Niederlage hatte aber nicht die positiven „Folgen von Jena" für einen politischen und theoretischen Geistesfrühling. Im Gegenteil. Die Verherrlichung des Slawentums durch die Slawophilen, die einst das friedliche Nebeneinander der slawischen Völker betonte, wurde von einem expansionistischen Nationalismus und Panslawismus abgelöst. Selbst die jüngeren Slawophilen wie Samarin blieben von dieser Welle nicht unberührt.

Eine positive Wirkung entfaltete erst die zweite Niederlage im Russisch-Japanischen Krieg 1904. Innenpolitisch war die Folge die Revolution von 1905 und der Übergang zum „Scheinkonstitutionalismus", wie Max Weber das Experiment abwertete. Zugleich war der Prozess von einer Neuorientierung des liberalen und des neuen religiösen Denkens begleitet, das aus der Starre der kirchlichen Orthodoxie herausführte. Außenpolitisch waren die Wirkungen der Niederlage gegen Japan - die Niederlage gegen ein nicht-europäisches Land galt als besonders schimpflich - weniger günstig. Russland wandte sich in seinem Expansionsdrang von Asien ab und wieder dem Balkan zu. Die Rivalität zu Österreich-Ungarn hatte Fernwirkungen bis zum Ausbruch des Ersten Weltkrieges.

Moderne politische Theorien - meist verbunden mit ideologischen Positionen der großen Parteien - entstanden in ganz Europa als Reaktion auf die Polarisierung, welche die französische Revolution bewirkt hatte. Sie blieb auch nicht einflusslos in Russland, obwohl hier die Polarisierung älteren Ursprungs war: Sie betraf schon das Pro und Contra zur Modernisierung, die Peter der Große eingeleitet hatte. Russland war nicht direkt vom Geist der Revolution bedroht - wie selbst Österreich. Der schwankende Zar Alexander hat als Bewunderer Napoleons sogar ein bipolares System der Machtteilung in Europa akzeptiert. Er konnte so mit Napoleons Einverständnis den Schweden Finnland abnehmen (1808). Weder eine liberale noch eine konservative Gruppierung fanden im Staatsleben einen Ansatzpunkt. Die Slawophilen entwickelten eine Polarisierung zu den Westlern. Aber letztere waren - wie ihr Vordenker Čaadaev - keineswegs eindeutig liberal zu nennen, sowenig wie die Slawophilen eindeutig „konservativ" waren. Sie dachten a-staatlich und standen in wichtigen Fragen wie der Leibeigenschaft gegen die

Ansichten des Systems. Reaktionär waren sie allenfalls in ihrer rückwärtsgewandten historischen Utopie - politisch dachten sie eher „reformkonservativ",
soweit sie nicht gänzlich unpolitisch blieben.

Die Autokratie blieb so wenig in Frage gestellt, dass selbst der frühe Liberalismus sich nicht entfalten konnte, und rasch in den Radikalismus abgedrängt
wurde. Wo er andererseits konservativ wurde, wie bei Kavelin oder Čičerin, geriet er gleichwohl bei Kleinigkeiten - wie Čičerins Forderung einer Verfassung
während eines Banketts - in Konflikt mit der Staatsmacht. Überall in Europa gab
es einen gemäßigten konstitutionellen Liberalismus. Daneben entwickelte sich ein
demokratischer Radikalismus, anfangs sogar in England (Priestley, Paine,
Bentham). Stark war er vor allem in den romanischen Ländern. Deutschlands
Sonderweg führte in die Marginalisierung des Radikalismus und die konservative
Wende in einen „Nationalliberalismus". Nicht einmal diesen Sonderweg konnte
Russland nachvollziehen, so sehr es sich sonst bei Preußen gelegentlich inspirierte (Zemstvo, Dreiklassenwahlrecht). Russlands Liberalismus wurde rasch zum
populistischen Sozialismus der Narodniki. Angesichts der geringen Aussichten
auf eine pragmatische liberale Politik konnte sich der Anarchismus in Russland
entwickeln - in bewusster Frontstellung gegen die deutschen „Staatssozialisten"
Lassallescher oder Marxscher Prägung. Nur Russland brachte anarchistische
Theoretiker wie Bakunin und Kropotkin hervor, die überregionale Bedeutung
erlangten. Auch wenn der Anarchismus als Bewegung in Süditalien und in Süd-
spanien stärker war als in Russland, so war die Führung dieser Bewegungen doch
eher untheoretisch.

Angesichts der Frontstellung der Narodniki und Anarchisten - die zwei
Jahrzehnte die politische Theoriebildung dominierten - gegen den deutschen
Staatssozialismus, war es verwunderlich, dass in Russland die autoritärste Form
des Staatssozialismus seit den 1890er Jahren siegte. Autokratie schien nur durch
Autokratie bekämpft werden zu können. Gegen alle Prognosen des historischen
Fahrplans der marxistischen Theorie blieb diese Form des Sozialismus siegreich
und konnte sich 70 Jahre an der Macht halten. Zum zweiten Mal wurde Russland
in die Position einer Weltmacht erhoben - diesmal im Zeichen des Roten Sterns.

Bei den drei Grundströmungen, die aus der „Hosenbodengeographie" westlicher Parlamente abgeleitet sind (Liberalismus/Radikalismus, Konservatismus,
Sozialismus/Anarchismus/ Kommunismus), muss die Frage aufgeworfen werden,
ob in einer Autokratie wie Russland diese Begriffe anwendbar waren. Der Verfasser hat dies gleichwohl gewagt. Einmal weil die russischen Theoretiker und
Akteure sich selbst weitgehend in diese Rubriken einordneten. Nur die Selbstbe-
zeichnung „konservativ" war selten, aber dieses Phänomen war nicht auf Russland beschränkt. Zum anderen, weil eine transnationale Vergleichbarkeit diese
Einordnung geboten erscheinen lässt. Der Vergleich des russischen Sonderweges

zeigt, dass es eigentlich überall in Europa Sonderwege gegeben hat. Eine „normale" Geschichte der politischen Theorien entwickelte sich nur in Frankreich. Großbritannien brachte wenige Theoretiker von übernationaler Bedeutung hervor, wie Bentham, Burke oder Mill. Aber schon die Existenz von ideologischen Parteien konservierte ein ausdifferenziertes Theorieangebot in allen drei Grundströmungen. Im transnationalen Vergleich ist der Blick auf jede Nation einseitig: Deutschland figuriert in allgemeinen Darstellungen nur durch die deutschen Idealisten und durch Marx. Italien scheint nichts zu besitzen als national-liberale Risorgimento-Theoretiker, und Spanien konnte nur durch reaktionäre christliche Staatstheoretiker Aufmerksamkeit auf sich ziehen. Damit verglichen ist die russische Theorielandschaft fast vielseitig zu nennen: christlich-religiöses Denken bei der Rechten und sozialistische und anarchistische Denker bei der Linken haben internationales Interesse gefunden. Nur die russischen Liberalen blieben unbeachtet. Als der Verfasser 1959 in Moskau Material für seine Doktorarbeit suchte (1965), fragte ein sowjetischer Kollege: „Wollen Sie wirklich diese von Lenin erledigten Bourgeois-Theoretiker wieder ausgraben?". Nach 1991 hatte sich das Blatt gewendet. Als mich der erste Verfassungsgerichtspräsident der Russischen Föderation, Zor'kin, empfing, eröffnete er das Gespräch mit: „Wir haben einen gemeinsamen Freund". Ich dachte, welcher Kollege könne das wohl sein? Aber ich wurde aufgeklärt: „Boris N. Čičerin spielt in den Dissertationen von uns beiden eine prominente Rolle". Diese Dissertation war mein einziges Buch, das in der Lenin-Bibliothek nicht im „zakratij fond" (geschlossener Fonds) unter Verschluss gehalten wurde - so politisch unverdächtig war das archivarische Interesse an den Liberalen in der Sowjetunion geworden. Nach der Wende wurden diese verschütteten Traditionen wieder ausgegraben und ihre Autoren werden neu aufgelegt. Selbst Berdjaev erlebte schon im letzten Jahr der Herrschaft Gorbačëvs ein Renaissance auf dem Buchmarkt. 1991 konnte bereits die Bibel des Neo-Idealismus „Vechi" von 1909 wieder erscheinen. Nicht einmal die Säulenheiligen des alten Regimes verschwanden vom Buchmarkt, weil die Kommunisten immer noch die stärkste Partei in der Duma waren und eine Vielzahl von linken Zirkeln und Sekten das Interesse an der Revolutionsliteratur stärker wach hielt als in anderen ex-sozialistischen Ländern.

Die Geschichte des politischen Denkens im Zeitalter der Ideologien ging Sonderwege vor allem in Deutschland, Spanien und Russland. Italien war der einzige glückliche Nachzügler des politischen Denkens: Sein Nationalstaat wurde von den großen Mächten - mit Ausnahme von Österreich-Ungarn - nicht beargwöhnt und als bedrohlich empfunden. Die Risorgimento-Denker und Politiker waren in einen konservativ-liberalen Konsens eingebettet, auch wenn Cavour bei der Einigung des Landes nicht ohne „Blut und Eisen" auskam. Aber da war immer noch Garibaldi - der demokratische Revoluzzer-Held, der benutzt wurde, ohne eigenständig zu siegen - und doch hatte kein Land ihm Vergleichbares an die Seite zu stellen.

Nur Spanien hat mit vergleichbarer Intensität eine Weile darüber nachgedacht, ob es zu Europa gehöre. In Russland war die Frage „Russland und/oder Europa" jedoch von makabrer Dominanz in der politischen Diskussion. Nur England und Frankreich wurden für die Theorien anderer Länder schon früh vorbildlich, Deutschland folgte erst in den 1830er Jahren. Russland hingegen ist nie von einem anderen europäischen Land als vorbildlich im politischen Denken und Handeln angesehen worden. Es gab zwar eine Kollusion zwischen Preußen und Russland von Tauroggen bis Rapallo, aber sie war untheoretischer Natur, und bezog sich auf harte Kabinettspolitik. Russland konnte es im westlichen Denken allenfalls so weit bringen, als Großmacht der Zukunft angesehen zu werden. Doch von Tocqueville bis Donoso Cortés war mit dieser Erkenntnis niemals ein besonderes Lob oder gar freudige Erwartung verbunden. Russland wurde als finstere Autokratie wahrgenommen. Der Prozess der Image-Bildung wurde verstärkt durch die Bewunderung des aufmüpfigen Polen, das eine breite Sympathie-Koalition von den Liberalen bis zur extremen Linken für sich mobilisieren konnte.

Russlands Denken hatte einen gewissen exotischen Reiz für zivilisationsübersättigte westliche Intellektuelle. Davon profitierten aber nur die Extreme vom slawophilen Traditionalismus bis zum Anarchismus und Kommunismus. Die Ablehnung des Terrorregimes, das Lenin errichtete, reichte selbst in der Linken von Kautsky bis zu Rosa Luxemburg. Aber auch diese negative Einstellung hat das Interesse am russischen Denken auf den exotischen Aspekt der „Vorläufer" gelenkt und viele andere eigenständige Stränge der Theoriebildung überschattet. Erst mit dem Ende des kommunistischen Experiments können die ausdifferenzierten Positionen der russischen Linken wieder losgelöst von dem teleologischen Aspekt einer Entwicklung, die angeblich folgerichtig „von Bakunin zu Lenin" verlief (Scheibert 1956), betrachtet werden. Auch die deutsche Theoriegeschichte wurde wieder entspannter beurteilt, als nach dem Ende des Nationalsozialismus Buchtitel obsolet wurden wie „Von Luther zu Hitler" (McGovern) oder „Von Schelling zu Hitler" (Lukács). Der russische Liberale Pëtr Struve hat einmal beklagt, dass dieses Interesse am russischen Exotismus auch vor der großen Literatur nicht Halt mache: Puschkin werde im Westen unterbewertet, weil man ihn „zu westlich" fand. Die Literaturrezeption im Inneren Russlands war häufig ähnlich einseitig: Der Westler und aristokratische Emigrant Turgen'ev wurde weniger geschätzt als angebliche „Ur-Russen", wie Gogol' oder Leskov.

In politisch wenig entwickelten Ländern wie Russland waren die politischen Institutionen defizitär. Dieser Umstand hat eine pragmatische Theoriebildung im Bereich der Politik nicht gerade begünstigt. Die Flucht in die Abstraktion normativer Modelle - als Gegenpol zum tristen Alltag der Autokratie - lag nahe. Diese Flucht in rückwärtsgewandte historische Utopien (Slawophile) oder zukunftsgerichtete Utopien (Anarchisten), oder gar die Kombination von beidem (die Narodniki), hat zur Überfrachtung des politischen Denkens mit politikfernen Elementen beigetragen. Religion und Dichtung boten sich am stärksten an. Die positive oder negative Obsession für religiöse Themen hat die Neigung zur Herausbildung von Amateurtheologen verstärkt, wie sie im Westen auch von Schelling bis Baader und bis zu den Junghegelianern eine Weile auffällig wurden. Bei einigen russischen Denkern von Čaadaev bis Solov'ëv schlug die Frustration mit der erstarrten orthodoxen Kirche um in eine heimliche Bewunderung der katholischen Kirche.

Die soziale Lage der relegierten und zensierten Intelligenz, die von der Lohnschreiberei zu leben begann, zwang zum Broterwerb. Ein breiteres Publikum konnte man für radikale Ansichten allenfalls durch die Beschäftigung mit literarischen Themen gewinnen. Kein Wunder, dass Belinskij, Černyševskij, Dobroljubov, Pisarev oder Šelgunov ihre politischen Ansichten vielfach in literarischen Rezensionen ausbreiteten, wo sie für die Zensur weniger auffällig waren. Aber selbst dort, wo solche Rücksichten nicht mehr nötig schienen, blieb eine Neigung zum schöngeistigen Zitat auch in schwerblütigeren Texten russischer Theoretiker erhalten. Man nehme daher die Einstreuung von Gedicht-Fragmenten in diesen Text nicht nur für eine intellektuelle Marotte dieses Autors. Wie in Spanien und anderen weniger professionalisierten Kulturen war die gesamte literarische Tradition bei fast allen Autoren ungeheuer präsent und wurde nicht nur als Arabeske sondern als argumentationstragendes Element eingesetzt.

Ein allzu enger professionalisierter Begriff von politischer Theorie wird einer Geschichte der politischen Ideen in Russland nicht zugrunde gelegt werden können. Die Vorläufer dieses Versuchs haben zwischen zwei Optionen gewählt: entweder haben sie nur von „russischen Denkern" (Berlin 1971) oder von „Russian Thought" (Walicki 1985) gesprochen. Oder eines der am meisten vom Autor bewunderten Vorbilder nannte sich bescheiden: „Zur russischen Geschichts- und Religionsphilosophie" (Masaryk 1913), obwohl es hauptsächlich um politische Theorien ging. Eine dritte Gruppe von Autoren wählte einen Kompromiss und sprach von „Social Thought" (Hare 1951, Vucinich 1976) oder von „Politischer Soziologie" (von Beyme 1965). Nur zwei Bücher (Utechin 1966, Anderson 1967) wagten den Titel „Russian Political Thought". Wie immer aber die Buchtitel genannt wurden: Die Geschichte der politischen Theorien in Russland musste mehr noch als in Spanien, Italien oder Deutschland eine Fülle von Themen behandeln, die im Vorhof der politischen Theorie angesiedelt waren - von der Religions- bis zur Literaturkritik.

Im Zeitalter der klassischen Moderne entwickelte sich - geprägt vom Scientismus - die Neigung, solche „prämodernen" Allround-Theorien auch als prä-wissenschaftlich einzustufen. Die Pioniere der behavioralistischen Revolte in der Politikwissenschaft wie Charles Merriam (Political Power. Glencoe/Ill., Free Press, 1934, 1950: 102) und Harold Lasswell (H. Lasswell/A. Kaplan: Power and Society. A Framework for Political Inquiry. New Haven, Yale University Press, 1950: 118) sahen in der Theoriegeschichte nur „politische Doktrinen" und „Mythen" voller „miranda und credenda" - oder gar „soul stuff", wie deren Vorläufer Arthur F. Bentley wegwerfend formulierte. Ideologie- und utopie-freie Theorie der Politik begann für die Scientisten erst im 20. Jahrhundert. Nach dieser engen Definition könnten allenfalls einige liberale Soziologen von Kovalevskij bis Struve als wissenschaftliche Theorie der Politik in Anspruch genommen werden. Die im Ausland bekannteren Theoretiker von Lenin bis Berdjaev würden nicht zur politischen Theorie gerechnet werden können.

Nach den Wellen der Ideologiekritik am Scientismus, die von der Kritischen Theorie bis zur Theorie der Postmoderne zur Umwertung wissenschaftlicher Werte führten, sind wir wieder toleranter für den analytischen Gehalt prämoderner Theorien geworden. Eine Sozialgeschichte der politischen Theorien - die das unerreichte Ideal einer modernisierten Ideengeschichte geworden ist - versteht sich nicht mehr als „Dogmengeschichte", sondern sieht die Elemente der politischen Theorie im Zusammenhang mit den politischen Bewegungen der Zeit. Eine postmoderne „Mentalitätsgeschichte" hat ohnehin kein Problem mehr, mit vor- und para-wissenschaftlichen Elementen des Denkens und kann dem gewagten Versuch, eine Geschichte der politischen Theorien in Russland vorzulegen, mit der nötigen Milde begegnen.

Literatur: *Überblicke über den Gesamtbereich der politischen Theorien in Russland.*

Th. Anderson: Russian Political Thought. An Introduction. Ithaca, Cornell University Press, 1967.
I. Berlin: Russische Denker: Frankfurt, EVA, 1981.
K. von Beyme: Politische Soziologie im zaristischen Russland. Wiesbaden Harrassowitz, 1965.
N. von Bubnoff: Russische Religionsphilosophen. Heidelberg, Lambert Schneider, 1956.
F. Copleston: Philosophy in Russia. From Herzen to Lenin and Berdyaev. Tunbridge Wells, Search Press, 1986.

R. Hare: Pioneers of Russian Social Thought. Studies of Non-Marxian Formation in Nineteenth-Century Russia and of its partial revival in the Soviet Union. London, Oxford University Press, 1951.

R. V. Ivanov-Razumnik: Istorija russkoj obščestvennoj mysli. Sankt Petersburg, Stasjulevič 1908, 2.Aufl., 2 Bde.

H. Kohn: Die Slawen und der Westen. Wien, Herold, 1956.

A. Koyré: La philosophie et le problème nationale en Russie au début du XIXe siècle. Paris, Bibliothèque de l'Institut Français de Léningrad, 1929.

T. G. Masaryk: Zur Russischen Geschichts- und Religionsphilosophie. Jena, Eugen Diederichs, 1913, 2 Bde.

H. McLean u.a. (Hrsg.): Russian Thought and Politics. Cambridge/Mass, Harvard University Press, 1957.

P. Scheibert: Von Bakunin zu Lenin. Geschichte der russischen revolutionären Ideologien 1840-1895. Leiden, Brill, 1956 (Nachdruck 197o), Bd.1 (mehr nicht erschienen).

A. von Schelting: Russland und Europa im russischen Geschichtsdenken. Bern, Francke, 1948.

J. Scherrer: Politische Ideen im vorrevolutionären und revolutionären Russland. In: I. Fetscher/ H. Münkler (Hrsg.): Pipers Handbuch der politischen Ideen. München, Piper, 1987, Bd. 5: 203-281.

D. Tschižewskij (Hrsg): Hegel bei den Slawen. Darmstadt, Wissenschaftliche Buchgesellschaft, 1961, 2.Aufl.

S. V. Utechin: Russian Political Thought. New York, Praeger, 1963, dt.: Geschichte der politischen Ideen in Russland. Stuttgart, Kohlhammer, 1966.

A. Vucinich: Social Thought in Tsarist Russia. The Quest for a General Science of Society, 1861-1917. Chicago, Chicago University Press, 1976.

A. Walicki: A History of Russian Thought from Enlightenment to Marxism. Oxford, Clarendon, 198o.

V. Zenkovsky: Histoire de la philosophie russe. Paris, Gallimard, 1953, 2 Bde.

Teil I: Liberalismus und Radikalismus

Literatur:

I. Berlin: Russische Denker. Frankfurt, EVA, 1981.

K. von Beyme: Politische Soziologie im zaristischen Russland. Wiesbaden, Harrassowitz, 1965.

J.L. Evans: The Petraševskij circle 1845-1849. Den Haag, Mouton 1974.

G. Fischer: Russian Liberalism. From Gentry to Intelligentsia. Cambridge/Mass., Harvard University Press, 1958.

K. Frolich: The Emergence of Russian Constitutionalism 1900-1904. Den Haag, Nijhoff 1981

V.A. Kitaev: Ot frondy k ochranitel'stvu. Iz istorii russkoj liberal'noj mysli 50-60ch godov XIX veka. Moskau, Izdat. Mysl' 1972

E. Koyré: La philosophie et le problème national en Russie au début du XIXe siècle. Paris, Champion 1929

V. Leontovitsch: Geschichte des Liberalismus in Russland. Frankfurt, Klostermann, 1957.

W.B. Lincoln: In the Vanguard of Reform: Russia's Enlightened Bureaucrats 1825-1861. De Kalb/Ill., University of Northern Illinois Press 1982.

P. Miljukov: Iz istorii russkoj intelligencii. Sankt Petersburg, Montvid, 1903.

D. Offord: Portraits of Early Russian Liberals: A Study of the Thought of T.N. Granovsky, V.P. Botkin, P.V. Annenkov, A.V. Derzhinin and K.D. Kavelin. Cambridge, Cambridge University Press 1985

P. Scheibert: Von Bakunin zu Lenin. Geschichte der russischen revolutionären Ideologien 1840-1895. Leiden, Brill 1956, Bd. 1 (mehr nicht erschienen).

Sociologi Rossii i SNG XIX-XX vv. Bibliografičeskij spravočnik. Moskau, URSS 1999

W.S. Vucinich/T. Emmons (Hrsg.): The Zemstvo in Russia. Cambridge, Cambridge University Press 1982.

J. Walkin: The Rise of Democracy in Pre-Revolutionary Russia. London, Thames & Hudson, 1962.

1. Literarische Vorläufer

Quellen:

A. Radiščev: Puteš* estvie iz Peterburga v Moskvu (1790). Nachdruck Moskau, Akademija, 1935. 2 Bde.

N.M. Karamzin: Briefe eines reisenden Russen. Bergen, Müller & Kiepenheuer, 1953.
N.M. Karamzin: Izbrannye sočinenija. Moskau, Izdatel'stvo „Chudožestvennaja literatura", 1964, 2 Bde.

Literatur:

A. MacConnell: A Russian Philosophe Alexander Radishchev. Den Haag, Nijhoff 1964
R. Pipes: Karamzin's Conception of Monarchy. In: H. McLean u.a. (Hrsg.): Russian
Thought and Politics. Cambridge/Mass., Harvard University Press, 1957:;35-58
R.P. Thaler: Radishev, Britain and America. In: McLean, a.a.O.: 59-75.

In vielen Ländern einer nachholenden Modernisierung äußerte sich der Freiheits-
geist zunächst in verschlüsselter Form in der Literatur. Die Sprache Äsops war
geeigneter, die Zensur unbemerkt zu passieren als politische Traktate. Die Gattung der Reiseberichte als verschlüsselte Politikinformation hatte seit Montes-
quieus „Persischen Briefen" auch im westlichen Absolutismus Tradition entwik-
kelt. In Russland hat Karamzin westliche Länder beschrieben. Radiščev aber
beschrieb sein eigenes Land. Sein Schicksal zeigte, dass dies der gefährlichere
Weg war.

Die Reisebriefe des *Aleksandr Nikolaevič Radiščev* (1749-1802) haben ohne
Verschlüsselung die Missstände in Russland angeprangert. Das Buch „Reise von
Petersburg nach Moskau" (1790, 1935ff: 17ff, 138, 411ff) wurde zum Anlass,
den Autor wegen seiner Kritik am Leben der leibeigenen Bauern zum Tode zu
verurteilen. Die Aufgeklärtheit der Zarin Katharina, welche die westlichen Philosophen von Diderot bis Bentham gepriesen hatte, beschränkte sich auf die Um-
wandlung des Urteils in eine lebenslange Verbannung nach Sibirien.

Weniger anrüchig waren für die Zensur die „Briefe eines reisenden Russen"
von *Nikolaj Michajlovič Karamzin* (1766-1826). Im Gegensatz zu dem „Aufrührer" Radiščev blieb Karamzin ein adliger Grandseigneur, der seinem abstrakten
Humanitätsideal keineswegs die wirtschaftliche Grundlage seiner Schicht, die
Leibeigenschaft, zu opfern bereit war. Karamzin übte sich in Toleranz, setzte sich
aber von der angeblichen Intoleranz des westlichen Rationalismus ab. Die Spaltung von Westlern und Slawophilen ging schon bei ihm durch eine Person hin-
durch, wie später von Čaadaev bis Herzen. Einerseits beschrieb Karamzin die
Errungenschaften der westlichen Literatur und des Theaters in England und
Deutschland „ohne französische Schminke", andererseits bewunderte er Paris als
das Zentrum der Welt. London zog er freilich aus sozialen Gründen vor. Paris
war für ihn die „Stadt der Paläste, aus welchen mit Lumpen behangene Gerippe
kriechen". An London lobte er die „kleinen Häuser aus Backsteinen", „aus welchen die Gesundheit und Zufriedenheit mit edlem ruhigen Blick treten".

Die Merkwürdigkeiten der französischen Nationalversammlung oder einer englischen Parlamentswahl wurden freimütig beschrieben. Die Dreistigkeit der Revolutionäre ging ihm bereits in Straßburg auf die Nerven. Die erhabene Bescheidenheit von Kant oder Herder wurden an Deutschland gelobt, nicht ohne Demutsgesten vor ihrer Tiefe, die er kaum verstanden zu haben glaubt (Karamzin 1964 I: 99ff.; 1948: 44ff). Alle Versatzstücke von Eigenstolz und Minderwertigkeitskomplex der Debatte zwischen Westlern und Slawophilen fanden sich bereits in diesen Briefen.

Die russische Literaturgeschichte hat sich bemüht, die literarischen Vorläufer des Liberalismus zu „Philosophen" zu stilisieren (MacConnell 1964). Dennoch war der philosophische Gehalt dieser Werke eher bescheiden. Eine politische Theorie war sogar schwer zu entdecken. Sie ging nicht über ein an Montesquieu geschultes Verständnis des Rechtsstaats hinaus.

Die russische Sonderentwicklung, die viele Historiker der politischen Theorien faszinierte und erschreckte, begann als enge Verbindung von politischem Denken und politischer Tat. Niederlagen sind für die Entfaltung kritischen Denkens günstiger als Siege. Preußen hatte das 1806 erfahren. Russland aber schien keinen Anlass zur kritischen Selbstanalyse zu haben. Es war der eigentliche Sieger über Napoleon und nahm sich das Recht, selbst in fremden Ländern Westeuropas zu intervenieren. Die Intellektuellen mussten unter der Repression der „Heiligen Allianz" ab 1815 erkennen, dass die Hoffnungen, die sie in den angeblich „liberalen" Zaren Alexander gesetzt hatten, Illusionen waren. Der gleiche Herrscher, der sich in Frankreich für eine Verfassung einsetzte, und Polen repräsentative Institutionen versprach, blieb in Russland ein finsterer „Selbstherrscher".

2. Die Dekabristen

Quellen:

Dekabristy. Neizdannye materialy i stat'i. Moskau, Izd. Politkatoržan 1925.
G. Dudek (Hrsg.): Die Dekabristen. Dichtungen und Dokumente. Leipzig, Insel, 1975.
V.K. Kjuchel'beker: Dnevnik: Materialy k istorii russkoj literatury i obščestvennoj žizni 10-40 godov 19 veka. Moskva, Priboj, 1929
A. Puschkin: Ausgewählte Werke. Berlin, Aufbau Verlag, 1949, 4 Bde.
A. Rosen : Aus den Memoiren eines russischen Dekabristen. Leipzig, Hirzel, 1874.
Scipanova, I. J. (Hrsg.): Izbrannye social'no-političeskie i filosofskie proizvedenija dekabristov. Moskau, Gosudarstvennoe Izdatel'stvo 1951, 2 Bde (zit.: ISPD).
Zapiski dekabristov. London, Vol'naja russkaja tipografija, 1862-63, 2 Bde.

Literatur:

H. Lemberg: Die nationale Gedankenwelt der Dekabristen. Köln, Böhlau, 1963.
M. V. Nečkina: Dviženie dekabristov. Moskau, AN SSSR 1955, 2 Bde.
N. F. Nikandrov: Mirovozzrenie P.I. Pestelja. Leningrad, Izdatel'stvo Leningradskogo Universiteta 1955.
A. Ulam: Russlands gescheiterte Revolution. Von den Dekabristen bis zu den Dissidenten. München, Piper, 1985.
F. Venturi: Il moto decabrista e i fratelli Poggio. Turin, Einaudi 1956.
M. Zetlin: The Decembrists. New York, Internat. Univ. Press 1958.

Der Aufstand der Dekabristen 1825 in Russland hat erstmals Liberalismus und Radikalismus in der Theorie wie in der politischen Tat vereint. Weder die politische Tat noch die politische Theorie waren freilich ausgereift. Die spätere Würdigung hat die Dekabristen entweder zu kopflosen Dilettanten oder zu reflektierten Vorläufern der revolutionären Bewegung (Herzen, Ogarëv) stilisiert. *Alexander Puschkin*, der den Dekabristen innerlich nahestand, aber zum Glück schon verbannt war, so dass er nicht hineingezogen werden konnte, hat die Gruppe in einer Passage seines Epos „Eugen Onegin", die er schließlich herausnahm, um sich nicht zu belasten, nicht sehr schmeichelhaft beschrieben: „In froher Runde, zwischen Spottliedern und freundschaftlichen Diskussionen, bei Burgunder und Champagner, da wurden diese Umsturzpläne ausgeheckt. In ihrem tiefsten Inneren waren sie nicht revolutionär gesinnt. Es entsprang alles ihrer Langeweile, dem Tatenhunger ihres jungen Gemüts". (Sočinenija, Moskau 1957, V: 213). Das klang wie eine byronistische Romantiker-Gruppe, die aus dem „ennuie" heraus handelte und dachte.

1816 war eine geheime Gesellschaft gegründet worden, die sich zunächst „Bund der Rettung" nannte. Sie war nach Art von Freimauer-Logen organisiert. Ein Vorbild war der preußische Tugendbund von 1807, der nur sehr viel weniger hierarchisch gewesen ist. Die Organisation der Dekabristen erinnerte eher an den radikalen Flügel der „Volkstümler", die Narodniki-buntari. Im Statut dieses Bundes waren Ziele wie die konstitutionelle Monarchie und die Begrenzung des Einflusses von Ausländern festgeschrieben. Moderate Ziele verbanden sich mit einer revolutionären Ungeduld, die sich in Diskussionen über den „Tyrannenmord" Luft machte.

Puschkins Ode „Die Freiheit" (1817, AW I: 79) hatte einst das Stichwort geliefert:

> *„Tyrannen dieser Welt, erzittert!*
> *Du doch ermann' dich mutumwittert,*
> *steh auf gefall'ner Sklaven Schar!"*

Die Verse wurden bei vielen Verschwörern gefunden, ohne dass sich dem Dichter eine Verstrickung in die Verschwörung nachweisen ließ. Der Zar beschloss, Russlands größten Dichter nicht in die Prozesse hineinzuziehen. Er versuchte sogar, ihn als „Hofdichter" zu gewinnen. Das misslang. Der Zar behielt sich künftig das letzte Wort in Zensurfragen bei Puschkins Werken vor.

Intellektuell war die führende Gestalt der südlichen Dezembristen Oberst *Pavel Pestel'* (1793-1826). Seine Gedanken zu einer Verfassung hat er unter dem Titel „Russkaja pravda" geschrieben. Im Gegensatz zur nördlichen Gruppe der Dekabristen bestand er darauf, dass die Verfassung nicht einer konstituierenden Versammlung überlassen werden dürfte. Sie sollte sofort und notfalls diktatorisch dekretiert werden.

Pestel's Konstitutionalismus hielt sich an das übliche liberal-konstitutionelle Gedankengut. Originell war jedoch seine Ansicht zur Landfrage. Er wollte das Land in zwei Sektoren aufteilen, einen kommunalen und einen privaten. Der zweite sollte das Existenzminimum garantieren. Der kommunale Sektor sollte das „Surplus" produzieren. Seine Kommune-Ideen unterschieden sich jedoch von der herkömmlichen Dorfgemeinschaft (obščina). Die Freiheit der Berufswahl und des Wohnungswechsel war in seinen Kommunen garantiert. Bei den Narodniki, die sich weit linker als Pestel' fühlten, sollten über diese Frage später erbitterte Diskussionen beginnen. Obwohl Pestel' keine großen Sympathien für den Adel hatte, versuchte er doch aus politisch-taktischen Erwägungen einen Kompromiss mit den Großgrundbesitzern. Nur die größten Latifundisten mit über 10 000 Desjatinen Land sollten ohne Entschädigung die Hälfte ihres Bodens abtreten. Die mittleren Eigentümer sollten teilweise und die kleineren voll für ihre Landabgabe entschädigt werden.

Im Gegensatz zu *Alexandr Murav'ev*, sein Gegenspieler im Norden Russlands, waren bei Pestel' die Menschen- und Bürgerrechte voll garantiert. Eine Ausnahme bildeten die Assoziationsrechte. In diesem Punkt blieb er Zentralist, der alle funktionalen und territorialen Einheiten kontrollieren wollte. Nicht sehr „liberal" wirkten Pestel's Vorstellungen über die territoriale Aufteilung Russlands. Murav'ev hingegen war Föderalist. In geheimen Vorgesprächen wurde den polnischen Sympathisanten der Dezember-Bewegung die nationale Unabhängigkeit - in enger Verbindung mit Russland - versprochen. Die Juden waren in den Projekten zur Assimilierung frei gegeben. Juden, die das ablehnten, sollten eine Heimstatt im Nahen Orient finden. Gesellschaft war für Pestel' - im Gegensatz zu den Slawophilen - eine rationale Gemeinschaft, die planbar erschien (ISPD 1951, II: 75).

In seinem Eifer für Zentralisierung und Russifizierung war Pestel' ein Chauvinist, der für die Ausdehnung des Russischen Reiches plädierte. Petersburg als Hauptstadt hasste er und schlug statt dessen Nižnij Novgorod vor. Allenfalls

Moskau hätte er als Alternative akzeptiert. Pestel's Radikalismus ist auf seine deutsche Herkunft und einen längeren Aufenthalt in Sachsen zurückgeführt worden, wo seine Familie hergekommen war (Lemberg 1963: 58, 75). Wie später bei Peter Struve wurde die deutsche Vergangenheit der Familie gegen ihren Urheber ausgespielt. Zweifel weckte seine fehlende „Nicht-Rechtgläubigkeit", da er Lutheraner war. Seine Außenseiterrolle kompensierte er durch einen umso eifrigeren russischen Nationalismus und antideutschen Sprachpurismus. „Deutsch" an ihm war allenfalls die Pedanterie, mit der er seine Instruktionen ausarbeitete. Eine ähnliche Überkompensation fand sich bei Puschkins Freund *Wilhelm Karlovič Kjuchelbeker* (Küchelbecker) (1797-1846), der ebenfalls dekabristische Neigungen hatte. Ihm war schon der gemäßigte Karamzinismus zu westlich. In einer Vorlesung „Über die russische Sprache und russische Literatur" in Paris (1821, Dok. in: Dudek 1975: 416) erklärte er das Russische zur einzig „würdigen Rivalin des Griechischen", die ihren Homer und ihren Plato noch hervorbringen werde. Besonders verbissen kämpfte er gegen die Germanismen in der russischen Sprache - wie man heute weiß, vergeblich.

Viele der Gentry-Revolutionäre jener Zeit waren keine Revolutionäre im späteren Sinn. Auch in anderen Ländern hatte der Begriff „Revolution" den ursprünglichen Beigeschmack: Restauration eines untergegangenen besseren Zustandes. Das „gute alte Recht" wurde auch von süddeutschen Liberalen mit dem Beifall Ludwig Uhlands gefordert. Die Gruppe der Dekabristen war politisch keine wirkliche Einheit. Sergej Trubeckoj, den man als Diktator für den Notfall ausersehen hatte, scherte in letzter Minute aus. Michajl N. Murav'ev, der Bruder des profilierteren Aleksandr Murav'ev, wurde mit anderen verhaftet. Er konnte sich herauswinden und wurde 1830 und 1863 der gefürchtete „Henker der Polen" in den polnischen Aufständen. Ein Teil der Verschwörer ging ohne wirklichen Glauben an den Erfolg ans Werk. Die Gruppe wurde von den Aufständen in Spanien und Neapel (1820) und dem Aufstand der Griechen (1821) inspiriert. Die Zeit zum Handeln schien gekommen, weil Zar Alexander die in ihn gesetzten liberalen Hoffnungen enttäuscht hatte. Spätestens, als er den „Reformer" *Michajl Speranskij* - oft mit dem preußischen Beamtenliberalismus verglichen - entließ, wurde klar, dass der Zar nicht wirklich Reformen anstrebte. Als Puschkin 1819 ein Gedicht gegen die Leibeigenschaft schrieb, ließ der Zar, der eben noch auf dem ersten polnischen Reichstag Hoffnungen geweckt hatte, Puschkin Dank für die „edle Gesinnung" sagen. 1820 wurde er gleichwohl wegen Unbotmäßigkeit aus der Hauptstadt verbannt.

Völlige Uneinigkeit bestand im Bund hinsichtlich des Vorgehens gegen den Zaren. Einige wollten den Kaiser vor die Wahl „Tod oder Verfassung" stellen, andere wollten ihn mit seiner Familie ins Ausland abschieben und einen gefügigen Nachfolger suchen. Ein junger Offizier weihte den designierten Thronfolger

Nikolaj in die Verschwörung ein. Die Administration war auf den Putsch vorbereitet, auch wenn sie keine Namen der Beteiligten kannte (Rosen 1874: 39). Bei der Konfrontation der zarentreuen Truppen und der Rebellen genügten einige Artilleriesalven, um die Aufständischen in die Flucht zu treiben. Die Verhafteten verhielten sich kläglich: gegenseitige Vorwürfe, Selbstanklagen, Winseln um Gnade waren an der Tagesordnung. Zur Erklärung hat man den traditionellen Treuebegriff bemüht: Der Soldateneid galt auch gegenüber dem neuen Herrscher. Bei einigen hat auch die Hoffnung auf einen jungen Reformkaiser Tendenzen der Anbiederung gefördert. Selbst Bakunin hat in seiner Beichte später ähnlich würdelos gehandelt. Selten war eine mutige Haltung, wie sie Bestužev zeigte. Der Zar hat in fast sadomasochistischer Weise persönlich in die Verhöre eingegriffen. Als er Bestužev andeutete, dass er vielleicht Gnade finden könnte, antwortete dieser in Männerstolz vor Königsthronen: „Majestät, das ist eben das Unglück, dass Sie alles tun können, dass Sie über dem Gesetz stehen. Wir wollten nichts weiter als bewirken, dass das Los ihrer Untertanen künftig bloß vom Gesetz abhängig sei, nicht von Ihrer Laune" (Rosen 1874: 76).

Dem Zaren wurde geraten, aus Rücksicht auf die internationale Szene Milde walten zu lassen. Dem Herzog von Wellington gegenüber brüstete sich der Zar: „Ich werde Europa durch Milde in Erstaunen versetzen" (Rosen 1874: 139). Fünf der führenden Köpfe der Dekabristen, darunter Pestel', wurden gehängt, über Hundert wurden verbannt.

Nach diesem fehlgeschlagenen Experiment von Radikalen und Liberalen, die sich nicht auf ein Programm einigen konnten, waren die Aussichten auf eine liberale Entwicklung unter Zar Nikolaus I aufs Äußerste reduziert. Die Liberalen wurden gemäßigter, die Radikalen in Russland radikaler als die Pendants in westlichen Ländern. Erst Herzen und seine Freunde wagten, programmatisch wieder an die Tradition der Dekabristen anzuknüpfen. Herzens Freund Nikolaj Ogarëv schrieb zum „Andenken an die Männer des 14. Dezember 1825" (Dok. in: Dudek 1975: 449) eine Hymne auf Pestel'. Er schien ihm der einzige, der dem „gesunden Menschenverstand" treu blieb und nicht das Abendmahl vor der Hinrichtung nahm. Nicht weil er Lutheraner war, argumentierte Ogarëv, sondern weil er starken Charakters geblieben sei.

3. Russische Westler = Liberale? Čaadaev, Pečërin, Stankevič, Granovskij, Belinskij

Quellen:

V.G. Belinskij: Ausgewählte philosophische Schriften. Moskau, Verlag für Fremdsprachige Literatur, 1950.

P. Čaadaev: Sočinenija i pis'ma (Hrsg.M.Geršenzon). Moskau, Mamontov 1913/14, 2 Bde.

P. Tschaadajew: Schriften und Briefe (Hrsg. E. Hurwicz). München, Drei Masken, 1921.

A.D. Granovskij: Sočinenija. Moskau, Miljakov 1900

A. Herzen (Gercen): Byloe i dumy. Moskau, Gosudarstvennoe izdatel'stvo chudožestvenoj literatury 1958, 3 Bde.

A. Herzen: Mein Leben. Berlin, Aufbau Verlag, 1962, 3 Bde. (zit.: ML)

A. Puschkin: Ausgewählte Werke. Berlin, Aufbau Verlag, 1949, 4 Bde.

N.V. Stankevič: Perepiska. 1830-1840. Moskau, Mamontov, 1914.

Literatur:

E.J. Brown: Stankevich and his Moscow Circle. Stanford, Stanford University Press, 1966.

H. Falk: Das Weltbild Peter J. Tschaadajews nach seinen acht „Philosophischen Briefen". München, Isar-Verlag 1954

D. Tschiževskij (Hrsg.): Hegel bei den Slawen (Reichenberg 1934). Neudruck: Darmstadt, Wissenschaftliche Buchgesellschaft, 1961: 145-396.

Wie in Spanien wurde die Abgrenzung von Liberalen und Konservativen erschwert, weil die Intelligencija sich in ihrem Selbstverständnis nicht einig war: Sollte Russland sich dem Westen öffnen? Schon bei den Dekabristen wurde die Ambivalenz der Ansichten deutlich. Politischer Radikal-Liberalismus hatte sich mit Chauvinismus und dem Lob der Machtpolitik vermischt.

Die faktische Öffnung Russlands hat das intellektuelle Klima verändert. In den 1830er und 1840er Jahren reisten erstmals nicht nur Aristokraten durch Europa, sondern Adlige und Bürgersöhne strömten zum Studium nach Westeuropa, vor allem nach Berlin. Die „Gallomanie" wurde durch einen wachsenden Einfluss des deutschen Idealismus abgelöst, wie der Slawophile Kireevskij als erster konstatierte. Die Vorlieben russischer Intellektueller haben sich in Berlin schnell geteilt. Es galt die Daumenregel, dass Westler für Hegel waren, Slawophile für Schelling. Von dieser Regel aber gab es Ausnahmen. Čaadaev, der als erster Westler galt, begrüßte die Ablösung Hegels durch Schellings Philosophie. Hegels Philosophie hatte für Slawophile zwei Nachteile: Sie galt als abstrakt und rationalistisch, und sie wies den Slawen einen untergeordneten Platz in der Geschichte zu. Erst 1843 wurde ein Brief Hegels an den westfälischen Baron Boris von Uexküll von 1821 gedruckt, in dem Hegel (Briefe II: 297) ihm zu seinem „Vaterland" gratulierte, dass eine große Zukunft erwarte. Der slawophilen Seele tat es gut zu lesen, dass der große Germanozentriker in Berlin schon 1821 erkannt hatte: „Die anderen modernen Staaten, könnte es den Anschein haben, hätten bereits mehr oder weniger das Ziel ihrer Entwicklung erreicht; vielleicht hätten mehrere den Kulminationspunkt derselben schon hinter sich, und ihr Zustand sei statarisch (sic) geworden. Russland dagegen, schon vielleicht die stärkste Macht unter den übrigen, trage in seinem Schoß eine ungeheure Möglichkeit von Entwickelung seiner intensiven Natur". Ob das mehr als ein höflicher Einfall war (man denke allein an die zweifelhaften Komplimente, die Hegel Goethe für seine Farbenlehre machte) ist schwer zu entscheiden. Der Augenschein spricht dagegen. In seiner Geschichtsphilosophie hat er Russland schmählich vernachlässigt, wo er sich sogar der anderen Großmacht im Werden, Nordamerika, kritisch gewidmet hat (Die Vernunft in der Geschichte. Hamburg, Meiner, 1955, 5. Aufl.: 207). Seine Äußerungen von 1814 gegen die Russen, die ihm als „Baschkiren und Tschuwaschen Grauen einflößten, ließen nicht den Glauben an eine historische Weltmission Russlands erkennen.

Čaadaev hatte dem Denken der Dekabristen nahe gestanden. Im Rückblick hielt er den vorzeitigen Aufstandsversuch jedoch für ein nationales Verhängnis, weil der Fortschritt um ein halbes Jahrhundert verzögert worden sei. Der Adel, der selbst die Notwendigkeit zu Reformen einzusehen begonnen hatte, sei verschreckt worden, und könne sich nun nicht von der untertänigen Rolle eines Dienstadels zu einer politisch fähigen Aristokratie weiterentwickeln. Diese Ansicht wurde später von den Zemstvo-Liberalen als Kredo übernommen, wie Čičerin zeigen sollte.

Die ersten in Berlin studierenden Russen stürzten sich vor allem in Schellings Religionsphilosophie. Sie waren eher unpolitisch gesonnen. Erst mit *Vladimir Sergeevič Pečërin* (1807-1885) nahm das russische Interesse an Europa eine politische Dimension an, als er bei dem populären Hegel-Schüler Gans im Kolleg saß. Pečërin war von einem deutschen Bonapartisten erzogen worden. 1834 wandte er sich von der deutschen Philosophie ab und erwartete „Licht und Wärme" nur noch von Frankreich und England. Unter dem Einfluss von Lamennais und Mazzini brach er mit Russland und ging ins Ausland. Nur außerhalb Russlands glaubte er zu sich selbst kommen zu können. Pečërin plante eine freie russische Kolonie in Amerika, fand aber keinen Geldgeber. Nach Umwegen über die utopischen Sozialisten konvertierte er unter dem Einfluss von de Maistre zum Katholizismus und wurde Priester. Pečërin endete als Krankenhausgeistlicher in einem Kloster in Dublin.

In den 50er Jahren hatte Pečërin die „Glocke" (kolokol) abonniert und nahm mit Herzen Kontakt auf. Die Kirche wurde für ihn als soziale Institution zu einer ursprünglichen Demokratie deklariert. Christus schien ihm als der erste Republikaner. Als Priester hat Pečërin in seinem anarchischen Freiheitsdrang das Dogma der Unfehlbarkeit des Papstes vehement abgelehnt. 1853 schrieb er an Herzen (III, 1962: 502): „Ich kann Ihnen nicht die Sympathie verhehlen, die in meinem Herzen das Wort Freiheit erweckt - der Freiheit für meine unglückliche Heimat! Zweifeln Sie keinen Augenblick an der Aufrichtigkeit meines Wunsches nach einer Wiedergeburt Russlands. Bei alledem bin ich weitaus nicht mit allem in ihrem Programm einverstanden. Aber das hat nichts zu bedeuten. Die Liebe eines katholischen Priesters umfasst alle Meinungen und Parteien". Die Briefe dieses „Aussteigers", der eine Professur in Moskau aufgegeben hatte, um sich selbst zu finden, fehlen seither in keiner Geschichte des Denkens in Russland. Pečërin hat keine Theorie der Politik hinterlassen. Er schwankte zwischen jakobinischer Diktatur - bei Misstrauen gegenüber den Massen - und einem idealisierten Kirchenverständnis hin und her. Ebenso ambivalent war sein Verhältnis zu Russland. Alle Einflüsse von de Maistre bis Babeuf hat er durchlebt. Nur die liberale Mitte blieb ihm fremd.

Ähnlich ambivalent war das politische Denken von *Pëtr Čaadaev* (1794-1836). Er galt als Exponent des liberalen Denkens, dem Puschkin (AW I: 86) ein Denkmal setzte:

> *„Glaube Freund: der Morgen steigt herauf.*
> *Er wird das schönste Glück verdienen,*
> *aus Schlaf wacht Russland auf darauf,*
> *und auf der Tyrannei Ruinen*
> *schreibt es einst unsere Namen auf."*

Čaadaev wurde 1821 in den Geheimbund der Dekabristen aufgenommen, aber die Einladung kam zu spät. Wie Pečërin hat auch er eine vielversprechende Karriere (als Offizier) aufgegeben. Er hatte als Salonlöwe gegolten. Plötzlich wandte er sich ab vom seichten Petersburger Gesellschaftsleben. 1823 ging er ins Ausland und wandte sich - noch eine Parallele zu Pečërin - dem Katholizismus zu. 1826 kam er nach Russland zurück und widmete sich seinen Studien. Die acht philosophischen Briefe wurden 1828-1831 in französischer Sprache geschrieben. 1836 kam der erste Brief heraus und wurde eine Sensation. Erstmals wurde das Verhältnis Russlands zum Westen auf historisch-religiöser Grundlage entfaltet. Schelling hatte einen starken Einfluss auf ihn ausgeübt. Herzen (ML 1962 I: 694) kommentierte: „Der Brief Tschaadajews war ein unbarmherziger Schrei des Schmerzes und des Vorwurfs gegen das Russlands Peter I: es hatte ihn verdient." Das Establishment war empört, dass Russland als „weißer Fleck in der Entwicklung des Geistes" figurierte. Čaadaev wurde auf Befehl des Zaren Nikolaus für verrückt erklärt und musste sich verpflichten, nichts mehr zu publizieren. Wie bei Pečёrin tauchte in diesem Werk die Idee einer sozial verstandenen Theokratie auf. Der Drang zur Freiheit wurde nicht als eingeborener menschlicher Trieb aufgefasst. Das Individuum war für Čaadaev nichts ohne die Gesellschaft. Sein Bewusstsein stammte für ihn aus einer überindividuellen Quelle. Kants Philosophie wurde als die Vernunft des isolierten Individuums scharf kritisiert. Die Absonderung Russlands von Europa wurde zu einem Unglück erklärt. Aber die Anlehnung an Europa sollte nicht in Imitation verfallen. Die Ambivalenz von Westler- und Slawophilentum in einer Brust wurde schon bei Čaadaev sichtbar: „ohne uns so eng, wie manche sich einbilden, an Europa zu knüpfen und ohne uns die dort sich vollziehende große Bewegung mit unserem ganzen Wesen fühlen zu lassen, verbindet dieses recht schwache Band nichtsdestoweniger unser Schicksal mit der europäischen Gesellschaft". Aber: „Das was wir bei den anderen lernten, blieb als bloße Dekoration an der Oberfläche haften und drang nicht in unser Inneres hinein". Was Čaadaev (1921: 127) die „souveräne Gesellschaft" nannte - der Begriff könnte von Bonald stammen - hat solche Ausmaße angenommen, dass „wir bald mit Leib und Seele in den Wirbel der Welt hineingezogen sein werden."

Mit der Narrenfreiheit des für wahnsinnig Erklärten schrieb Čaadaev die „Apologie eines Irrsinnigen" (1837). Er nahm nichts von seinen Thesen zurück und spitzte einige sogar noch zu. Seit der Zeit Peter des Grossen hatte Russland nach seiner Ansicht nichts getan als auf den Westen zu starren. Selbst die russischen Herrscher, die Russland gängelten, haben den Russen die Sitten, die Kleidung, die Sprache des Westens aufgezwungen. Solche Töne wirkten umso provozierender als Čaadaev - wie Pečёrin an Herzen - auf französisch schrieb. Der russischen Oberschicht hielt Čaadaev (1921: 139) den Spiegel vor: „Ein westliches Land lehrt uns unsere eigene Geschichte; wir übersetzten die ganze westliche Literatur, lernten sie auswendig, zierten uns mit ihrem alten Plunder; wir waren schließlich glücklich, dem Westen zu ähneln, und stolz, wenn er sich herabließ, uns zu den Seinen zu rechnen".

Die Gegenbewegung gegen diese Fehlentwicklung, die Slawophilie - die Čaadaev (1921: 143) auf französisch als „fanatische Slavons" bezeichnete - waren in seinen Augen zum Scheitern verurteilt. Sie konnte zwar manche russische Kuriosität für das Museum zutage fördern, „aber der Zweifel ist wohl erlaubt, ob es ihnen je gelingen wird, aus unserer Heimaterde etwas zu gewinnen, womit sie die Leere unserer Seelen, das Vage unseres Geistes ausfüllen könnten". Auch die verworrensten Ereignisse der europäischen Geschichte hatten für Čaadaev einen Sinn, weil eine Idee dahinter stand. Im Osten fehlte ein Pendant. Die Gesellschaft hatte sich in Ost und West auseinander entwickelt (1921: 145): Im Osten dominierte die Gewalt - im Westen das Recht. Das „verborgene Denken" wurde von den Slawophilen später mystifiziert. Aber die Kritik an der Rechtsfremdheit Russlands sollte bis zu den „Vechi" (1909) von den Liberalen immer wieder angeprangert werden (vgl. Kap. Kistjakovskij). Čaadaev sah eine „neue Schule" in Russland entstehen, die Peters Werk zerstören wolle und sich vom Westen abwende. Er warnte die Slawophilen vor „blinder Vaterslandsliebe". Die Figur Peter des Großen war für die Westler ein Problem: Sie schätzten seinen Modernisierungsdrang, aber beklagten, dass er die Leibeigenschaft nicht aufgehoben sondern noch verschärft habe. Langfristig gesehen, war jedoch Peter nur ein Symptom des russischen Sonderweges. Die Ursache der Misere des Landes lag in der Abspaltung der Orthodoxen von der „einen Kirche". Manche seiner Gedanken erinnerten an Karamzin, obwohl er angeblich dessen Buch zum Zeitpunkt der Abfassung der Philosophischen Briefe nicht gekannt hatte.

Čaadaev war ein Westler, aber kein Liberaler und schon gar nicht ein Demokrat. Die Theoriehistoriker (Scheibert 1956: 53; Walicki 1980: 87) haben sich immer wieder schwer getan, Čaadaev als Vorläufer der Liberalen und Demokraten zu behandeln, weil er eigentlich tief konservativ dachte - wie so viele Denker der marginalen Länder, die hier unter „Liberalismus" behandelt werden. Selbst sein Westlertum hatte Grenzen. Čaadaev kritisierte den Rationalismus und den Empirizismus, die im Westen den größten Einfluss hatten. Seine teleologische Geschichtsphilosophie schien eine Weile an Hegel orientiert. Sehr bald wandte er sich jedoch Schelling zu, den er 1825 in Karlsbad kennen lernte. Schellings ästhetische Philosophie hat auch in Čaadaevs Briefen letztlich nicht politische Theorie sondern eher ästhetische Betrachtungen hervorgebracht. Diese Entwicklung wurde typisch sogar für die russische Linke von Belinskij bis Černyševskij (Kap. Sozialismus). Die Einheit von Inhalt und Form, das Streben über den Staat hinaus, der den Menschen zum Räderwerk degradiere, waren die Elemente in Schellings Philosophie, die Čaadaev faszinierten. 1841/42 hat Čaadaev (1921: 180) in einem Brief an Schelling dessen Ankunft in Berlin gepriesen, weil dort die bisher „souverän herrschende Philosophie, indem sie zu uns drang und in manchem unserer jungen Geister sich mit den Tagesideen verband, uns mit vollständiger Verfälschung unseres nationalen Gefühls bedroht". Er sah die multifunktionale Verwendbarkeit des Hegelianismus, mit ihrer „phantastischen Logik", die zur „arroganten Selbstapotheose" drängte. Čaadaev hat Schelling ermuntert, darin fortzufahren, „den Triumph über die selbstherrliche Philosophie zu genießen, die die Ihre zu verdrängen sich anmaßte: Sie sehen, die intellektuellen Schicksale eines großen Volkes hängen zum Teil von den eben errungenen Erfolgen Ihrer Lehre ab." Gegenüber dem westlerischsten unter den russischen Dichtern, Ivan Turgenev, hat er 1835 seine Haltung noch drastischer geäußert (1921: 161f). „Und was habe ich denn getan oder gesagt, um zur Opposition gerechnet zu werden? Ich sage und tue nichts als das eine, nämlich ich wiederhole, dass alles einem und demselben Ziele zustrebt und dass dieses Ziel das Gottesreich ist". Die Slawophilie (Kap. Konservatismus) wurde als Antwort auf Čaadaevs Lehren aufgefasst. Die „mystische Formel", die Čaadaev mit seinem Katholizismus aus Westeuropa mit nach Osten brachte, hat Herzen immerhin plausibel erscheinen lassen, dass die polnischen nationalen Dichter wie Mickiewicz und Krasinski „bis heute" diese Formel auf ihr Banner setzten. Herzen übersah freilich, dass Polen als politisch ausradiertes Land ein ganz anderes Verhältnis zum Katholizismus entwickeln musste als die Russen, die ihre „Rechtgläubigkeit" nicht selten in Herablassung gegenüber anderen Religionen umsetzten. Bei Čaadaev fand sich diese Herablassung nur gegenüber dem Protestantismus. Auch diese Argumentationsfigur könnte von Bonald stammen. Čaadaev verkannte in seinem Verdikt gegen den Protestantismus jedoch, wie viel preußischen Pietismus die idealistische Philosophie enthielt, die er vergötterte.

Der Kampf zwischen Westlern und Slawophilen, den Čaadaev auslöste, hatte Züge eines „Schattenboxens". Čaadaev hat auch ohne die Rückwendung zu Russland, welche die Radikalen wie Herzen oder Bakunin später vollzogen, die Vorzüge Russlands nie verleugnet. Die selbstquälerische Russland-Analyse ist sozial gedeutet worden: Verarmte Nebenlinien des Adels ohne Land wurden zu proletaroiden Existenzen in einer schlecht bezahlten Bürokratie. Die intellektuellen Schaukämpfe um Russland oder Europa wirkten wie die Widerspiegelung der politischen Hoffnungslosigkeit und des sozialen Anachronismus des russischen Bildungssystems (Scheibert 1956: 99). Anfangs gab es in beiden Lagern zahlreiche Gemeinsamkeiten. Čaadaev (1846 Brief an Circourt, 1921: 190) übersetzte eine Arbeit von Chomjakov, der sein Gegenspieler bei den Slawophilen wurde. Er tat dies, obwohl er dessen Ansichten nicht teilte und sie lieber widerlegt hätte. Es gab offenbar noch einen Rest von sozialer Solidarität in der Oberschicht. Sie zerfiel erst mit dem Übergang der radikalen Intelligencija zum Sozialismus seit Herzen.

Čaadaev - wie später Herzen - blieb in seinem Denken den politischen Fragen eigentümlich fern. Seine Verherrlichung Peter des Großen ließ sich von konservativen Hofkamarillen vereinnahmen und wirkte jedenfalls nicht liberal. Sein Verhältnis zur Nation blieb zwiespältig. Einerseits versuchte er seinen Freund Puschkin dazu zu bringen, auch französisch zu schreiben, weil dies die Sprache der „zivilisierten Welt" sei. Andererseits wurde sein Russlandbild zunehmend positiver. Das Sendungsbewusstsein führte zur Prognose einer großen russischen Zukunft (1921: 145ff). Da Čaadaev bei seinen liberal-konservativen monarchischen Ansichten blieb, war der Sendungsgedanke nicht demokratisch sondern konservativ ausdeutbar. Im Krimkrieg kam es Mitte der 50er Jahre zur Nagelprobe. Selbst Westler wie Granovskij waren nun für einen russischen Sieg, obwohl sie Reformen eher nach einer Niederlage erwarteten. Der Nationalismus siegte über das Freiheitsstreben.

Die Entwicklung des Gedankenguts der Westler hat sich nur selten in einen Liberalismus verwandelt. Der Hegelianismus hat nur in seiner rechtshegelianischen Variante eine liberale Entwicklung genommen, wie bei Čičerin. Die Anfänge des Kreises um *Nikolaj Vladimirovič Stankevič* (1813-1840) waren durchaus vielversprechend gewesen. Die Ideologie der Regierung unter den drei Grundprinzipien „Selbstherrschaft, Orthodoxie und Volkstum" konnte nicht verhindern, dass sich in den 1830er Jahren eine liberale Intelligenz in Gruppen zusammenfand. Stankevič hat seinen jungen Freunden, die - mit Ausnahme von Herzen - nicht genug deutsch konnten, die idealistische Philosophie der Deutschen verdolmetscht. Zu diesem Kreis gehörten Granovskij, Belinskij, Bakunin und sogar der konservative Konstantin Aksakov. Nur Granovskij wurde zu einem Liberalen im westlichen Sinne. Die Mehrheit des Kreises zerfiel später in Slawophile oder Sozialisten.

Stankevič stand ebenfalls unter starkem Einfluss von Schelling. Er versuchte aber, dessen subjektistichen Ästhetismus zu überwinden. Sein früher Tod hinderte ihn, seine Gedanken zu systematisieren. Seine Wirkung lag in der charismatischen Persönlichkeit und in seinen Briefen, mit denen er sich bis in die Details der Persönlichkeit von Herzen oder Bakunin vertiefte (Stankevič 1914: 572). *Michail Bakunin* (1814-1876) übernahm nach seinem Tod die Führung des Kreises (vgl. Kap. Anarchismus). Nach Herzen (1962 I: 562) blieb die intellektuelle Beziehung der jungen Menschen zu Stankevič auf Achtung gegründet. Es entstand keine emotionale Bindung wie später zu Granovskij.

Die Schüler gingen in den politischen Konsequenzen aus den Lehren der Meister weit über deren Intentionen hinaus: „Wir träumten davon, in Russland einen Bund nach dem Beispiel der Dekabristen zu gründen, und betrachteten die Wissenschaft selbst als ein Mittel zu diesem Zweck". 1835 wurden viele Angehörige der Gruppe verbannt. Fünf Jahre später kehrten sie zurück, und sahen nun die Notwendigkeit einer Theorie ein. Sie wählten Hegels Philosophie. Selbst der radikale Belinskij stand zum Kummer Herzens (ML I: 658) ständig in der Gefahr, in „Hegeltreue" philosophisch seinen Frieden mit dem Regime Nikolajs zu schließen.

Das Banner der westlichen Theorien ging auf *Timofej Nikolaevič Granovskij* (1813-1855) über. Auch er wirkte weniger durch Schriften als durch seine Vorlesungen an der Universität Moskau. Seine Darstellung der europäischen Geschichte wurde von den Slawophilen als Provokation empfunden und mit Gegenvorlesungen beantwortet. Granovskij (1900: 455) wandte sich vor allem gegen die Darstellung der romantischen deutschen Theorien, welche die russischen

Intellektuellen zur Verklärung der slawischen Völker benutzten und die dem Fortschritt im Wege standen. Herzen (1962 I: 669) empfand diese Auseinandersetzung als Befreiungsschlag, der wieder „freier atmen ließ". Zwischen Stankevič und Granovskij gab es überwiegend Übereinstimmung des Denkens. Granovskij wirkte jedoch breiter, weil er den Studenten keine spekulative Philosophie aufnötigte. Die Geschichte, die er anschaulich lehrte, war politik-nah. Das war genau, was die jungen „Männer der Tat" wie Bakunin suchten. Auch Granovskij starb früh, umgeben von der „Liebe einer neuen Generation, der Sympathie des ganzen gebildeten Russland und der Anerkennung seiner Feinde" (ebd.: 681).

Vissarion Grigorovič Belinskij (1811-1848)

Quellen:

Belinskij: Izbrannye filosofskie sočinenija. Moskau, Politizdat 1948, 2 Bde. (zit.: IFS)
Belinskij: Pis'ma (Hrsg.: Lackij). St. Peterburg, Stasjulevič 1914, 3 Bde.
Belinskij: Ausgewählte philosophische Schriften. Moskau, Verlag für fremdsprachige Literatur 1950 (zit.: APS).

Literatur:

F.C. Barghoorn: Russian Radicals and the West European Revolutions of 1848. The Review of Politics 1949: 338-354.
H.E. Bowman: V. Belinski. A study in the origins of social criticism in Russia. New York, Russell & Russell 1969
A. Klöckner: Meister der Kritik: Belinskij, Dobroljubow, Tschernyschewskij. Berlin, Verlag der Nation 1953.
B. Schultze: V.G. Belinskij. Wegbereiter des revolutionären Atheismus in Russland. München, Pustet 1958.

In der Debatte zwischen Westlern und Slawophilen spielte Belinskij eine entscheidende Rolle. Nach Herzen (BD II: 20ff.; ML I: 548) haben die Slawophilen sich als Gruppe eigentlich erst im „Krieg mit Belinskij" formiert. Belinskij kam aus bescheidenen Verhältnissen in der Provinz. Sein Leben lang drückten ihn die Geldnot und er gehörte zu dem „äußerst verschiedenartigen Proletariat" (Herzen BD II: 37, ML: 568), das in Russland in jener Zeit entstand. Der Kreis um den Liberalen Stankevič enthielt nur wenige Reiche, wie Botkin. Bakunin bekam kein Geld von seiner Familie. Mancher der Intellektuellen, die sich von der Lohnschreiberei ernähren mussten, haben ihre soziale Aussichtslosigkeit in eine lebenslange „Weltentsagung" umgesetzt, und das Pathos der Befreiung im Dienst der Menschheit nicht nur auf eine kurze Studentenzeit beschränkt. Belinskij konnte sein Studium in Moskau nicht beenden. Er war so leichtsinnig gewesen, ein Stück im Schillerschen Freiheitsstil den Universitätszensoren vorzulegen. Die Relegation wurde unter dem Vorwand mangelnden Talents vorgenommen.

Belinskij ist wie viele junge Intelligenzler von Stankevič (1914: 408) geformt worden, der in seinem umfangreichen Briefwechsel mit Warnungen und Ratschlägen - gespickt mit lateinischen Zitaten, die der Empfänger nicht verstand - nicht gegeizt hat. An Bakunin schrieb Stankevič (1914: 612): „Sonderling, Belinskij, man muß seine Seele auf etwas anderes richten ... Ich verstehe ihn ... in ihm ist der Drang nach gegenwärtigem Leben zu stark und er ist bereit, sich alles anzueignen, was diesem - wenn auch nur entfernt - ähnlich sieht". Belinskij begann sich auf Stankevičs Anregung in Fichte zu vertiefen und sah in dieser Lektüre einen Weg zur Verbindung des realen und des idealen Lebens. Der frühe Tod von Stankevič hat Belinskij stark mitgenommen. Er machte verzweifelte Anstrengungen zu glauben, aber es gelang ihm nicht. Er sagte von sich selbst, dass er nach seinen Überzeugungen nicht glauben und doch vom Glauben auch nicht lassen könne. Es sei schwer, mit Beweisgründen ihm seinen „mystischen Unsinn" auszutreiben. Der vielfach gescholtene Atheist ist am Ende seines Lebens sogar wieder frommer geworden (Schulze 1958: 206f.). Zeitlebens hat er gegen den gefälschten Christus der Kirche gekämpft, aber mit Respekt vom wirklichen historischen Christus gesprochen (IFS I: 319). Belinskij hat ein neues publizistisches Genre geschaffen. Ähnlich wie Černyševskij und Dobroljubov wurde indirekte politische Theorie in der Einkleidung einer Literaturkritik entwickelt. Belinskij war ein literarischer Selfmademan, der immer wieder dem Vorwurf mangelnder Bildung ausgesetzt war. Tolstoj erklärte ihn sogar als einen „talentierten Schwätzer" (zit.: Scheibert 1956: 170). In den Adelscliquen, die ihn aufnahmen, war er der „homo novus". Früh entwickelte er Sinn für brennende Aktualität ohne Zugang zum abstrakten Denken. Belinskijs Aufsätze wurden von der Jugend immer mit Ungeduld erwartet. Er war ein problemorientierter Ad-hoc-Denker, der eine harmlose Rezension zu einer grundsätzlichen Erörterung ausbaute. Da er die Politik meist nur versteckt behandelte, kam er mit der Staatsmacht nur durch die Zensur in Konflikt. Nach Herzen (BD II: 23, ML I: 549) zeigte ein Ausspruch des Kommandanten der Peter- und Paulsfestung, als er Belinskij auf dem Nevskij Prospekt traf, die ständige Bedrohung. Er frage den Literaten ironisch: „Wann kommen Sie zu uns? Bei mir ist schon lange eine schöne warme Kasematte für Sie bereit." Der Zynismus der Autokratie konnte nicht schonungsloser demonstriert werden.

In den Jahren 1837-39 polemisierte Belinskij gegen den Szientismus, war aber noch recht unpolitisch. Die „politisierenden Franzosen" waren ihm ein

Gräuel. Er hielt sich lieber an Goethe: „Zum Teufel mit der Politik, es lebe die Wissenschaft" (Dez. 1839, Skizzen der Schlacht bei Borodino). Deutschland kam in dieser Zeit besser weg als Frankreich. Deutsche Philosophie war für ihn das „Jerusalem der neuen Menschheit" (Pis'ma I: 96). In den Skizzen entpuppte Belinskij sich als finsterer Reaktionär. Er war nun bereit, sich mit der Autokratie Nikolajs abzufinden. Russland war für ihn ein Kind, das noch die Amme brauchte. Das Volk würde in die Kneipe und nicht ins Parlament gehen, wenn es etwas zu sagen hätte. Alle Hoffnung für Russland liegt in der Aufklärung - nicht in Umstürzen und in Verfassungen (Pis'ma I: 91ff.). Belinskij identifizierte im Gegensatz zu den Slawophilen Staat und Volk. Kosmopolitismus war in dieser Periode ein bloßes Phantom für ihn. Die Anerkennung der Wirklichkeit glaubte er Hegel entnommen zu haben, sie wirkte aber in ihrer Interpretation eher schellingianisch. Als Belinskij später radikal wurde, hat er den Borodino-Aufstz nicht widerrufen, sondern die Thesen nur modifiziert. Er habe aus richtigen Prinzipien nur falsche Schlüsse gezogen (Pis'ma II: 186). Mit diesen Skizzen geriet er politisch in eine Position, die noch rechts von den Slawophilen war und ihn den rechten Nationalisten gefährlich nahe brachte. Herzen (BD II: 16, ML I: 539) hat in seinen Memoiren beschrieben, wie es angesichts dieser Entwicklung Belinskijs mit ihm zu einem Zerwürfnis kam. Herzen versuchte ihm ein „revolutionäres Ultimatum" zu stellen, wie er das nannte: „Wissen Sie, dass Sie von Ihrem Standpunkt beweisen können, dass die ungeheuerliche Autokratie, unter der wir leben, vernünftig ist und daher vorhanden sein muß?" Belinskij verstand die ironische Anspielung auf seinen Hegelschen Standpunkt offenbar nicht. Jedenfalls antwortete er völlig humorlos „ohne jeglichen Zweifel" und begann ihm Puschkins „Jahrestag von Borodino" vorzulesen. Selbst Bakunins Versuch, Herzen und Belinskij wieder zu versöhnen, scheiterte damals.

Unter dem Einfluß von Katkov und vor allem von Bakunin hat Belinskij Hegel genauer studiert. Die Freundschaft mit Bakunin aber war von kurzer Dauer, zu verschieden war die soziale Herkunft und das Bildungsniveau der beiden Akteure. Konstantin Aksakov hat ihm vorübergehend eine Hauslehrerstelle besorgt. Mit der intellektuellen Theatralik, die an den Linkshegelianern geschult wurde, hat er sich von Bakunin losgesagt. An seinen Mentor Stankevič schrieb er, dass ihm klar geworden sei, dass eine Freundschaft mit Bakunin nicht zerbrochen sei, sondern dass sie nie bestanden habe.

In seiner Petersburger Zeit vertrat Belinskij einen engagierten Journalismus. Der Journalismus wurde nun geistig überhöht. Selbst Goethe und Puschkin wurden zu Journalisten erklärt (Pis'ma II: 44). Sein unstetes Temperament sank jedoch immer wieder in Phasen der Depression über ein nutzloses Leben. Er dachte an Auswanderung. Aber Mangel an Bildung und Sprachkenntnissen hielten ihn zurück. Am liebsten wäre er zum Hegel-Nachfolger Gans nach Berlin gepilgert

(Pis'ma III: 90). Die journalistische Arbeit empfand er zunehmend als Fron. Gro-ße Gedanken waren schwer in der Literaturgattung „Rezension" zu entwickeln, die meistens anfiel.

Das beste Beispiel dafür, wie eine schlichte Rezension zum intellektuellen Ereignis im ganzen Land werden konnte, war eine Rezension über ein Werk des Schriftstellers Gogol'. 1847 hat der große Romancier des Lebens im einfachen Volk seine linken Bewunderer enttäuscht, als er mit seinen „Ausgewählten Stel-len aus dem Briefwechsel mit Freunden" als finsterer Apologet der Autokratie auftrat. Die Rechtfertigung der Leibeigenschaft, die in dieser Schrift enthalten war, erregte selbst bei konservativen Slawophilen Anstoß, welche die Verklärung des bäuerlichen russischen Lebens mit ihm teilten. Der schon vom Tode gezeich-nete Belinskij schrieb aus dem schlesischen Kurort Bad Salzbrunn eine Antwort, die zu einer Programmschrift des fortschrittlichen Russland werden sollte. Darin (APS: 569) nannte er Gogol' einen „Prediger der Knute, Apostel der Ignoranz, Vorkämpfer für Obskurantismus und Dunkelmännertum", ja sogar einen „Verherrlicher tatarischer Sitten". In radikaler Pose forderte er den Schriftsteller auf, durch neue literarische Schöpfungen die schwere Sünde abzubüßen.

In der Auseinandersetzung mit den konservativen Slawophilen hat er in sei-nen Betrachtungen über die Literatur von 1846 ihnen teilweise recht gegeben, kritisierte aber ihre rein negative Wirkung. Mit ihnen teilte er die Ablehnung einer sklavischen Nachahmung des Westens. Die Rückkehr zu den Zuständen Altrusslands vor Peter dem Großen aber hielt er für eine Illusion (IFS II: 294, APS: 406f). Auch Belinskij hat den Russen eine besondere Mission zugedacht und ihnen Mut zugesprochen: „Wir Russen haben keine Ursache, an unserer politischen und staatlichen Berufung zu zweifeln: von allen slawischen Stämmen haben nur wir einen starken mächtigen Staat geformt, sowohl vor Peter als auch nach ihm" (IPS: 295, APS: 408). Nach solchen politischen Exkursen pflegte Be-linskij sich gleichsam selbst zur Ordnung zu rufen, weil er sich ja nur auf das Zeugnis der Literatur stützen könne, und kehrte zu einer unpolitischeren Be-trachtungsweise zurück.

1841 begann Belinskij sich in die französischen Frühsozialisten zu vertie-fen. Er akzeptierte die politische Revolution, aber nicht die soziale Umwälzung und den ökonomischen Materialismus. Der ökonomische Determinismus von Marx, dessen Beiträge in den „Deutsch-französischen Jahrbüchern" er zur Kennt-nis genommen hat, blieb ihm fremd. Feuerbach hingegen wurde für ihn zu einer Offenbarung. Mit zunehmender Radikalisierung hat Belinskij Frankreich wieder positiver beurteilt, obwohl er dort noch immer viele „Phrasendrescher" witterte. Deutschland schien noch immer überlegen, obwohl er dort an den „Hofräten und Philistern" Anstoß nahm.

Belinskijs Wende zum Radikalismus stand unter dem Eindruck der „Hallischen Jahrbücher". George Sand - früher hart kritisiert - wurde nun zum Vorbild für eine fortschrittliche Daseinsform des Lebens in der „Bohème". Eine antibürgerliche Note durchzog fortan sein Werk. Literatur wurde zur „konkreten Utopie" erhöht. Frankreich wurde als „edles energisches Volk" gefeiert. Deutschland war noch immer „die absolute Nation, aber ein widerlicher Staat" (Pis'ma II: 186f). Belinskij las sozialistische Literatur, aber er sah sie durch eine idealistische Brille. Er wurde nicht wirklich Sozialist, sondern blieb ein Moralist im Banne des Hegelschen Idealismus. Die antibourgeoise Attitüde in den Briefen an seinen Freund Botkin nahm zu. Er schrieb über eine „lausige Parlamentsopposition", über die Leere und Banalität des Geisteslebens in Frankreich. Die marxistische Orthodoxie späterer Jahre hat seine Äußerungen als Wende zum Sozialismus erklärt. Aber der Wortlaut der Texte lässt diese Deutung schwerlich zu. „Ich gebe zu, dass sich mit der Bourgeoisie allein die abscheuliche schädliche Situation des modernen Frankreich nicht à fond erklären lässt" schrieb Belinskij. Er versuchte das Bürgertum historisch zu verstehen und übersah nicht, dass es glänzende Tage gehabt hatte. Sein Schluss: „Also nicht die Bourgeoisie im allgemeinen, sondern die großen Kapitalisten muss man angreifen wie die Pest und die Cholera des modernen Frankreich" (IFS II: 546, APS: 563).

Zum Vorläufer des Sozialismus ließ sich Belinskij auch durch seinen Einsatz für die realistische Kunst und eine engagierte Literatur stilisieren. Den l'art pour l'art-Standpunkt hat er erbittert bekämpft: „Der Kunst das Recht zu nehmen, den Interessen der Gesellschaft zu dienen, heißt nicht, sie zu erhöhen, sondern sie zu erniedrigen, dass man ihr die lebendigste Kraft, d.h. den Gedanken raubt und sie ... zum Spielzeug für faule Müßiggänger macht" (IPS II: 452, APS: 486). In einem berühmten Brief an Botkin vom Dezember 1847, der eine seiner letzten wichtigen Standpunktklärungen darstellt, vertrat Belinskij keinen genuin sozialistischen Standpunkt. Nach langen Tiraden gegen die Händler hat er das englische Gleichgewicht von Aristokratie und Bürgertum gepriesen. Frankreich schien ihm erneut trivial und nichtswürdig. Er fasste zusammen. „Ich gehöre nicht zu den Leuten, die es als Axiom ansehen, dass die Bourgeoisie ein Übel ist, dass man sie vernichten muss, dass nur ohne sie alles gut wird." Er distanzierte sich vor allem vom Staatssozialismus Louis Blancs. Belinskij wollte einer sozialistischen Position erst zustimmen, „wenn ich aus Erfahrung einen Staat kennen lerne, der ohne Mittelklasse gedeiht ... Ich bin einverstanden, dass selbst die verruchte Sippe der Kapitalisten ihren Anteil am Einfluss auf die öffentlichen Angelegenheiten haben muss, aber wehe dem Staat, wenn sie allein an seiner Spitze steht!" (IPS II: 550, APS: 565). Solche Zitate weisen keinen Vorläufer des marxistischen Sozialismus, sondern allenfalls einen gemäßigten Narodniki-Sozialismus aus.

Die Rückwärtsverlängerung von politischen Lagern des 20. Jahrhunderts birgt ihre Gefahren. In der Verherrlichung des Bündnisses von Intelligenz und Bauern war Belinskij ein Vorläufer der Narodniki. In den 1840er Jahren waren die Grenzen zwischen den Gruppen noch fließend. Noch gab es kaum engagierte Sozialisten, und die Scheidelinie zwischen den Liberalen, die für Reformen eintraten, ohne ihre Stellung als „gentry" zu gefährden, und den radikalen Demokraten war noch fließend. Die Liberalen haben Belinskij des Atheismus verdächtigt und glaubten, dass er die Jakobiner verherrlicht hatte, die Granovskij, das Haupt der Liberalen Schule nach Stankevič, verabscheute.

Die Radikalen hatten als Linkshegelianer begonnen und als sie Hegel aufgaben, haben sie sich gänzlich von der Philosophie abgewandt. Die französische positivistische Soziologie begann an die Stelle der spekulativen deutschen Philosophie zu treten. Aber Frankreich hat seinen intellektuellen Einfluss nie wieder so exklusiv in Russland geltend machen können, wie vor der Rezeption des deutschen Idealismus. Dies war nicht zuletzt der Tatsache zuzuschreiben, dass der französische Proudhonismus bei den Narodniki bald Konkurrenz vom „deutschen Marxismus" erhielt.

Das russische politische Denken trat als Soziologie auf, um sich zu verwissenschaftlichen, auch wenn Comte die Soziologie am Ende seiner Tage wieder zu einer Heilslehre verkommen ließ (vgl. Konservatismus). Da der Staat nicht reformierbar erschien, wandte sich die wissenschaftliche Intelligenz der Gesellschaft zu. Trends der Geschichte und Evolutionstheorien überwucherten jedoch die empirische Arbeit. Da politische Selbsthilfe so aussichtslos schien, versicherte man sich gern der gesellschaftsverändernden Schubkraft des Geschichtsprozesses.

4. Die Konstitutionellen Liberalen: Čičerin, Kovalevskij, Kistjakovskij, Struve

Literatur:

K. von Beyme: Politische Soziologie im zaristischen Russland. Wiesbaden, Harrassowitz 1965

B.A. Čagin: Očerki istorii nemarksistskoj sociologii poslednej treti XIX - načala XX veka. Leningrad, Nauka 1978.

Boris Nikolaevic Čičerin (1828-1904)

Quellen:

Čičerin: Opyty po istorii russkago prava. Moskau, E. Barfknecht 1858
Čičerin: Ob aristokratii v osobennosti russkoj. Leipzig, E.L. Kasprovich 1874
Čičerin: Sobstvennost' i gosudarstvo . Moskau, Tip. Martynova 1882, 2 Bde.
Čičerin: O narodnom predstavitel'stve (1866) Moskau, I.D. Sytin, 1899 (zit.: NP).
Čičerin: Philosophische Forschungen. Heidelberg, Winter, 1899 (zit.: PF)
Čičerin: Nauka i religija. Moskau, Tip. I.N. Kuvnerev 1901, 2. Aufl.
Čičerin: Voprosy filosofii. Moskau, Tipo-Lit T-va I.N. Kušnerev 1904
Čičerin: Vospominanija. Moskva sorokovych godov. Moskau, Koop. Izdat. Sever. 1929.
Čičerin: Vospominanija. Zemstvo i Moskovskaja duma. Moskau, Koop. Izdat. Sever. 1934

Literatur:

B. Babickij: Čičerin kak buržuazno-liberal'nyj istorik russkogo gosudarstva i prava. In: Učënije zapiski. Minsk, Serija juridičeskaja, Beloruskaja universiteta 1957.

S. Benson: The Conservative Liberalism of Boris Chicherin. In: Forschungen zur osteuropäischen Geschichte. Bd. 21, 1975: 17-114

N.G. Černyševskij: G. Čičerin kak publicist. In: Ders: Izbrannye filosofskie sočinenija. Moskau, Politizdat, 1950, Bd.2: 619-651.

A. Gercen (Herzen): Byloe i dumy. Moskau, Chudlitizdat, 1950, 3 Bde.

K. D. Grothusen: Die historische Rechtsschule Russlands. Gießen, Wilhelm Schmitz, 1962.

P.M. Grujič: Čičerin, Plechanov und Lenin. Studien zur Geschichte des Hegelianismus in Russland. München, Fink 1985.

D.P. Hammer: The Political Thought of B.N. Chicherin and K.D. Kavelin. New York, PhD Columbia University 1962

E.V. Spektorskij: Die Staatsphilosophie Boris Tschitscherins. Festschrift für N.O. Lossky. Bonn, Cohen 1934: 125ff

E. Trubeckoj: Vospominanija. Sofia, Rossjsko-Bolgarskoe Knigoizdatel'stvo 1921.

D. Tschižewskij: Hegel bei den Slawen. Reichenberg 1934. Darmstadt, Wissenschaftliche Buchgesellschaft, 1962: 301ff

V.D. Zor'kin: Iz istorii buržuazno-liberal'noj političeskoj mysli Rossii vtoroj poloviny XIX - načala XX vv. B.N. Čičerin. Moskau, Izd. Moskovskogo universiteta 1975.

Čičerin war einer der wenigen Philosophen und Staatstheoretiker, die den Hegelianismus nach seiner Blütezeit in Russland in den vierziger Jahren lebenslang beibehielten. Čičerin hat die dialektische Methode ein wenig steril schematisiert. Er blieb eine Autorität unter den Liberalen bis hin zu Struve. Aber seine Dialektik wurde dabei als überflüssige Zutat abgetan. Čičerin stammte aus einer Adelsfamilie italienischer Herkunft, die seit dem 16. Jahrhundert in Russland lebte. Er hatte bei Granovskij studiert. Seine Magisterarbeit wurde 1853 von der Moskauer Fakultät aus politischen Gründen abgelehnt. 1858-1861 bereiste er Westeuropa und traf sich mit Lorenz von Stein, Mohl und Bluntschli. In London traf er Herzen. Nach seiner Rückkehr wurde er Professor für Staatsrecht und 1862 Lehrer des Thronfolgers Nikolaj Aleksandrovič, dessen früher Tod ihn tief erschütterte (1865). 1881 wurde er zum Stadtoberhaupt in Moskau gewählt, aber schon nach zwei Jahren zum Rücktritt gezwungen, weil er auf einem Bankett zu Ehren Zar Alexanders III den Wunsch nach einer Verfassung zu äußern gewagt hatte. 1884 zog er sich aus Protest gegen eine repressive Universitätsverfassung von der Lehrtätigkeit zurück und lebte als Publizist auf seinen Gütern. Nur im Zemstvo seines Gouvernements hat er sich noch öffentlichen Aufgaben gewidmet.

Čičerin teilte mit den Narodniki einen nominalistischen Ansatz, so sehr er ihre Lehren ansonsten auch ablehnte. Kollektive Begriffe wollte er in den Sozialwissenschaften nur nominalistisch verstanden wissen. Ausgangspunkt war für ihn die Freiheit. Die Entwicklung der Freiheit schematisierte er in Hegelschen Termini. Er hat sie allerdings den empirischen Befunden etwas näher gebracht als der deutsche Philosoph. Entwicklung war für ihn kein organischer Vorgang, wie bei einigen „Volkstümlern" in Russland, sondern ein dialektischer Prozess, ein bewusster Kampf, bestimmt von den Gesetzen der Vernunft. Dialektik war für Čičerin (1901: 49) keine induktive Methode. Sie war dazu ausersehen, die allgemeinen Prinzipien zu erarbeiten, mit denen das Vielfältige verbunden ist. An Hegel kritisierte Čičerin, dass er einen der Gegensätze zum Ausgangspunkt wählte. Nicht das abstrakte Sein, sondern das konkrete Sein müsse an den Anfang der Analyse gestellt werden. Die Einheit, zu der Hegel gelange, nannte er „synthetisch", ohne Blick auf die „ursprüngliche Einheit", die vor allen Gegensätzen liege. Auch die vorangegangenen Glieder der Triade dachte Čičerin nicht als bloße Momente der Entwicklung. Sie waren in der Synthese enthalten. In Abwandlung der Triade schlug er ein viergliedriges Schema vor, in dem die Entwicklung von der ursprünglichen zur synthetischen Einheit fortschreite. Die Dialektik Čičerins war „rechtshegelianisch" geworden. Sie war nicht mehr als „negativ-kritische" Philosophie ausdeutbar, wie dies Hegel durch seine linken Schüler widerfahren ist. Zum Kummer Alexander Herzens war das „Algebra der Revolution", die Dialektik, unschädlich gemacht worden. Eine Revolution als dialektische Verneinung einer herrschenden „Pseudowahrheit", um die neue Wahrheit zu inthronisieren, war bei Čičerin nicht mehr möglich. Im viergliedrigen Schema gab es keine dialektischen Sprünge. Čičerin war antirevolutionär gesonnen. Es hatte für ihn keinen Sinn, ein Regime gewaltsam zu beseitigen.

Die linke Kritik tat Čičerin jedoch gelegentlich unrecht. Seine Methode hatte auch eine progressive Seite. Der russische Staat ließ sich nicht gut als Vollendung des Geschichtsprozesses feiern. Es gab bei Čičerin keinen Endzustand. Der Staat hatte nicht die überragende Rolle gegenüber allen anderen menschlichen Assoziationen und Verbände. Die reformistisch entschärfte Tetrade konnte zum Vehikel einer stetigen konstitutionellen Fortentwicklung werden. In den Augen der Kritiker Hegels führte die „bürgerliche Gesellschaft" gegenüber dem „Staat" nur ein Schattendasein. Čičerin wies ihr eine gleichberechtigte Rolle zu. Er definierte sie nicht als „partielle Wünsche und Bedürfnisse". Čičerin war ein entschiedener Befürworter einer kapitalistischen Entwicklung Russlands und bekämpfte die Staatsintervention im wirtschaftlichen Bereich. In seiner Konzeption von Staat und Gesellschaft zeigten sich Einflüsse von Lorenz von Stein.

Čičerin war eine Schlüsselfigur in der Bekämpfung des russischen „Sonderwegdenkens" bei den Narodniki. Diese verklärten die „Urkooperation" auf dem Dorf. Der Hegelianismus diente der Infragestellung der altrussischen Einrichtungen, welche die „Schellingianer," religionsphilosophisch verbrämt, mythisch überhöht hatten. Die Hegelsche Herausstellung der schöpferischen Rolle des Staates diente einer Kritik an einem harmonistischen Gesellschaftsbild, in dem ein Staat nicht nötig schien. Darin waren sich rechte Slawophile und linke Narodniki, die zum Anarchismus tendierten, in Russland einig. Die Historiker Sergeevič und Ključevskij hatten wichtige Vorarbeit geleistet für den Nachweis, dass die angeblich rein gesellschaftlichen Institutionen vielfach mit staatlicher Hilfe geschaffen worden sind (vgl. Grothusen 1962). Am Anfang stand für die liberalen Historiker nicht die Dorfgemeinde (obščina), sondern die Familie, aus der sich der Staat entwickelt habe. Die staatliche Entwicklung wurde neu bewertet. Ivan der Schreckliche war für die Slawophilen eine bestialische Gestalt. Die Liberalen haben sein Wirken paradoxer Weise positiver bewertet. Čičerin (1929: 27) kritisierte, dass bei den Slawophilen allenfalls ein schwachsinniger Zar wie Fëdor Ivanovič gut wegkomme.

Für die politische Theorie war der Nachweis wichtig, dass Russland keine so starke Abweichung von der durchschnittlichen Entwicklung in Europa darstelle. Den Hauptunterschied sah Čičerin im Fehlen eines Bürgertums. Liberale Kuriositäten wurden den slawophilen Altertumsverklärungen entgegen gesetzt: Schon die Varäger wurden in ihrem Verhältnis zu den Gefolgsleuten als frühe „bürgerliche Gesellschaft" gedeutet (1858: 371). Als Träger der Rechte galten für Čičerin nicht die Dorfgemeinden, sondern die fürstlichen Gefolgsleute in einem „ganz normalen Feudalismus". Die Dorfgemeinde wurde ihrer romantischen Glorie als „Urdemokratie" und „Urkommunismus" beraubt. Sie schien für Čičerin ein Produkt staatlicher Fiskalpolitik. Der Zar wollte das Dorf kollektiv für die

Steuerschulden haftbar machen. Diese Deutung erwies sich ihrerseits als eine Übertreibung, die von der späteren Forschung relativiert worden ist. Der Staat hatte für Čičerin nicht das Recht, die natürliche Entwicklung in Russland aufzuhalten. Ein wirtschaftlich gesundes Dorf musste für ihn den Stand der privaten Eigentümer entwickeln. Die Relikte der kollektiven Rechtsgemeinschaft waren in seinen Augen entwicklungshemmend (1934: 61). In seinem Buch „Staat und Eigentum" (1882 I: 238f)) polemisierte er gegen die bauernsozialistische Gleichheitsideologie. Nur im Recht gab es „arithmetisch-zahlenmäßige" Gleichheit. In der Wirtschaft galt hingegen eine „geometrisch-proportionale Gleichheit", die allenfalls eine „Gleichheit der Chancen" bedeuten konnte. Die Ungleichheit der Anteile waren bei der Landverteilung keineswegs erst durch die „Kulakisierung" des Frühkapitalismus (kulak = Faust, Schimpfwort für Grossbauern) aufgekommen, sondern ist früh durch Wettbewerb entstanden. Die Konkurrenz in der Landwirtschaft war für ihn ein Element des Fortschritts. Čičerin gab die Stichworte, die Struve 1894 in seinen „Kritischen Bemerkungen zur wirtschaftlichen Entwicklung Russlands" vortragen sollte.

Čičerin traf die Ideologie des Bauernsozialismus an ihrer empfindlichsten Stelle, an ihrem sentimentalen und utopischen Arbeitsbegriff. Die Diskriminierung von „Arbeitern" außerhalb der Landwirtschaft als „Proletarier" schien ihm nicht gerechtfertigt. Facharbeiter und Techniker verrichteten in seinen Augen hochwertigere Arbeit und hatten bessere Lebensbedingungen als der von den Narodniki gepriesene Bauer. Der Verelendungstheorie der Sozialisten unterschiedlicher Schattierungen setzte er eine kapitalistische und optimistische Lehre entgegen. Mit der Vermehrung des Kapitals auf dem Lande würden in seiner Prognose die Löhne steigen und die Lebenshaltungskosten sinken. Die einzig mögliche Sozialpolitik war für ihn die Kampagne von Schulze-Delitzsch in Deutschland für „Sparsamkeit und Schaffensfreude". Den sozialistischen Kampf gegen die Kapitalisten nannte er eine „Auflehnung gegen die Weltgeschichte und ein Zeichen gänzlicher intellektueller Leere" (NP 1899: 247). Während Smith beschrieben hatte, was in seiner schottischen Umgebung schon vorherrschende Wirtschaftsgesinnung war, ließ sich ähnliches nicht für Čičerin und Russland sagen. Das Problem war, dass Čičerin als Gutsbesitzer, das „freie Spiel der Kräfte" auf dem Land für seine Zeit wohl zu positiv bewertet hat.

Das optimistische Entwicklungsbild war bei Čičerin an die Ablehnung der Revolution gebunden. Er sprach zwar abstrakt gelegentlich von Naturrecht. Wenn es konkret wurde, flüchtete er jedoch in den seichten Soziologismus seiner positivistischen Gegner. Da war dann nur von „Selbstbeschränkung im Rahmen von Sitte und Moral" die Rede. Die Revolution schien ihm in der Autokratie noch verwerflicher als in der konstitutionellen Monarchie, weil dort klare Regeln herrschten, deren Verletzung durch den Monarchen objektiv festgestellt werden konnten. Er hoffte auf eine schrittweise Entwicklung nach dem Vorbild Englands. Čičerin schloss jedoch ein Widerstandsrecht des Individuums nicht aus, und nahm es sogar für sich selbst in Anspruch. Als der Historiker Ključevskij ihm vorwarf, er habe leichtfertig sein Professorenamt niedergelegt, obwohl seine Gehorsamspflicht ihn zum Bleiben hätte veranlassen müssen, berief er sich auf sein Widerstandsrecht: „Sie nennen das Gehorsamspflicht, aber von meinem Standpunkt aus heißt, etwas gegen das Gewissen auf höchsten Befehl hin zu tun, Gemeinheit und Niedertracht". (Trubeckoj 1921: 118f). Aber es blieb beim Widerstandsrecht für schmollende Aristokraten. Den „Bauern" oder „den Polen" als Kollektiv war in seinem individualistisch-liberalen Ansatz ein ähnliches Recht nicht zuerkannt worden. Das adlige Vorurteil wurde in Čičerins konkreten Vorschlägen immer wieder sichtbar. Er appellierte an die Standesehre des Adels, der die zentrale Macht solange unterstützen müsse, bis genügend Kräfte aus den unteren Schichten herangereift seien, um die Macht zu übernehmen. Dabei hasste Čičerin die „müßigen Großgrundbesitzer", die „deutsche Namen, französische Bildung und russische Privilegien" für ausreichende Legitimation hielten (1874: 91). In einer in Leipzig veröffentlichten Schrift empfahl er dem russischen Adel die englische Gentry nachzuahmen, die Vorkämpfer für eine wirtschaftliche und politische Freiheit gewesen sei. Um diese Rolle zu fördern, lehnte er die vielfach geforderten und vorgenommenen Subventionen des Großgrundbesitzers ab - nicht zur Freude seiner Standesgenossen.

Čičerin hatte als Oppositioneller begonnen. Er hatte Hegels Philosophie entschärft und fand doch mit seiner Mischung aus Liberalismus und Traditionalismus wenig Gegenliebe beim Establishment. Nur in der Zeit, als Loris-Melikov die Regierungsgeschäfte führte, hatten einige seiner Ideen offizielle Resonanz. Die sozialen Konflikte in Russland hatten sich zugespitzt. Schon Černyševskij (1950: 628) hatte nicht ganz unrecht, wenn er bemängelte, dass Čičerin wohl nicht wisse, „welcher Gesellschaft er seine Ratschläge gab". „Die Schüler haben friedlich zu sitzen, um den Hauptthemen seiner Schulstunden zu lauschen: Demokratie, Zentralisierung, Bürokratie". Die Radikalen stilisierten Čičerin vielfach zum Buhmann. Alexander Herzen (1950 II: 232) hat Čičerin in London angeblich seine Verachtung sogar ins Gesicht geschleudert: „Warum wollen Sie Professor sein und suchen einen Lehrstuhl? Sie müssten Minister werden und ein Portefeuille suchen".

Dem Liberal-Konservatismus Čičerinscher Prägung war in Rußland nicht einmal eine Scheinblüte wie in Preußen vergönnt. Ein so gemäßigter Mann wie Čičerin konnte in Russland eben nicht Minister werden. Wenn Liberale auch nur den Wunsch nach einer Verfassung andeuteten, wurden sie aus dem Amt entlassen. Dennoch wurden sie konservativ. Die Ultra-Reaktionäre wie Katkov und Pobedonoščev hatten einst als Liberale begonnen. Die Liberalen rückten nicht so weit nach rechts, aber versuchten, für die Stützen der Autokratie gesprächsfähig zu bleiben.

Maksim Maksimovič Kovalevskij (1851-1916)

Quellen:

Kovalevskij: Obščinnoe zemlevladenie, pričiny, chod i posledstvija razloženija. Moskau, Miller 1879
Kovalevskij: Obščee učenie o gosudarstve. Sankt Petersburg (hektographiert) 1908/1909
Kovalevskij: Istoriko-sravnitel' nyj metod v jurisprudencii i priëmy izučenija istorii prava. Moskau, Miller 1880
Kovalevskij: Ekonomičeskij stroj Rossii. Sankt Petersburg, Ermolaev 1900
Kovalevskij. Russian Political Institutions. Chicago, University of Chicago Press 1902
Kovalevskij: La crise russe. Paris, Giard & Brière 1906
Kovalevskij: Obščee konstitutionnoe pravo. Sankt Petersburg, Sever 1907/08
Kovalevskij: Sovremennye sociologi. Sankt Petersburg, Izd. L.F. Pantelieva 1905 (zit.: SS)
Kovalevskij: Šellingianstvo i Gegel'janstvo v Rossii. Vestnik Evropy 1915: 133-153
Kovalevskij: Soperničestvo nemeckago, francuskago i anglijskago vlijanij na russkuju intelligenciju s serediny prošlago stoletija. Vestnik Evropy, Jan 1916: 211-230
Kovalevskij: Sočenenija. Sankt-Petersburg, Aleteija 1997
Kovalevskij: Moja žizn (Hrsg.: V.M. Ševyrin). Istorija SSSR, Nr. 4, 1969: 59-79
K.S. Tachtarëv: Nauka ob obščestvennoj žizni eë javlenijach, ich sootnošenijach i zakonomernosti : opyt izučenija obščestvennoj žizni i postroenija sociologii. Petrograd, Kooperacija 1919

Literatur:

H.E. Barnes: Soziologie und Geschichte. Wien, Humboldt Verlag 1951: 56ff
K. Marks: Perepiska Marksa i Engel'sa s russkimi političeskimi dejateljami. Moskau, Politizdat 1951: 189ff
B.G. Safronov: M.M. Kovalevskij kak sociolog. Moskau, Izdatel'stvo Moskovskogo universiteta 1960

Je marginaler die Länder zur europäischen Modernisierung standen, umso erbitterter tobte ein Glaubenskrieg der Wissenschaftler um Vergangenheit und Zukunft des Landes in der Geschichte. Die Narodniki hatten mit ihrer Rückwendung nach Russland sich einigen konservativen Positionen in der Geschichtsdeutung angenähert und verklärten die russische Dorfgemeinschaft. Die Liberalen und Sozialisten haben solche „rückwärtsgewandten Utopien" angegriffen. Kovalevskij, ein Polyhistor, der als russischer Max Weber galt, war der profilierteste Wissenschaftler, der eine möglichst unideologische sozialhistorische Deutung der russischen Vergangenheit vornahm. Er entstammte einer russifizierten ukrainischen Grundbesitzerfamilie und studierte in Char'kov. 1887 wurde er wegen „politischer Unzuverlässigkeit" als Universitätslehrer entlassen und ging ins Ausland. Er hielt Vorlesungen in Stockholm, Brüssel, Oxford und in Amerika. In Paris schuf er den heimatlosen russischen Sozialwissenschaften eine Wirkungsstätte in der „École russe des hautes études sociales". Erst 1904 konnte Kovalevskij nach Russland zurückkehren. Er wurde Professor in Petersburg und gründete eine kleine liberale Partei neben den Kadetten, die sich vornehmlich aus Geschäftsleuten und Akademikern rekrutierte. In der ersten Duma war er Abgeordneter für Char'kov. Als er in die zweite Duma nicht wieder gewählt wurde, bot man ihm einen Sitz im Staatsrat als Vertreter der Akademie der Wissenschaften an. Bis zu seinem Tod 1916 wirkte er in der internationalen Friedensbewegung.

Kovalevskij hatte für die Sozialwissenschaften eine herausragende Bedeutung, weil er für eine ideologiefreie Methodologie kämpfte. Es gab Ende des Jahrhunderts eine Strömung von Liberalen wie *Vasilij Ivanovič Sergeevič* (1835-1911) oder *Sergej Andreevič Muromcëv* (1850-1910), die gegen die Staatsmetaphysik der vorherrschenden deutschen Staatslehre kämpften. *Nikolaj Michailovič Korkunov* (1886), ein führender Staatsrechtler, schrieb gegen „Kant, Hegel, Krause und andere Fürsten der Metaphysik" (1886). Kovalevskij hat noch kurz vor seinem Tod im „Vestnik Evropy" eine Attacke gegen das „Schellingianer- und Hegeltum in Russland" geritten. Inzwischen waren für die antideutsche Strömung bei den liberalen Westlern auch politische Gründe hinzu getreten. Kovalevskij leistete seinen intellektuellen Kriegsbeitrag, wie das auch Weber oder Durkheim in ihren Ländern taten. Viele dieser liberalen Westler standen unter Einfluss des französischen Positivismus. Dieser konnte aber die Metaphysik auch nicht immer vermeiden, jedenfalls wenn Stadienlehren und Geschichtsteleologien aus der Soziologie von Auguste Comte übernommen wurden. Kovalevskij hat sich methodisch gegen die monistischen Faktorenlehren gewandt. Marx (Perepiska 1951: 190) hat in Kovalevskij anfangs einen Forscher mit verwandten Überzeugungen gesehen. Kovalevskij hat jedoch die Dominanz des wirtschaftlichen Faktors nie so stark betont wie Marx und Engels und würdigte den „Überbau" durch den Einfluss der Ideen und der demographischen Entwicklung (SS: 224ff, 248). Die sozialen Faktoren nahmen bei ihm nie den Charakter eines blind wirkenden Fatums an. Er setzte sie in Beziehung zur der formenden Rolle politischer Institutionen. Im Streit mit den Gesamtevolutionisten suchte Kovalevskij nach einer vergleichenden Methode, die den Subjektivismus der Slawophilen und Narodniki vermied (1880: 9). Die Narodniki sahen nichts als „Sonderwege" in jedem Land.

Kovalevskij hingegen war - wie Weber oder Durkheim - an den länderübergreifenden Entwicklungen interessiert. Diese wurden nicht durch geistigen Import erklärt, sondern, modern gesprochen, als „funktionale Äquivalente". Gegen Importversuche war Kovalevskij sogar ziemlich skeptisch, wie er an den Kunstprodukten der „Zünfte" Peters des Großen zeigte.

Kovalevskijs vergleichende Forschung wurde wichtig für die Einordnung der russischen Dorfgemeinde. Er sah in ihr zwar eine urtümliche russische Institution. Er hielt jedoch ihren Zerfall im Licht der Sozialgeschichte für unvermeidlich, wie er in einer ersten Arbeit über eine zerfallende Dorfgemeinde im Kanton Waadt in der Schweiz demonstrierte. Krisen Russlands hatten für ihn frühere Parallelen in Westeuropa seit dem Beginn des Kapitalismus (1900: 3). Als Aufgabe der Politik sah er die Milderung dieser Übergangsprozesse. Sozialpolitik durfte daher die bestehenden Verhältnisse auf dem Dorf nicht konservieren, aber auch nicht einer plötzlichen Proletarisierung der dörflichen Massen Vorschub leisten. Als ersten Schritt sah er die Abschaffung des Flurzwangs an. Alle Einrichtungen, welche die unternehmerische Initiative hemmten, sollten verschwinden. Reformen der Steuerpolitik, Vergabe von Land in Erbpacht, Stützung von genossenschaftlichen Banken schienen ihm die geeigneten Mittel für eine staatliche Intervention, die zugleich mit dem Liberalismus vereinbar waren (1900: 125ff).

Dieser „dirigistische Liberalismus" fand wenig Gegenliebe bei den russischen Oberklassen. Die Narodniki-Propaganda hatte weniger positiv bei den Bauern als negativ-abschreckend bei den Oberschichten gewirkt. Diese betrachteten die Dorfgemeinde mit Argwohn, weil sie in ihr eine Brutstätte des Sozialismus witterten. Kovalevskij trat als Vermittler zwischen den Narodniki und den Anhängern eines forcierten Kapitalismus wie Čičerin oder Witte auf. Er konnte der Aristokratie jedoch nicht klar machen, dass seine Versuche einer progressiven Fortentwicklung der Dorfgemeinde gerade der Vermeidung sozialistischer Revolutionen dienen sollten. Erst unter Stolypin wurden solche Gedanken langsam in die Regierungspolitik aufgenommen - freilich ohne durchschlagenden Erfolg.

Nur die politische Theorie profitierte von diesen Bemühungen. Es verbreitete sich die Einsicht, dass Wirtschaft und Gesellschaft nichts „Organisches" sind, wie die Michajlovskij-Schule lehrte. Durch die Macht des Politischen wurde Gesellschaft und ihre Institutionen als menschliche Artefakte betrachtet, die nicht mehr einem biologistischen Evolutionismus unterlagen. Kovalevskij und die Liberalen mussten gegen eine mystische Überhöhung des Gedankens der „Solidarität" kämpfen. Diese Idee schien für die Liberalen der Herausbildung eines konfliktorientierten Staatsbürgerbewusstseins eher hinderlich. Der Solidaritätsbegriff wurde vor allem gegen den marktwirtschaftlichen Wettbewerb ausgespielt. Kovalevskij hat in Anlehnung an Duguit in Frankreich wiederum eine Synthese des kapitalistischen freien Spiels der Kräfte mit dem Solidaritätsgedanken gesucht. Solidarität wurde aber bei ihm eher ein empirischer Begriff, der zur Beschreibung der üblichen sozialen Spielregeln diente. Solidarität war für ihn nicht ein Urtrieb des Menschen, der als „gut" angesehen wurde, wie bei den Anarchisten und Narodniki, sondern ein Konzept der Vernunft zur Milderung des hemmungslosen Kampfes zwischen den Klassen und Schichten. Er berief sich auch für die Gesellschaft auf das naturwissenschaftliche „Gesetz des geringsten Energieverbrauchs". Soziale Energie war für Kovalevskij eine Synthese aus den sozialen Spielregeln und einer bewussten aufgeklärten Politik des Staates, der diese Spielregeln respektiert.

Die „genetische Soziologie" wurde von allen Schulen vergleichsweise am stärksten von den Leninisten an der Macht toleriert, nicht zuletzt, weil lobende Marx-Zitate für sie gefunden werden konnten. *Konstantin Michajlovič Tachtarëv* (1871-1925), als Schüler Kovalevskijs, durfte diese Lehre noch auf dem ersten und letzten soziologischen Lehrstuhl in Petrograd vertreten. In der Emigration lebte diese Tradition im Werk des in Harvard lehrenden Schülers *Pitirim Sorokin* fort (z.B. Social and Cultural Dynamics, 4 Bde, 1937-1941). Tachtarëv hat in seinem Buch „Die Wissenschaft vom gesellschaftlichen Leben" (1919) die vergleichende Methode Kovalevskijs mit dem Nachweis vertreten, dass die Methode unabhängig von der Ideologie sei, und sich auch mit dem Marxismus-Leninismus verbinden ließe. Die Kovalevskij-Schule hat dies auch in der praktischen Politik glaubhaft demonstriert: Kovalevskij war Liberaler, Tachtarëv ein gemäßigter Sozialdemokrat, und Sorokin war ein führendes Mitglied der Sozialrevolutionären Partei, die aus der Narodniki-Tradition hervorgegangen ist.

Bogdan Aleksandrovič Kistjakovskij (1869-1920)

Quellen:

Kistjakovskij: Gosudarstvo pravovoe i socialističeskoe. Voprosy filosofii, Nov/Dez. 1900: 469-483.
Kistjakovskij: Gesellschaft und Einzelwesen. Berlin, O. Liebmann 1899
Kistjakovskij: V zaščitu naučno-filosofskogo idealizma. Voprosy filosofii i psichologii, Jan./Febr. 1907:55-77.
Kistjakovskij: Stranicy prošlago. K istorii konstitucionnago dviženija v Rossii. Moskau, Tip. P.P. Rjabušinskij 1912
Kistjakovskij: Konstitucionnoe pravo. Lekcii. Moskau 1908.
Kistjakovskij: Social'nye nauki i pravo. Moskau, Sobašnikov 1916.
Kistjakovskij: Zur Verteidigung des Rechts. In: Vechi (Hrsg. K. Schlögel). Frankfurt, Eichborn, 1990: 212-25o.

Kistjakovskij: Nepreryvnost' pravago porjadka. Juridičeskij Vestnik. Bd.17, 1917:7-20.
Kistjakovskij: Filosofija i sociologija prava. Sankt Petersburg, RCHGI 1998.

Literatur:

E. Kaufmann: Kritik der neukantianischen Rechtsphilosophie. Tübingen, Mohr, 1921.
H. Kelsen: Der soziologische und der juristische Staatsbegriff. Tübingen, Mohr, 1928, 2. Aufl.
N.M. Korkunov: Russkoe gosudarstvennoe pravo. Sankt Petersburg, 1904, 2 Bde, 5.Aufl.
P. Miljukov: Iz istorii russkoj intelligencii. Sankt Petersburg, Znanie 1903.
M. Weber: Zur Lage der bürgerlichen Demokratie in Russland. In: Gesammelte politische Schriften. Tübingen, Mohr, 1958, 2.Aufl.: 30-65.
M. Weber: Russlands Übergang zum Scheinkonstitutionalismus. Ebd.: 66-108.

Mit Bogdan Kistjakovskij kam es - wie bei Struve - unter dem Einfluss der deutschen Sozialwissenschaften zu einer starken Professionalisierung des politischen Denkens. Kistjakovskij hatte in Berlin, Straßburg und Heidelberg studiert. In Heidelberg regte er Max Weber zum Studium der russischen Sprache und zu seinen beiden Aufsätzen über Russland an. In der ersten Revolution 1905/07 stand er in den Reihen der Konstitutionellen Demokraten (Kadetten). 1907-16 lehrte er Staatsrecht in Jaroslavl' und 1916-1920 in Kiew. Er starb auf dem Rückzug der weißen Truppen in Rostow am Don.

Für einige der „legalen Marxisten", Sozialisten, die nicht orthodoxe Marxisten waren, wie Berdjaev oder Bulgakov, war der Neukantianismus eine Durchgangsstufe zu einem metaphysischen Idealismus gewesen. Kistjakovskij hingegen vertrat durchgängig diese deutsche Philosophie. Wenige Gelehrte wurden schon durch ihre Dissertation so bekannt wie er („Gesellschaft und Einzelwesen" 1899) und sind von führenden Sozialwissenschaftlern wie Simmel, Weber, Vierkandt, Stammler, Jellinek und Kelsen einer kritischen Auseinandersetzung gewürdigt worden. Kistjakovskij ist oft zur Gruppe der „legalen Marxisten" gezählt worden. Außer in persönlicher Freundschaft traf er sich in einigen Überzeugungen mit ihr. Aber es gab auch gewichtige Unterschiede. Er hatte nie eine marxistische Phase durchlaufen und war von Anfang an Idealist. Er teilte mit den Freunden die Anerkennung eines selbständigen Ideals der politischen Ethik, das von der Kausalität der Seinsanalyse strikt zu trennen war. Aber er wurde nicht zum ethischen Sozialphilosophen und glaubte mit Max Weber an die Objektivität der Sozialwissenschaften. Die metaphysischen Idealisten vertraten eine offene Metaphysik in seinen Augen, die Materialisten hingegen eine Krypto-Metaphysik (1899: V). Das marxistische Kredo „Keine soziale Erscheinung ohne ökonomische Ursache" schien ihm nicht gänzlich falsch. Aber es war für ihn inhaltsleer, wie die Erkenntnis, dass keine Erscheinung auf Erden ohne die Rotation der Erde um die Sonne denkbar sei. Es gab für ihn keine „letzten Ursachen". Er näherte sich sogar mehr als Weber einer modernen Variablen-Soziologie. Er lehnte daher den in Russland grassierenden positivistischen Begriff des sozialen Gesetzes ab. Allgemeine Vorstellungen entstehen für ihn nicht, weil die Natur so einheitlich wirke, sondern weil der psychische Mechanismus der Menschen dazu führe, höchst verschiedene Erscheinungen in Begriffen zusammen zu fassen.

In der Staatslehre entwickelte Kistjakovskij die Zweiseitentheorie Jellineks zu einer „Vier-Seiten-Theorie" weiter. Danach hatte man einen soziologischen, psychologischen, juristischen und normativ-philosophischen Staatsbegriff zu unterscheiden. Nur die individuelle Wahrnehmung verband die Seiten zu einem Begriff. Erich Kaufmann (1921: 51) hat Kistjakovskij mit Jellinek und Kelsen in eine Reihe der formaljuristischen Puristen gestellt, welche die juristischen Faktoren von allen metajuristischen Elementen befreien wollten. Kelsen hätte sich diese Gleichsetzung verbitten müssen, denn er war mit Kistjakovskij keineswegs einverstanden. Er verargte es dem russischen Kollegen, dass „die den Staat bildenden Personen im Begriff der staatlichen Persönlichkeit nicht in eine Summe oder irgendwelche höhere Einheit verschmolzen, sondern einfach weggedacht worden seien (Kelsen 1928: 108). Diese höhere Einheit blieb bei Kistjakovskij keineswegs unerkannt. Aber er hat von ihr aus methodischen Gründen abstrahiert. Er räumte ein, dass „in einer konkreten Vorstellung vom Staat ... diese beiden Seiten (die Seins- und Sollensseite) jedes gemeinschaftlichen Wesens völlig ineinanderfließen". Die Wissenschaft hingegen müsse diese Seiten begrifflich strikt trennen (1899: 72f). Kelsens Kritik hatte ihre Berechtigung. Der neukantianische Dualismus führte dazu, dass es konkrete Vorstellungen gebe, denen kein möglicher Begriff entspreche, und dass man eine Verbindung des Idealen und des Realen, des Sollens und des Seins bei Kistjakovskij nur noch „vorstellen" (psychologisch), aber nicht mehr „denken" könne (Kelsen 1928: 109). An der Dominanz der juristisch-formalen Auffassung konnte Kelsen wenig Anstoß nehmen, denn der hing er selbst an. Er argumentierte vor allem gegen die „psychologische Hintertür", die Kistjakovskij sich offenhielt, wenn er die juristische Einheit des Staates unter besonderen Umständen mit der real-gesellschaftlichen Einheit identifizierte. Der Fall trat für Kistjakovskij ein, wenn sich das soziologische Substrat Volk ganz mit dem juristischen Staat identifiziere, wie Deutschland 1813 und 1871. Es war nicht der russische Patriotismus, an dem diese voluntaristische Klammerfunktion demonstriert wurde (1899: 83). Kaufmann (1921: 10) warf dem Neukantianismus in der politischen Theorie vor, dass er nur durch „Erschleichung von Inhalten und durch unbewusste Hypostasierungen von empirischen Gegenheiten zu metaphysischen Realitäten" existieren könne.

Der juristische Formalismus der Neukantianer hatte jedoch in der russischen Diskussion seine Verdienste, weil er begriffliche Stringenz in die wabernde ontologische Staatsdiskussion Russlands brachte. Sein Nachteil war, dass im Konfliktfall von Sein und Sollen meist zugunsten der normativen Kraft des Faktischen optiert wurde, und die wirkte für die Macht des Status quo. Immerhin hat Kistjakovskij in den „Vechi", dem Fanal einer idealistischen Neuorientierung der Intelligencija, eine Lanze für das Recht brechen können. Die Fremdheit Russlands gegenüber dem Recht ist nach dem Sieg des Bolschewismus vielfach als Ursache des Untergangs des alten Russland dargestellt worden. Kistjakovskij hatte vor solchen Gefahren frühzeitig gewarnt. Sein Beitrag war in seinem sozialwissenschaftlichen Rationalismus eigentlich ein Fremdkörper in dieser Sammlung. Die Neo-Idealisten neigten selbst dazu, das Recht wieder gegenüber einer überhöhten politischen Ethik gering zu schätzen. Sie arbeiteten damit den Konservativen in die Hände, zu denen sie nicht gehörten. Der Starjurist des Systems *Korkunov* (1904, I: 429) hatte Grundrechte in Russland für überflüssig erklärt. Selbst ein relativ liberaler Geist wie *Kavelin* fand, dass ein Gesetzesstaat, in dem die Autokratie sich an die eigenen Gesetze hielt, besser sei als ein Rechtsstaat, in dem es ständig zu Konflikten zwischen der Repräsentation und der Krone kommen müsse. Auch der Kronjurist der Autokratie Korkunov hat implizit eine oktroyierte Verfassung für möglich gehalten.

Kistjakovskijs Beitrag hätte in manchem eher in eine Gegen-Vechi-Schrift gepasst, die Miljukov, der Führer der Liberalen, unter dem Titel „Intelligenz in Russland" lancierte. In ihr wurde der „ethische Egoismus" der Vechi-Gruppe gegeißelt. Der Konflikt war umso heftiger, als er unter aktuellen und ehemaligen Liberalen ausgetragen wurde. Kistjakovskij bekannte, dass es ein absolutes Naturrecht gebe, auch wenn „Zulus nichts davon wüssten". Aber er hielt es für gefährlich, ein absolutes Recht zur Maxime des politischen Handelns zu machen, weil die Kompromissfähigkeit der Politik dadurch verloren gehen müsse. Er würdigte die disziplinierende Wirkung staatlichen Rechts und kritisierte die Disziplinlosigkeit einer Intelligenz, die erneut dem ethischen Maximalismus huldige. Miljukov (1910: 104) hatte durchaus recht, dass Kistjakovskij eigentlich nicht zu der Vechi-Gruppe, sondern zu den Liberalen gehöre.

Der Neukantianismus hatte besondere Schwierigkeiten in einem revolutionären Land wie Russland. Die Neukantianer waren auch in Russland antirevolutionär gesonnen. Nach der Februarrevolution 1917 beeilte Kistjakovskij sich zu erklären, dass kein Rechtsbruch vorliege, weil die Rechtskontinuität gewahrt bliebe. Für die Zukunft allerdings mahnte er strikt den Rechtsweg an (1917: 8f). Diese Anerkennung einer neuen faktischen Regierung war durchaus im Sinne Kants.

Während Max Weber (1958) den russischen Scheinkonstitutionalismus treffend charakterisierte, hat sein Informant in Fragen Russlands sich für die Aussichten des Regimes in einige Illusionen geflüchtet, wie viele Intellektuelle seiner Zeit. Die Schwäche der Oberschicht, von Liberalen wie Čičerin oder Struve als Nachteil Russlands erkannt, wurde nun positiv gewertet. Die russische Oberschicht schien ihm zu schwach, um so dominant in den repräsentativen Organen zu werden, wie der deutsche Adel. Das Fehlen einer Bourgeoisie wurde aus Zweckoptimismus zum Vorteil umgemünzt, weil dadurch die Klassenkämpfe weniger scharf ausgetragen werden müssten. Tatsache war hingegen, dass der Adel die neuen Organe zum Teil sabotierte, das Bürgertum zu schwach war, um sie auszufüllen, und die Repräsentanten der bäuerlichen Massen durch die Trudoviki diese Institutionen eher taktisch als inhaltlich akzeptierten.

Pëtr Berngardovič Struve (1870-1944)

Quellen:

Struve: Kritičeskie zametki k voprosu ob ekonomičeskom razvitii Rossii. Sankt Petersburg, I.N. Skorochodov 1894

Struve: Die Marxsche Theorie der sozialen Entwicklung. Archiv für soziale Gesetzgebung und Statistik (Brauns Archiv) Berlin 1899: 658-704

Struve: Rezension über Eduard Bernstein: Die Voraussetzungen des Sozialismus und Karl Kautsky: Bernstein und das sozialdemokratische Programm. Archiv für soziale Gesetzgebung und Statistik (Brauns Archiv) Bd.14: 1580-1584.

Struve: Osnovnoj dualizm obščestvenno-ekonomičeskogo processa i ideija estestvennogo zakona. Voprosy filosifii i psichologii. Sept./Okt. 1910: 548

Struve: Na raznye temy. Sbornik statej. Sankt Petersburg, Kolpinskij 1902.

Struve: Vojna i patriotizm. Osvoboždenie. 1904, Nr.18: 319 (und andere Artikel)

Struve: Razmyšlenija o russkoj revoljucii. Sofia, Rossiisko-bolgarskoe knigoizdatel'stvo 1921.

Struve: O liberal'nom konservatizme v našem prošlom. Russkaja mysl', Paris 1927, I: 64ff.

Struve: Zur Grundlegung der Wirtschaftssoziologie. Kölner Vierteljahreshefte für Soziologie. 1930/31, H 1 u. 2: 17ff.

Struve: My conflicts with Lenin. The Slavonic and East European Review. Bd. XIII, 1934, Nr. 35: 347-366, Nr.37: 66-84.

Struve: Osnovnoj dualizm obščestvenno-ekonomičeskogo processa i ideija estestvennogo zakona. Voprosy filosofii i psichologii, Sept./Okt. 1910, Kn. 1

Struve: Tönnies. Zeitschrift für Nationalökonomie. Bd.8, 1937: 47-60.

Struve: My contacts with Rodichev. The Slavonic and East European Review. Bd. 12, 1938, Nr. 35: 347-359.

Struve: From Peter Struves unpublished correspondence. The Russian Review, Jan. 1949: 63-64 (zit. Unpubl.)

Literatur:

S. Frank: Biografija Struve. New York, YMCA Press 1956.

V.I. Lenin: Der ökonomische Inhalt und die Kritik an ihr in dem Buch des Herrn Struve. Die Widerspiegelung des Marxismus in der bürgerlichen Literatur (1895). In: Lenin: Werke. Berlin, Dietz, 1961, Bd. 1: 339-548.

D. Mereschkowski: Auf dem Weg nach Emmaus. Essays. München, Piper 1919: 232-238.

R. Pipes: Struve. Liberal on the Left. 1870-1905. Cambridge/Mass, Harvard University Press, 1970.

R. Pipes: Struve. Liberal on the Right. Cambridge/Mass. Harvard University Press, 1980.

G. V. Plechanov: Izbranny filosofskie proizvedenija. Moskau, Politizdat, 1956-58, 5 Bde. (zit. IFP).

H. Sachs: Peter von Struve. Ein Beitrag zur russischen Nationalökonomie. Bern, Diss. 1904.

D.W. Treadgold: The Ideology of the White Movement. Wrangels leftist politics from rightist hands. In: H. McLean u.a. (Hrsg.): Russian Thought and Politics. Cambridge/Mass., Harvard University Press, 1957: 481-497.

Wie viele liberale Theoretiker der marginalen Kulturen hat auch Struve erstaunliche Wandlungen durchgemacht. Anfangs war er ein Linksliberaler in der Sozialdemokratie, später war er ein liberaler Kadett und endete durch die bolschewistische Revolution als Konservativer. Dennoch gab es bei ihm - ähnlich wie bei Ortega y Gasset in Spanien - einige durchgehende Denkansätze. Bei Struve waren dies ein liberaler Konservatismus und ein glühender Nationalismus (Pipes 1970: 15).

Struves Großvater war aus Altona nach Russland gekommen, seine Mutter war Baltendeutsche. 1902-1905 lebte Struve in der Emigration, in Stuttgart, später in Paris. Dort gab er die liberale Zeitschrift "Osvoboždenie" heraus. Der „Befreiungsbund", dessen Sprachrohr sie war, wurde zum Kern der späteren Konstitutionellen Demokraten (Kadetten). Ab 1905 zog er sich zunehmend aus der Parteiführung zurück. Er hatte vielfach Meinungsverschiedenheiten mit dem Parteiführer Miljukov. In die erste Duma konnte Struve aus formalen Gründen nicht gewählt werden. Sein Mandat in der zweiten Duma trug ihm keinen Ruhm ein. Er galt als schlechter Redner. 1908 trat er aus der Kadettenpartei aus. 1907-1917 widmete er sich hauptsächlich der Redaktion von „Russkaja mysl'". Als Miljukov nach der Februarrevolution 1917 Außenminister der Provisorischen Regierung wurde, bat er Struve, die Leitung der ökonomischen Abteilung seines Ministeriums zu übernehmen. 1919 verließ Struve Russland, kehrte jedoch als

Außenminister der anti-leninistischen Wrangel-Regierung nach Südrussland zurück. Nach der Evakuierung der Truppen der „Weißen" lebte er als Wissenschaftler in Prag, Belgrad und Paris.

Struves Name wurde mit einer Gruppe von Wissenschaftlern und Philosophen in Verbindung gebracht, die als „legale Marxisten" apostrophiert worden sind. Sie traten zunächst als Kritiker der Narodniki auf, haben später aber die marxistischen Gedanken zugunsten eines transzendentalen Idealismus aufgegeben, wie *Semën Ludvigovič Frank* (1877-1950), *Nikolaj Aleksandrovič Berdjaev* (1874-1948) und *Sergej Nikolaevič Bulgakov* (1871-1947). Der Theoriewandel ist in zwei Programmschriften „Probleme des Idealismus" (1903) und „Vechi" (1909) dokumentiert. Die „legalen Marxisten", die ihren Namen als Spottbezeichnung bekommen hatten, weil sie im Gegensatz zu den orthodoxen Marxisten ungehindert publizieren durften, haben gegen den Evolutionismus der Positivisten und den Historismus in Russland Stellung bezogen. Der Neukantianismus hatte diese Wende gefördert. Die legalen Marxisten waren hinreichend Westler, um nicht wie Plechanov (Zur Frage der Entwicklung der monistischen Geschichtsauffassung, 1895) sich damit zufrieden zu geben, den historischen Materialismus in das Prokrustesbett der russischen Geschichte zu zwängen. Sie argumentierten eigenständig und nicht historisch sondern erkenntnistheoretisch.

Struves Freund und Biograph Frank (1956: 202) überlieferte Struves Lieblingswort: „Man muss den Dingen auf den Grund gehen". Diese Haltung hat Struve zu immer neuen Klärungen seiner Positionen getrieben, so dass eine Reihe von Revisionen seiner Lehren unvermeidlich schienen. Dennoch gibt es eine beträchtliche Kontinuität im Werk Struves - vor allem durch das Bemühen um objektive Wissenschaft. Er nahm gegen die subjektivistische Methode der Narodniki (vgl. Sozialismus) Stellung und verwarf die „Intuition" in der Geschichtsdeutung, die vom Sollen gern auf das Sein schloss. Struve (1910: 548) akzeptierte auch nicht die Unterscheidung von natürlichen (genetischen) und künstlichen (teleologischen) Prozessen, welche die Narodniki vorgenommen hatten: „Natürlich ist alles für die Wissenschaft. Es gibt nur rationalisierbare und nicht rationalisierbare Erscheinungen. Letztere bedürfen jedoch nicht der subjektiven Methode, um erschlossen zu werden." Von Weber hatte er den Begriff des „Verstehens" übernommen. Er war für ihn eine psychologische Kategorie, die einer objektiven Erhellung bedürfe. Sein und Sollen wurde von den Neukantianern strikt getrennt. Subjektives Erleben, auf das sich Slawophile und Narodniki vielfach beriefen, war für Struve auch Objekt „objektiver" wissenschaftlicher Forschung.

In der Auseinandersetzung mit den Marxisten ging es vor allem um die Klassenfrage und die Anwendung der Verelendungstheorie auf das russische Land. Um die Jahrhundertwende hatte er die Wichtigkeit der Klassenanalyse nicht geleugnet. Erst in der Sammelschrift der Vechi-Gruppe „Iz glubiny" (1918:

245) hat er den Klassenkampf als rein taktisches Manöver der Bolschewiki abgetan. Der „Klassenfeind" war inzwischen, da Bündnispolitik nicht mehr notwendig schien, von den Bolschewiken enorm ausgeweitet worden, auf „Bourgeois, Herren, Junker, Intelligenz und schließlich sogar Damen mit Hüten". Bei den Kommunisten an der Macht vermisste Struve das Verständnis für die eigentliche Berufung des Sozialismus, eine neue Ordnung aufzubauen. Er sah nichts als Willkür, Plünderung und Enteignung in den Maßnahmen der revolutionären Regierung (Iz glubiny 1918: 247f).

Ein weiterer Punkt der Auseinandersetzung war die Funktion der Intelligenz. Auch die Marxisten kritisierten gelegentlich den „Intelligenzler-Aristokratismus". Da sie aber die Arbeiterbewegung bevormundeten, verhielten sie sich kaum gemäß ihren soziologischen Erkenntnissen. Struve hat schon früh entschieden gegen die Überhöhung der „freischwebenden Intelligenz" Stellung genommen. Für Liberale gab es nicht den Gegensatz: Intelligenz - Volk, sondern nur die Frage, wie konnten die Eliten die öffentliche Meinung im Sinne einer Reformpolitik beeinflussen. Die liberale Intelligenz um die Jahrhundertwende war bescheidener in ihrem Anspruch geworden. Sie hatte sich mit Hilfe der Massenpsychologie modernisiert. Der Führer der Liberalen, Miljukov, verkündete, dass die Aufgabe der Politik nicht nur darin bestehe, die rationalen sondern auch die irrationalen Motive der Massen zu wecken (1910: 184). Das war nicht Struves Meinung, der immer mehr prinzipiell als politisch-taktisch gedacht hat.

Auch die Neo-Idealisten unter Struves Freunden begannen die Intelligenz zu kritisieren. Berdjaev bemängelte ein „ordensmäßiges Gebaren" und Struves Freund Frank fürchtete, die Mannigfaltigkeit der russischen Kultur werde von der Intelligenz in einem „großen allrussischen Kloster" erstickt. Bulgakov fürchtete im Gegenzug, dass die Intelligenz die „natürliche Frömmigkeit des Volkes" zersetze (Nachweise bei v. Beyme 1965: 115). Struve dachte weit soziologischer als die meisten seiner ehemals liberalen Freunde. Er lehnte es ab, die Intelligenz nach Klassen einzuteilen oder zu einer selbständigen Schicht aufzubauschen. Schon 1901 bemerkte er einmal, dass bei der Frage, welche Klasse an der Metaphysik Spinozas oder Fichtes schuld sei, ihm „einfach der Verstand still stehen" würde. Das richtete sich vornehmlich gegen die marxistische Rabulistik der Klassen- und Schichteneinteilung, die auch der Evaluation von Theorien zugrundegelegt wurde.

Während die „kritische Intelligenz" ihre Funktion in Opposition zum Staat sah, hat Struve einen Etatismus auch als Aufgabe der Intelligenz vertreten, der vielfach nicht auf Gegenliebe stieß. Der Dichter Merežkovskij (1919: 236) machte sich zum Sprecher der religiös-philosophischen Gesellschaft und der Schriftsteller, die den Etatismus verabscheuten: „Ich liebe die Freiheit mehr als die Heimat" schrieb er in einer Polemik gegen Struve und „wenn Russe sein

Sklave sein heißt, so will ich nicht Russe sein. Wenn das russische Salz Staatlichkeit ist, in dem Sinn wie Struve sie auffasst, so bin ich salzlos wie Quellwasser.
Dieses Ideal reizt mich nicht, und Reizlosigkeit ist wohl der tödlichste Einwand,
den man gegen ein Ideal erheben kann". Diese Debatte war seit Turgenev nicht
neu. Neu war nur die Schärfe, mit der alte Freunde sich zerstritten. Struve antwortete: „Mich alten Westler führst Du nicht auf diesen slawophilen Leim. Ich
bin Westler und daher Nationalist, ich bin Westler und daher staatsfreundlich".
Die Slawophilen und ihre Epigonen waren skeptisch gegen den Staatsbegriff und
den staatlich imprägnierten Nationsbegriff. Sie sprachen lieber von Volk und
Kirche.

    Struve konnte für seinen Patriotismus auf Beifall hoffen, aber nicht für seine
Identifikation mit dem russischen Staat. Liberalismus aber schien für Struve
(1902: 512) die einzige Form eines akzeptablen Nationalismus, weil er auf das
„Bewusstsein" abzielte und nicht an dunkle mythische Gefühle appellierte. Er
wollte Staat und Volk einander näher bringen. Eine „Liga russischer Kultur"
sollte dieses Anliegen fördern. Sie wurde aber von rechts wie von links sofort als
„Handlanger der Autokratie" verdächtigt. Erst nach Ausbruch des ersten Weltkrieges, als selbst Sozialdemokraten wie Plechanov („O vojne". Paris 1914: 9)
vom Patriotismus erfasst wurden, hatte Struve eine gewisse Resonanz. Vergessen
waren Tolstojs Warnungen, dass jeder Patriotismus zum Kriege treibe (Sozialethische Schriften, Bd.12, Jena, G. Fischer, 1911: 5). Auch Struve war nicht mehr
der Warner, der er noch im japanischen Krieg in seiner Zeitschrift „Osvoboždé-
nie" gewesen war (1904: 318). Da Struves Nationalismus aber nicht in einer Mas-
senhysterie künstlich aufgesetzt war, sondern schon immer existierte, blieb er
1914 gemäßigter als andere Intelligenzler. Es fehlten auch die antideutschen Töne, und er trat gegen die „kulturelle Hetze" auf. Ein Philosoph namens Ern vertrat
die These „von Kant zu Krupp" als unausweichliche deutsche Entwicklung. Struve klagte: „die Zeit slawophilisiert" und sah darin ein Zeichen der Schwäche
Russlands. 1916, als die Deutschen militärische Erfolge hatten, wurde er geradezu defaitistisch. Er argumentierte nun wie Ern - nur mit umgekehrter Zielrich-
tung. „Der kategorische Imperativ" schien den Deutschen zum Siege zu verhelfen
(zit. Frank 1956: 107).

    Der Nationalismus scheiterte militärisch und die Intelligenz wandte sich ei-
nem neuen Schlüsselbegriff zu: der Revolution. Struve war schon als Sozialdemokrat nicht revolutionär gesonnen gewesen und vertrat die übliche neukantianische Ablehnung von Revolutionen. Im Weltkrieg um 1917 schien Struves Opti-
mismus hinsichtlich einer friedlichen Entwicklung des sozialen Antagonismus
falsifiziert. Die Marxisten fühlten ihre Prognosen bestätigt. Lenin hatte es immer
gesagt: „Je schlimmer desto besser", je elender die Massen, umso leichter konnte
eine Revolution gemacht werden. Während alte Freunde wie Berdjaev sich von

der Oktoberrevolution für kurze Zeit inspiriert fühlten, war Struve unnachgiebig
gegen die Revolution und stellte sich der Konterrevolution zur Verfügung, mit
der er politisch gesehen nicht gerade harmonierte. Neue Konflikte mit den neoidealistischen Freunden brachen auf. Man warf ihm vor, mit der Konspiration
gegen den Bolschewismus die gleichen Mittel anzuwenden wie Lenin. Berdjaev
unterstellte den Weißgardisten gar „Gottlosigkeit" und empfahl, den Bolschewismus als „Gottesgeißel" zur Prüfung hinzunehmen. Die „Bruderschaft der
heiligen Sofija", die Bulgakov in Prag in der Emigration gründete, lud Struve aus
alter persönlicher Freundschaft noch ein. Aber theoretisch waren die Positionen
nicht mehr vereinbar. Struve musste mit dem Vorwurf leben, die Revolution
abgelehnt zu haben, wenn auch nicht aus den christlichen Motiven wie die Neo-
idealisten, und dennoch nach 1917 eine Revolution, die Konterrevolution, zu
predigen. Der Liberale von links war noch immer Liberaler, aber ein „Liberaler
von rechts". Er hatte nichts mit der Theorie der Konterrevolution gemein, welche
in der Restaurationszeit Maistre und Bonald vertreten hatten. Die russischen Philosophen, die ihre Lehre auf ein erneuertes Christentum gründeten, haben sich
jedoch gleichfalls von einer theokratischen Versuchung nach Art des frühen Lamennais ferngehalten.

Im Bürgerkrieg unterstützte Struve die Wrangel-Regierung und diente ihr
für kurze Zeit als Außenminister. Die Geschichte wird meist von den Siegern
geschrieben. Es galt als ausgemacht, dass Wrangel eine Art „Protofaschist" war,
obwohl er den Massen in Russland eher eine „linke Politik aus rechten Händen"
anbot. Umstritten ist, wieweit sich Struve mit den Zielen dieser Regierung identifizierte. Unumstritten ist, dass er im Exil gegen faschistische Versuchungen gefeit
war. Ein Aufsatz über Tönnies (1937: 60) ist ihm als faschistoide Entgleisung
ausgelegt worden, weil er Tönnies als „Vorverkünder des Nationalsozialismus"
stilisierte, „jener merkwürdigen Mischung aus Rationalismus und Romantik".
Allenfalls böser Wille konnte darin ein Lob des Nationalsozialismus erblicken.
1941 wurde er beim Überfall auf Jugoslawien, wo er damals lebte, von der Ge-
stapo verhaftet und erst nach Monaten wieder freigelassen (Unpubl: 68).

Struve ist bis zu seinem Tod in Paris eine führende intellektuelle Figur der
russischen Emigration gewesen. Während der einstige liberale Parteiführer Miljukov im Weltkrieg sein Mäntelchen nach dem Winde hängte und vorübergehend
sogar auf die deutsche Karte setzte, als seine Partei eindeutig prowestlich eingestellt war, hat Struve immer eine klare Linie durchgehalten. Doktrinen des Neo-
Slawophilismus und der Eurasier, welche die emigrierte russische Intelligenz
umtrieben, wurden in der Abwehrfront gegen den Bolschewismus langsam auf-
geweicht. Struve blieb antibolschewistisch und entfremdete sich alten Freunden
wie Berdjaev (Pipes 1980: 356ff) und anderen Freunden der Vechi-Gruppe, die
bis 1922 noch in Russland wirkten. Im Gegensatz zu anderen liberalen Emigran-

ten hat Struve sich auf wissenschaftliche Arbeit konzentriert und weniger darauf, die illusionären Hoffnungen bei jedem Ereignis in endlose Debatten um die innere Verarbeitung der Revolution zu verschwenden, wie das die Mehrheit der Emigranten tat. Während viele von ihnen 1917 für so progressiv wie 1789 erklärten, blieb für Struve die Oktoberrevolution ein nationales Unglück.

## 5.	Das Dilemma des russischen Liberalismus vor der Oktoberrevolution

Quellen:

N. Berdjaev: Die Geister der russischen Revolution. Salzburg, Stifterbibliothek. 1972.
N. Berdjaev: Samopoznanie. Opyt filosofskoj avtobiografii. Moskau, Kniga 1991.
N. Berdjaev: Selbsterkenntnis. Darmstadt, Holle 1953.
S. Frank: Duchovnyja osnovy obščestva. Paris, YMCA Press, 1930.
S. Gogel: Die Ursachen der russischen Revolution im Jahre 1917. Berlin, Sack 1926.
B. Kistjakovskij: Stranicy prošlago. Moskau, Tip. P.P. Rjabašinskij 1912
M.M. Kovalevskij: La crise russe. Paris, Giard & Brière 1906.
P. Miliukov: Constitutional Government for Russia. New York 1917.
P. Miljukov: Iz istorii russkoj intelligencii. Sankt Petersburg. Znanie 1903.
P. Miljukov: God bor'by. Publicisticeskaja chronika 1905-1906. Sankt Petersburg, Tip. Obščestvennaja Pol'za 1907.
M. Ostrogorski: La démocratie et l'organisation des partis politiques. Paris, Calman-Lévy 1903, 2 Bde.
M. Ostrogorski: Democracy and the Organization of Political Parties. Chicago, Quadrangle Books 1964, 2 Bde (gekürzt)
Vechi: Sbornik statej (1909/1910). Moskau, Molodaja gvardija, 1991.
Vechi: Wegzeichen. Zur Krise der russischen Intelligenz. (Hrsg. K. Schlögel). Frankfurt, Eichborn 1990

Literatur:

V. Leontovitsch: Geschichte des Liberalismus in Russland. Frankfurt, Klostermann. 1957.
V. I. Lenin: Die Verfolger des Zemstwos und die Hannibale des Liberalismus (1901). Werke. Berlin, Dietz, 1959, Bd.5: 21-73.
N.O. Losskij: Čego chočet partija narodnoj svobody? (1905). Petrograd,. P.O. Jablonskij 1917
O: Müller: Intelligencija. Untersuchungen zur Geschichte eines politischen Schlagworts. Frankfurt, Athenäum, 1971.
Th. Riha: A Russian European. Paul Milyukov in Russian Politics. Notre Dame. Notre Dame University Press, 1969.
W.G. Rosenberg: Liberals in the Russian Revolution. The Constitutional Democratic Party. 1917-1921. Princeton, Princeton University Press. 1974.

M. Weber: Russlands Übergang zum Scheinkonstitutionalismus (1906). In: Ders.: Politische Schriften. Tübingen, Mohr, 1958, 2. Aufl.: 30-65.
M. Weber: Russlands Übergang zur Scheindemokratie (1917), ebd: 192-210.

Je sozialistischer der Radikalismus in Russland wurde, umso mehr orientierten sich die Liberalen in Richtung Konservatismus. „Liberal-Konservatismus" war eine beliebte Selbstbeschreibung für diese Konzeption von Čičerin bis Struve. Ein Status-quo-Konservatismus konnte in einer finsteren Autokratie nicht gedeihen. Selbst der Konservatismus wurde oppositionell, soweit er romantisch-slawophil und damit meist staatsfremd gesonnen war. Die Liberal-Konservativen mussten daher die Funktion des Konservatismus in einem solchen System übernehmen. Struve hat einmal bemerkt, das russische Volk habe zu lange auf einem Fleck gesessen, um konservativ sein zu können.

Als Vorbote der konstitutionellen Entwicklung kann der Zemstvo-Kongress bezeichnet werden, der im November 1904 eröffnet wurde. Das Ereignis ist mit der Konstituierung der französischen Nationalversammlung 1789 verglichen worden (Pipes 1970: 366) - eine etwas zu schmeichelhafte Parallele. Die Versammlung forderte ein repräsentatives Parlament. Durch die Revolution von 1905 schien die Stunde des Liberalismus gekommen zu sein. Der Absolutismus ging nach einer langen Zeit der Agonie durch das Manifest des Zaren vom 17. Oktober 1905 zu Ende. Die Monarchie hatte vor dem Ultimatum der „Befreiungsunion" kapituliert. Für Struve und die Liberalen schien dies die Erfüllung ihrer Wünsche, für die sie Jahrzehnte gekämpft hatten. Die Devise lautete nun: „Verfassung oder Krieg".

Die Liberal-Konservativen waren in der russischen Geschichte verfrühte Gestalten. Erst die Bewegung des neuen Idealismus brachte nach der Wende zum 20. Jahrhundert neue Gedanken in eine festgefahrene theoretische Debatte. Im Jahre 1905 entstand die Partei der Oktobristen (nach dem Oktobermanifest des Zaren benannt). Sie verfocht das Programm der Liberal-Konservativen aller Schattierungen. Nicht alle Liberalen, die inzwischen das Etikett „konservativ" nicht mehr scheuten, wurden von den Oktobristen integriert. Struve - der oft als Oktobrist der Gesinnung bezeichnet worden ist - war gegen ihre servile Haltung, auch wenn er an ihren Ideen wenig auszusetzen hatte. Zwei politische Gruppen haben die Anfänge des russischen Konstitutionalismus beherrscht: Die Sozialrevolutionäre und „Trudoviki" standen den Wünschen der bäuerlichen Volksmassen am nächsten. Die Liberal-Konservativen hingegen hatten noch Zugang zum Ohr des Herrschers und zu seiner Kamarilla. Die liberalen Kadetten (von der Abkürzung für Konstitutionelle Demokraten = KD) brachten den Vorteil mit, nicht so organisationsfeindlich zu sein wie die Sozialrevolutionäre und sie waren

weniger weltfremd und antiparteilich gesonnen als viele der Liberal-
Konservativen. Sie verfügten über die Einsicht in die Notwendigkeit demokratischer Parteiorganisationen. Der Wille zur „Realpolitik", den Max Webers Schüler
Kistjakovskij (1912: 17) in Russland verkündete, war bei den Kadetten vergleichsweise am stärksten entwickelt. Sie versuchten am stärksten, von den bloß
„literarischen Erklärungen" abzurücken und ein konkretes politisches Programm
durchzusetzen (Miljukov 1907: 101). Kistjakovskijs Mentor Max Weber (1958:
36) war gleichwohl mit dem jungen russischen Konstitutionalismus unzufrieden,
weil er die Ideen betonte, statt sich konkreten Interessen zuzuwenden, und noch
immer fremd gegenüber einer politischen Erfolgsethik schien. Der russische
„Max Weber", Maksim Kovalevskij (1906: 293), war nicht minder kritisch gegenüber der „Kadetten-Anarchie", in der „keiner den anderen unterstützt und
Trubeckoj weder mit den Konservativen, noch mit den Sozialisten zusammen zu
einer Koalition zu bewegen ist, und wo Miljukov andererseits nicht wagt, eine
Deklaration zu unterschreiben, nach der sich die Soldaten bewaffneter Interventi-
onsversuche zu enthalten haben, weil er fürchtet, Stimmen zu verlieren."

Kovalevskij selbst war jedoch selbst zu keiner Parteidisziplin bereit. In einer Dumarede (Dumskij sbornik, Sankt Petersburg 1906, Bd. I: 70) erklärte er an
die Adresse der Kadetten: „Ich bin Freund der Partei der Volksfreiheit, aber zur
gleichen Zeit bewahre ich mir die Freiheit der Kritik, die Freiheit des selbständigen Denkens". Die organisatorische Anarchie war nicht schlimmer als in anderen
frühparlamentarischen Systemen, etwa der deutschen Paulskirche 1848. Die Liberalen waren auch damals in „Wirtshausfraktionen" gespalten. Die Kadetten entstanden nicht in Clubs, wie in Frankreich und England, oder in Kneipen, wie in
Deutschland, sondern auf einer Schwarzwaldwanderung russischer Intellektueller,
um die Versammlungsschwierigkeiten in Russland zu umgehen. Sie entstand aus
einer Begegnung der Zemstvo-Liberalen und der Konstitutionalisten. Berdjaev
(1953), einer der „Wanderer", gab unverhohlen zu, dass ihn die Landschaft mehr
gefesselt habe als die politischen Diskussionen. Als die Partei schließlich eine
legale Parlamentsorganisation geworden war, verlor sie noch immer nicht den
Charakter der Unverbindlichkeit, den ein Professoren-Parlamentarismus in vielen
Ländern nicht so schnell ablegte. Führende Staats- und Sozialwissenschaftler
machten liberale Politik, wie Kovalevskij, Miljukov, Petražickij, Struve, Kotla-
revskij, Bulgakov, Hessen, Novgorodcev, Kokoškin, Kareev, Tugan-Baranovskij
und Trubeckoj. Muromcëv wurde Präsident der Duma, Kokoškin und Miljukov
brachten es zu Ministern. Die Intelligenz versuchte - wie Struve sich einmal aus-
drückte - „ihre Intelligenzler-Uniform" auszuziehen, und reale Politik zu gestalten. Aber wissenschaftlich-methodische Professorenstreitigkeiten schienen sich in
der politischen Arena fortzusetzen. Realpolitik bedeutete auch Koalitionspolitik,
und in diesem Punkt blieb der alte Maximalismus durch persönliche Idiosynkra-

sien genährt, erhalten. Der Juriskonsult der Progressiven, Gogel (1926: 202), hatte Gelegenheit, die Parlamentsarbeit dieser bedeutenden Gelehrten aus der Nähe zu studieren. Sein Fazit: „Mein Gott, welche Disziplinlosigkeit! Man erschien nicht zu den Parlamentssitzungen und posaunte nur ab und zu in lauter Rede seine Lauterkeit aus, und dann sollen schon die Wände der Bürokratie einstürzen?" Als politische Propagandisten vergaßen die Liberalen, was sie als Staatwissenschaftler und Soziologen erkannt hatten. Da die Linken die Wahlen boykottiert hatten, überschätzten die Kadetten ihre eigene Stärke (vgl. Tabelle).

Russland hatte vor 1905 politische Strömungen gekannt, und die europäischen Etiketten wie Liberalismus oder Sozialismus übernommen. Aber sie wirkten angesichts der russischen Debatten schief. Da es keine Repräsentativverfassung gegeben hatte, konnte die Intelligenz sich nicht an Parteien gewöhnen. Die Parteien waren auch bei pluralistischen Liberalen nicht hinreichend akzeptiert.

Das zeigte das Werk eines Wissenschaftlers, der nur außerhalb Russlands bekannt wurde, *Moisei T. Ostrogorskij* (1854-1919). Er wurde für die Kadetten in die erste Duma gewählt. Nach einer kurzen parlamentarischen Tätigkeit ging er zurück ins Ausland. In Paris war er 1903 mit seinem Klassiker über die politischen Parteien bekannt geworden. Parallel zu Max Weber und Michels, aber vor ihnen, hatte er die Bürokratisierungstendenzen der Parteien anhand des Führungsgremiums, des „Caucus", in britischen und amerikanischen Parteien studiert. Der Caucus war für ihn ein „Virus, stark genug das Blut der Gemeinschaft zu vergiften" (1964 II: 346). Ostrogorskij ist als Klassiker der Parteitheorie viel beschrieben worden. Niemand hat sich jedoch die Mühe gemacht, seine Ansichten zu westlichen Parteien mit seiner russischen Vergangenheit in Beziehung zu setzen. Ostrogorskij war - wie Mosca - angewidert von der Betriebsamkeit der politischen Klasse seiner Zeit. Im Gegensatz zu Mosca aber sah er die organisatorischen Grundlagen ihrer Macht. Er bewertete sie freilich negativ, und sah nicht die Unerlässlichkeit der Parteibürokratie für die Überwindung der oligarchischen Cliquen des Frühparlamentarismus. Ostrogorskij stellte sich in die Tradition der Organisationsfeindschaft, welche die Narodniki in Russland pflegten, und von der auch einige Liberale nicht frei waren. Die Erfolge der Bolschewiken waren nicht zuletzt daraus zu erklären, dass sie die strategisch-taktischen Vorteile der Parteiorganisation gegen die Übermacht der stärkeren bürgerlichen Parteien ausnutzten. Ostrogorskij ging davon aus, dass in westlichen Parteibürokratien das Mittel bereits zum Ziel zu werden drohe. Michels hat den Gedanken anhand der Erfahrungen in der SPD später noch zu einem „ehernen Gesetz der Oligarchie" zugespitzt. Michels wandte sich einem Modell des Syndikalismus zu, Ostrogorskij favorisierte lose Ligen. Sein Wahlspruch war reichlich utopisch: „Nieder mit den Parteien - es leben die Ligen".

Die Vorliebe für libertäre Organisationsformen in der Intelligenz resultierte nicht zuletzt aus der Selbstüberschätzung dieser Gruppe. Der Intelligenz-Begriff war in den 1860er Jahren aus dem Französischen und Deutschen adaptiert und zu einer sozialen Schicht verdinglicht worden (Müller 1971: 390). Je mehr die Intelligencija sich radikalisierte, umso mehr hat sie das ursprüngliche Schimpfwort zum Ehrentitel erhöht, um sich von den „Philistern", den Spießern und dem „Kleinbürgertum" abzusetzen. Die russische Debatte, die Lenin mit beispielloser Polemik zuspitzte, operierte unaufhörlich mit dem Vorwurf, dass der Gegner ein „kleinbürgerlicher, weinerlicher Sozialpfaff" sei (vgl. Kap. Sozialismus).

Auch Liberale beteiligten sich an dieser Selbsterhöhung. Nur sehr verwestlichte Liberale zogen es vor, von „öffentlicher Meinung" zu sprechen, statt ein paternalistisches Verhalten der Intelligenz gegenüber „dem Volk" zu pflegen. Gelegentlich, wie bei Miljukov (1910: 184), wurde dieser Paternalismus noch mit Versatzstücken westlicher Massenpsychologie à la Le Bon oder Sighele angereichert, um nicht nur an die rationalen sondern auch an die irrationalen Motive der Massen zu appellieren. Dennoch hat man gerade ihm jede Fähigkeit abgesprochen, die Psychologie der Massen zu erfassen. Er war zu sehr Gelehrter, und es fehlte ihm am politischen Instinkt (Dok. in Riha 1969: 329).

Der „neue Idealismus", der sich in den „Vechi" (Wegzeichen) äußerte, hat erstmals gegen die Selbstvergottung der Intelligenz Stellung bezogen, welche die Soziologie wie eine Religion in ordensähnlichem Gebahren zelebriere. Der Philosoph Semën Frank sah die Gefahr, dass die Pluralität der russischen Kultur in einem „großen allrussischen Kloster" erstickt werde. Diese Kritik war jedoch nicht überwiegend modernistisch gemeint. Bulgakov (Vechi 1991:62ff) warf der Intelligenz in erster Linie vor, ihre geistige Selbsterhöhung dazu zu benutzen, um die „natürliche Frömmigkeit des Volkes zu zersetzen". Soweit der Neoidealismus bei Denkern wie Berdjaev oder Bulgakov, die einst sogar sozialistische Neigungen gehabt hatten, zu einer Rückwendung zur Kirche führte, blieb die Bewegung feindlich gegen Modernisierung, Technisierung, Bürokratisierung und parteiliche Organisation.

In der ersten Duma hatten die Kadetten und ihre Verbündeten die Mehrheit. Aber sie blieben mangels einer einheitlichen Politik im Schlepptau der linkeren „Trudoviki". Miljukov sah sich bereits in der Rolle eines parlamentarischen Premierministers. Aber die Regierung - auch Stolypin, der sich in Richtung Liberalismus öffnete - zog zwei Grenzen: Enteignungen von Großgrundbesitz und die Entwicklung des konstitutionellen Systems in Richtung Parlamentarisches System blieben tabu (Leontovitch 1957: 385). In der zweiten Duma war die Lage der liberalen Kadetten weniger günstig: Die sozialistischen Abgeordneten einerseits und die erstmals organisierte Rechte andererseits engten den Handlungsspielraum der Liberalen ein. In der dritten Duma schließlich waren die Liberalen bereits voller Angst hinsichtlich eines möglichen antikonstitutionellen Rück-schlags. Sie trauten sich nicht einmal mehr, Missbilligungsanträge zu stellen, um keine erneute vorzeitige Parlamentsauflösung zu provozieren. Das Dilemma der Liberalen lag in ihrem gespaltenen Verhältnis zu einer bürgerlichen Revolution. Spätestens als der Zar die Duma auseinander jagen und das Wyborger Rumpfparlament verhaften ließ, hätten die Liberalen sich an ihre trutzige Alternative „Verfassung oder Krieg" erinnern sollen. Miljukov (1907: 126) hatte vollmundig erklärt: „Versucht uns das Erkämpfte wieder wegzuneh-men, und wir werden erneut zu Revolutionären". Ein kleiner Nachsatz ließ bereits böses ahnen: „Leider nicht alle, sondern nur einige von uns". Am Ende des kon-stitutionellen Frühlings war von Revolution bei den liberalen Führern auch nicht andeutungsweise mehr die Rede.

Das Scheitern des „progressiven Blocks" 1915 im Weltkrieg, kam im Rückblick dem Verspielen der letzten Chance zu einer konstitutionellen Monar-chie gleich. Die demokratische Revolution war durch den Kriegspatriotismus überlagert worden, und grub sich selbst das Wasser ab.

Die Kadetten waren immer recht lose organisiert und waren stolz darauf, über den Klassen zu stehen. Eine programmatische Schrift (Losskij 1905, 1917: 6) behauptete, die Partei sei weder bürgerlich noch proletarisch, sondern „natio-nal". Die Illusionen über die eigene schmale soziale Basis führten zu einer wach-senden Fremdheit gegenüber den sozialen Problemen des Landes. Das Eigentum wurde zäh verteidigt und die Landreform nicht unterstützt. Allianzen mit der gemäßigten Linken wurden aus Angst vor radikalen Veränderungen nicht ange-strebt. In der Februarrevolution 1917 hielt Parteiführer Miljukov noch an der Monarchie fest, als diese nicht mehr zu halten war. Der Legalismus machte die Kadetten in Zeiten der Revolution zunehmend zu einer konservativen Kraft. Im Bürgerkrieg verloren nicht wenige Kadetten sogar ihr Image als Liberale. Die Machtfrage gegenüber den Bolschewiki überlagerte alle anderen Ziele, wie im Krieg der nationale Gedanke die Liberalität der Partei überwuchert hatte. Als der Bürgerkrieg entschieden war, hat eine „Emigranten-Psychologie" auch die Ka-detten erfasst (Rosenberg 1974: 457). Die Partei spaltete sich. Miljukov gründete mit wenigen Getreuen eine eigene Gruppe. Der russische Liberalismus setzte Jahrzehnte die sektiererischen Glaubenskriege in der Emigration fort.

Die Wiedergeburt des Liberalismus nach 1991 in der Gruppe „Jabloko" war ein erfreuliches, aber noch keineswegs ein kraftvolles Anzeichen für ein dauer-haftes Comeback des Liberalismus.

Teil II: Traditionalismus und Konservatismus

„Russland hat zu lange auf einem Fleck gesessen, um konservativ sein zu können" hatte Pëtr Struve gesagt, ein Liberaler, der immer konservativer wurde (vgl. Kap. Liberalismus). Das Bonmot deutet darauf hin, daß in einer überwiegend stationären Gesellschaft von Konservatismus nicht sinnvoll gesprochen werden kann. Aber es gab einen Traditionalismus, der sich gegen die Reformen Peters des Großen und seine Säkularisierung einer Theokratie richtete.

Konservatismus konnte erst entstehen, als der Liberalismus als Herausforderung sich in Russland bemerkbar machte. Durch den Angriff Napoleons auf Russland und die Ordnungsfunktion, die dem siegreichen Zaren Alexander I zufiel, konnte konservatives Denken direkt auf den Kaiser einwirken, etwa in der Form pietistischer Ideen der Frau von Krüdener, die er in Heidelberg traf, oder politischer durch die Wirkung der Ideen Adam Müllers. Franz von Baader versuchte mit seiner Skizze einer christlichen Politik direkt eine theokratische Organisation vorzulegen, die jedoch unter russischen Traditionalisten verdächtig wurde (H. Schaeder: Autokratie und Heilige Allianz. Darmstadt, Wissenschaftliche Buchgesellschaft 1963: 61ff.). Der Text zur Gründung der Heiligen Allianz 1815 legte einige Konservative Grundsätze als Basis der neuen europäischen Ordnung fest, wie die „fraternité véritable". Die drei Kaiser sahen sich als „Delegierte der Vorsehung" an und bekannten sich zu der gleichen „christlichen Nation". Eine sehr spezifische innenpolitische Ordnung wurde nicht definiert. Der Schutz von Religion, Frieden und Gerechtigkeit wurde versprochen. Regierungsmaximen sollten direkt aus der Bibel deduzierbar sein (Text in: Schaeder 1963: 98ff.).

Karl Mannheim (Konservatismus. Frankfurt, Suhrkamp 1974: 93) hat auch in Deutschland vor 1789 nur „Traditionalismus" entdecken können. Der Konservatismus trat erst durch die Polarisierung der Parteiungen nach der französischen Revolution auf. Justus Möser war in Deutschland der klassische Repräsentant des Traditionalismus. Er hatte noch eine gelassene Haltung, ohne Eifer und Militanz, und glaubte an die „gottgewollte" Ordnung seines Kleinstaats. In Russland könnte man daher für die Slawophilen allenfalls von Traditionalismus sprechen. Die Zäsur, die Mannheim in Europa bei 1789 ansetzte, wäre dann in Russland auf etwa 1848 zu fixieren.

Ein offizieller Konservatismus wurde mit den Prinzipien Uvarovs: „Orthodoxie, Autokratie, Nationalität" erst später verkündet und von Katkov zur Theorie ausgebaut. Wie problematisch der Konservatismus-Begriff für viele Bewegungen in Russland war, zeigte sich vom Slawophilismus bis zum Neoslawophilismus. Obwohl der ältere Slawophilismus in der vergleichenden Matrix unter Status quo-ante-Konservatismus subsumiert wurde, ist das nur hinsichtlich der rückwärtsgewandten Gesellschafts- und Geschichtsphilosophie gerechtfertigt. Im Kontext der aktuellen Politik waren viele dieser Gruppe Reformkonservative, die gegen die Leibeigenschaft eingestellt waren. In den neo-slawophilen Bewegungen und beim „neuen religiösen Bewußtsein" an der Wende zum 20. Jahrhundert gab es ausgesprochen radikale Konzeptionen. Berdjaev hat sich auch nach der Hinwendung zum Mystizismus noch als „Sozialist" verstanden. Ein Liberaler wie Struve war ihm „zu konservativ".

Das dritte Element der Uvarovschen Formel „Nationalität" entfaltete in seiner expansionistischen Dimension reaktionäre Züge. Es entsprach aber der Selbstperzeption von den friedlichen Slawen bei den Traditionalisten nicht. In dieser Konfrontation war die russische Rechte freilich kaum anders als die Pendants in Westeuropa. Selbst theokratische Bestandteile des Denkens hat es in Westeuropa gegeben, wenn auch meist nur vor 1848. Bei den russischen Traditionalisten hat dies gelegentlich zu einer heimlichen Vorliebe für den Katholizismus geführt. Aber auch darin steckte ein eher vorwärtsweisendes Element.

1.   **Die Slawophilen: Chomjakov, Aksakov, Kireevskij, Samarin.**

Quellen:

I.S. Aksakov: Sočinenija. Moskau, Volkaninov 1860-1886, 7 Bde (zit:S).

K.S. Aksakov: Polnoe sobranie sočinenij. Moskau, Tip. P. Bachmetev 1861-80, 3 Bde (zit:PS)

A. S. Chomjakov: Polnoe sobranie sočinenij. Moskau, Lebedev 1861-80, 3 Bde (zit.PS).

A. St. Chomjakov: Polnoe sobranie sočinenij. Moskau, Lebedev 1900-1914, 8 Bde.

B.N. Čičerin: Obzor istoričeskago razvitija sel'skoj obščiny v Rossii. Wiederabgedruckt in: Ders: Opyty po istorii russkago prava. Moskau, E. Barfknecht 1858:1-58.

A. von Haxthausen: Studien über die inneren Zustände, das Volksleben und insbesondere die ländlichen Einrichtungen in Russland. Hannover, Hahn 1847, Bd.1-2, Berlin, Behr 1852, Bd.3.

A. Herzen: Die Slawophilen und der Panslawismus, Kap 30 in: Mein Leben. Bd.1, Berlin, Aufbau Verlag, 1962: 685-736.

I. Kireevskij: Polnoe sobranie sočinenij (Hrsg. M. Gersenzon). Moskau, Tip. Imperatorskij Moskovskij Universitet 1911, 2 Bde (zit:PS).

I. W. Kireevskij: Russland und Europa. Stuttgart, Klett, 1948.

J. Samarin: Sobranie sočinenij (Hrsg. D. Samarin u.a.), Moskau, 1877-1911, Bd. 1-10, Bd.12. (Bd. 9 und 12-14 nicht erschienen).

J. Eckardt (Hrsg.): Juri Samarins Anklage gegen die Ostseeprovinzen Russlands. Übersetzung aus dem Russischen. Leipzig, Brockhaus 1869.

Literatur:

N. von Bubnoff (Hrsg.): Russische Religionsphilosophen. Heidelberg, Lambert Schneider, 1956.

P. K. Christoff: An Introduction to Nineteenth Century Russian Slavophilism. Bd.1 A. S. Chomjakov. Den Haag, Mouton, 1961, Bd.2: I. V. Kireevskij. Den Haag, Mouton, 1972, Bd.3: K. S. Aksakov. Princeton, Princeton University Press, 1982. Bd. 4: Ju. F. Samarin. Boulder, Westview Press 1991.

H. Dahm: Grundzüge russischen Denkens. München, Berchmans Verlag, 1979: 73-13o.

D. Field: Rebels in the Name of the Tsar. Boston, Houghton Mifflin 1976.

A. Gleason: European and Muscovite: Ivan Kireevskiy and the Origins of Slavophilism. Cambridge/Mass., Harvard University Press 1972.

W. Goehrdt: Vergöttlichung und Gesellschaft. Studien zur Philosophie von Ivan V. Kireevskij. Wiesbaden: Harrassowitz, 1968.

C. Goehrke: Die Theorien über Entstehung und Entwicklung des Mir. Wiesbaden, Harrassowitz, 1964.

A. A. Gratieux: Khomiakov et le mouvement slavophile. Paris, Cerf 1939, 2 Bde.

D. Groh (Hrsg.): Europa und Russland. Texte zum Problem des westeuropäischen und russischen Selbstverständnisses. Darmstadt, Wissenschaftliche Buchgesellschaft 1959.

D. Groh: Russland und das Selbstverständnis Europas. Neuwied, Luchterhand, 1961.

K. D. Grothusen: Die historische Rechtsschule Russlands. Gießen, Wilhelm Schmitz, 1962.

M. Hellmann: Herrschaftliche und genossenschaftliche Elemente in der mittelalterlichen Verfassungsgeschichte der Slawen. Zeitschrift für Ostforschung, Bd.7, 1958: 321-338.

G. Hucke Jurij F. Samarin. Seine geistesgeschichtliche Position und politische Bedeutung. München, Sagner 197o.

G. K. Kline: Religious and Anti-Religious Thought in Russia. Chicago, Chicago University Press, 1968.

H. Kohn: Die Slawen und der Westen. Die Geschichte des Panslawismus. Wien, Herold, 1956

L. G. Leighton: Russian Romanticism: Two Essays. Den Haag, Mouton, 1975.

St. Lukashevich: Ivan Aksakov. A Study in Russian Thought and Politics. Cambridge/Mass, Harvard University Press 1965.

Th. G. Masaryk: Zur russischen Geschichts- und Religionsphilosophie. Jena, Eugen Diederichs, 1913, 2 Bde.

A. G. Mazour: Modern Russian Historiography. Princeton, Princeton University Press, 1958.

E. Müller: Russischer Intellekt und europäische Krise. I. K. Aksakov. Köln, Böhlau, 1966.

L. Müller: Russischer Geist und evangelisches Christentum. Witten, Luther-Verlag 1951

N. V. Riasanovsky: Russland und der Westen. Die Lehre der Slavophilen. München, Isar, 1954.

H. C. Reichel: Studien zum slawophilen Weltbild Konstantin Aksakovs. Bonn, Univ. Diss. 1966.

A. von Schelting: Russland und Europa im russischen Geschichtsdenken. Bern, Francke, 1948.

B. Schultze: Russische Denker. Wien, Herder 1950.

S. Starr: August von Haxthausen and Russia. Slavonic and East European Review, 1968: 462-478.

S. Starr (Hrsg.): Studies on the Interior of Russia: August von Haxthausen. Chicago, Chicago University Press 1972.

R. Stupperich: Jurij Samarin und die Anfänge der Bauernbefreiung in Russland. Wiesbaden, Harrassowitz, 1969.

A. Walicki: The Slavophile Controversy. A History of a Conservative Utopia in Nineteenth Century Russian Thought. Oxford, Clarendon, 1975.

V. Zenkovsky: Histoire de la philosophie russe. Paris, Gallimard, 1953, Bd.1 :193ff.

Gruppendynamik

Die klassischen Slawophilen waren eine Gruppe konservativer Aristokraten, die überwiegend in Moskau studierten. Ihr geistiger Anführer war Aleksej Stepanovič Chomjakov (1804-1860). Zur Gruppe gehörten Ivan Vasil'evič Kireevskij (1806-1856) und Konstantin Sergeevič Aksakov (1817-1860) und deren Brüder, sowie Jurij Fëdorovič Samarin (1819-1876). Die Mystik der Volkseinheit hatte ihr gruppendynamisches Pendant. Die „Tiefe ihrer Gedanken" konnte für die Epigonen (Berdjaev 1912: 25ff) nur Ausfluss einer überindividuellen Anstrengung sein. Gleichwohl hatten die verschiedenen Exponenten der Bewegung ihr unverwechselbares Profil. Gemeinsam war ihnen nur der soziale Hintergrund einer Grundbesitzerschicht, die ein paternalistisches Verantwortungsgefühl gegenüber ihren Bauern entwickelt hatte.

Kaum einer hat slawophiles Gedankengut so prägnant auf den Nenner gebracht wie der Dichter *Fëdor Ivanovič Tjučev* (1803-1875), den einige Literaturhistoriker den größten Lyriker seit Puschkin nannten. Arndt's Lied „Was ist des Deutschen Vaterland" war bescheiden in seiner Respektierung ethnischer Grenzen im Vergleich zu Tjučevs Grenzvisionen für ein Universalreich mit der Hauptstadt Konstantinopel, nicht mit Rom wie bei Dante. In einem Gedicht „Russische Geographie" wurden die beliebten Flussmetaphern arg strapaziert: „Vom Nil bis zur Newa, von der Elbe bis nach China.." Der Glaube an die Mission Russlands stützte sich nicht auf empirische Fakten wie ein anderes vielzitiertes Gedicht von 1860 zeigte:

„Man kann Russland nicht mit dem Verstand verstehn
und es mit gewöhnlichem Metermaß messen,
Es ist besonderer Natur,
man muss an Russland einfach glauben".

Diese erste Generation war noch keineswegs panslawistisch gestimmt. Erst nach dem Krimkrieg erwachte in Russland das Interesse an den West- und Südslawen. Die russischen Denker, die vielfach unter dem Einfluss von Schelling und Baader - einige auch von Hegel - gestanden hatten, widmeten sich der Religions- und Geschichtsphilosophie. Der Beitrag zur Theorie der Politik war vergleichsweise bescheiden. Die Slawophilen gerieten rasch in Gegensatz zu den Propagandisten des offiziellen Nationalismus um Uvarov, da sie sich in ihrem anarchoiden Religionsverständnis nicht gouvernemental vereinnahmen ließen.

Die Slawophilen waren eine Gruppe von Amateuren und Dilettanten. Einige hatten eine spezielle Ausbildung, wie Chomjakov als Mathematiker oder Dostoevskij als Militäringenieur. Aber sie machten wenig Gebrauch von ihrem Spezialwissen - außer dem Panslawisten Danilevskij, der überwiegend fernab politisch-historischer Themen publizierte. Die Gruppe liebte das Schöngeistige und verabscheute die „deutsche Systematik" und das Studierzimmer-Denken (kabinetnoe myšlenie). Trotz höchst unterschiedlicher Ansätze kamen viele von ihnen zu einer rudimentären Sozialanalyse durch ihr Interesse am Leben des Volkes. Sie wurden so - ohne dies anzustreben - zu Pionieren einer in Russland noch nicht existierenden Soziologie. Sie vertraten diese jedoch ähnlich wie Le Play in Frankreich in einer Mischung von Soziographie und Einsprengseln autoritärer Ansichten. Walicki (1975: 169ff) hat die Soziologie der Slawophilen mit Tönnies' Typologie von „Gemeinschaft" und „Gesellschaft" verglichen. Tönnies schrieb später und es gab keine direkten Einflüsse. Aber beide hatten verwandte Quellen der deutschen historischen Rechtsschule benutzt. Einige direkte Einflüsse gab es auf die späten Slawophilen von Tocqueville, Stein, Riehl oder Montalembert, die Samarin (zit.: Hucke 1970: 229f) für „westliche Slawophile" hielt.

Aleksej Chomjakov trat nach dem Studium der Armee bei, versuchte aber zu fliehen und sich den griechischen Aufständischen anzuschließen. Im russisch-türkischen Krieg kämpfte er hochdekoriert in der Donauarmee. Nach dem Friedensschluss lebte er das Leben eines Gutsbesitzers auf seinen Ländereien und in Moskau. Seine Werke erschienen zunächst auf französisch. Der Krimkrieg weckte sein patriotisches Interesse. 1859 legte er einen Plan zur Aufhebung der Leibeigenschaft vor. Chomjakov war von ungewöhnlicher Vielseitigkeit, hatte sogar Malerei, Architektur, Sanskrit und einige Naturwissenschaften studiert und in der Medizin dilettiert. Chomjakov war berüchtigt für seine streitbare Dialektik, die mehr formal-taktisch als inhaltlich orientiert war. Herzen (I: 716) fand ihn in seinen Memoiren den gefährlichsten Gegner, der die kleinste Unachtsamkeit rhetorisch ausnutzte: „Er war ein ungewöhnlich begabter Mensch, der über eine ungeheure Gelehrsamkeit verfügte; gleich den mittelalterlichen Rittern, die die Muttergottes bewachten, schlief er in voller Rüstung. Zu jeder Tages- und Nachtzeit war er für die aller verwickeltsten Disputationen zu haben und verschmähte kein Mittel der Welt, um seiner slawophilen Anschauung zum Siege zu verhelfen, angefangen bei der Kasuistik der byzantinischen Theologen bis zu den Feinheiten eines gewandten Gesetzesinterpreten. Seine oft nur scheinbaren Einwände blendeten stets und wirkten verwirrend".

Der politisch aktivste der Gruppe war *Ivan Aksakov* (1832-1886). Er war der orthodoxeste dieses Kreises. Ursprünglich liberal gesonnen, wurde er konservativ unter dem Eindruck der polnischen Aufstände. Russlands Widersprüche machten es möglich, dass ein Theoretiker, der gegen eine kapitalistische Entwicklung Russlands polemisierte, als Präsident einer führenden Moskauer Bank fungierte. Seine Artikel enthielten alle Elemente der späteren panslawistischen Propaganda: Österreich war der Erzfeind, Polen waren Renegaten des Slawentums, Konstantinopel sollte erobert werden. Die Föderation der slawischen Länder unter dem russischen Adler tauchte als Vision bereits auf. Über Kontakte zu Pogodin gelangten seine Ideen in die offizielle Politik. Die Legitimitätsdoktrin des Wiener Kongresses genügte auch der offiziellen Politik nicht länger. Neue stammesmäßige und nationale Identität wurde als Herrschaftsideologie gesucht. In den 1840er Jahren schienen die Theorien der Slawophilen noch eine Utopie. Später haben sie an Originalität verloren, was sie an politischem Einfluss hinzu gewannen. Ivans Bruder Konstantin Aksakov war von Anfang an ein glühender Patriot, der gegen die französische Sprache im russischen Adel kämpfte. Nach einer Phase des Einflusses der Hegelianer und Belinskijs wurde er von Chomjakov für die Gruppe der Slawophilen gewonnen.

Ivan Kireevskij galt als der philosophische Kopf der Gruppe. Im Gegensatz zu dem vitalen Chomjakov wirkte er ängstlich, reizbar und pessimistisch. Sein snobistischer Drang nach Exklusivität hat ihn vielen Freunden entfremdet. Es wurde berichtet, dass zu seinen Marotten gehörte, Voltaires Werke aufzukaufen, um sie zu verbrennen. 1830 ging er nach Deutschland, wo er vor allem bei Hegel und Schleiermacher studierte, anschließend in München bei Schelling. Nach seiner Rückkehr gab er die Zeitschrift „Der Europäer" (Evropeec) heraus. Sie wurde bereits nach zwei Nummern verboten. Die Hoffnung auf einen Lehrstuhl für Philosophie in Moskau zerschlug sich, auch er zog sich grollend auf seine Güter zurück. In der Spätphase hat sein Pessimismus dazu geführt, sich von den slawophilen Grundsätzen wie Unabhängigkeit der Kirche, Pressefreiheit und Bauernbefreiung abzuwenden. Er wurde reaktionär und gegen jede Änderung. Sein Bruder Pëtr war ihm in einer Art Hassliebe eng verbunden.

Westler und Slawophile hatten ursprünglich die gleichen Salons besucht. Der Bruch kam nicht nur durch Differenzen in der Politik zustande, sondern vor allem durch die atheistische Entwicklung des linken Flügels der Intelligencija (Riasanovsky 1954: 84). Das Schema „Wir - Sie" wurde propagiert. „Viel Feind - viel Ehr" schien die kompromisslose Devise der slawophilen streitbaren Aristokraten: Sie polemisierten gegen eine angebliche Verschwörung, die von den radikalen Linken bis zu den Jesuiten, den russischen Bürokraten und den deutschen Philosophen - als Ausfluss des Protestantismus - reichte. Alexander Herzen hat in seinen Memoiren über „Wir und die anderen", „nos ennemis, les amis", berichtet. Der Kampf schien zu diesem Zeitpunkt schon beendet, weil man sich die Hände gereicht hatte. Herzen selbst hatte eine Rückwendung zu Russland durchgemacht. Er nahm jedoch den Slawophilen noch immer übel, dass sie die eigenen Einsichten behindert hätten, weil „ihre Ideale im Stile von Heiligenbildern und der Weihrauch" eine klare soziale Analyse unmöglich gemacht hätten. Noch immer war Herzen ein Kritiker eines übertriebenen Nationalgefühls, das er „an und für sich" als eine konservative Idee erklärte (I: 686). Nur in Verbindung mit einer Revolution - wie in Polen und Italien - schien das Nationalbewusstsein akzeptabel, sonst war es für ihn „abgeschmackt" wie in Deutschland. Die Polarisierung wurde durch slawophile Polemik aufrechterhalten, als „ein einstmals beliebter Dichter, der durch Krankheit zum Frömmler und durch Verwandtschaft zum Slawophilen geworden war" seine Gegner als „die anderen" und Vaterlandsverräter denunzierte und Čaadaev einen Abtrünnigen, Granovskij einen Irrlehrer, und Herzen einen „Lakaien" nannte, „der die glänzende Livrée der westlichen Wissenschaft" trage (I: 730).

Die Polarisierung der Intelligencija kann nicht verdecken, dass die Slawophilen durchaus keine Einheit darstellten. Zenkovskij (I: 193ff), der subtile Historiker der russischen Philosophie, hielt es nicht für sinnvoll, slawophiles Denken ohne die Differenzierungen zu behandeln. Gleichwohl zeigten sich große Ähnlichkeiten und immer die gleichen Begriffe wurden im Werk der unterschiedlichen Theoretiker benutzt. Alle bevorzugten ein dichotomisches Denken, das sie in einem Anziehungs- und Abstoßungsverhältnis von der deutschen Romantik übernommen hatten. Deutschland war wissenschaftliches Vorbild und gehasster Aufenthaltsort zugleich. Ivan Kireevskij (PS I: 48f) schrieb nach kurzem Studienaufenthalt aus München: „Von Deutschland haben wir schon mehr als genug...Nein, es gibt auf dem ganzen Globus kein schlechteres, seelenloseres, dümmeres und ärgerlicheres Volk als die Deutschen. Bulgarien ist ein Genie im Vergleich zu ihnen". Solche Äußerungen schlossen hohes Lob für die deutschen Bildungsmöglichkeiten jedoch nicht aus. Man wird den Eindruck nicht los, dass es sich bei den Ausfällen um theoretisch verarbeitetes Heimweh handelte. Auch bei Westlern wie Čaadaev fanden sich ähnliche Äußerungen (vgl. Kap. Libera-

lismus). Kireevskij (1948: 7) hat in einem Brief von 1852 an den Grafen Koma-
rovskij, der vielfach als eine Programmschrift des Slawophilismus gewertet worden ist, die Wissenschaften mit dem Blutkreislauf des Menschen verglichen. Die
Wissenschaften würden „ihren Wohnsitz in England, Frankreich und Deutschland
irgendwann wieder verlassen und für die Dauer einiger Jahrhunderte zu uns über-
siedeln". Es ist heute kaum noch nachvollziehbar, dass dieser offene Brief von
der Zensur beanstandet wurde und zum Verbot der Zeitschrift „Moskovskij
Vestnik" führte.

Dem geistigen Deutschland verdankte gerade Kireevskij viel. Die Ablehnung des römischen Rechts war vermutlich von Adam Müller übernommen worden (Walicki 1975: 161). Die Vorstellung der Gott-Einheit und die Erklärung des
Übels der Welt aus dem egoistischen Streben der Teile gegen das Ganze, trug die
unverkennbare Handschrift Baaders. Von Schelling (Philosophie der Geschichte.
Wien 1829: 271f) stammte der Gedanke, dass die Reformen Peter des Grossen zu
abrupt erfolgt seien, um wirkliche Wurzeln im russischen Volk zu schlagen. Daher sei in Russland viel Altes erhalten worden, das im Westen durch Absolutismus und Revolution vergangen sei. Parallelen des preußischen und russischen
Romantizismus sind unverkennbar: Beide Länder hatten noch kein starkes Bürgertum, beide verdankten die Reformen aufgeklärten Despoten von oben (Friedrich II und Peter) und konnten daher die vorkapitalistische Gesellschaft im Ganzen erhalten. Selbst zwischen dem Konzept des ganzen Menschen bei Marx und
Kireevskijs „integraler Persönlichkeit" sind Parallelen gezogen worden (Walicki
1975: 166), obwohl hier eine direkte Entlehnung ausgeschlossen war.

Die Geschichte und Russlands Identität

Russland wurde in den Theorien der Slawophilen für das Gute - der Westen für
das Böse gesetzt. Das Böse umfasste den Rationalismus, dem Russland sein
Ganzheitsdenken entgegenstellen sollte. Der protestantische Individualismus und
der katholische Zentralismus wurde gegen russische kommunitäre Rechtgläubigkeit ausgespielt. Die Rechtgläubigkeit Russlands wurde als an uralte Volksbräu-
che gebunden verherrlicht. Die Vereinzelung ist im Leben der Gemeinschaft, der
„obščinnost'", in Russland nicht möglich. Die Russen wurden als unpolitisches
Volk gepriesen. Die Polemik bekam damit eine Stoßrichtung gegen die Autokratie, die immer stärker in das Gesellschaftsleben eingriff. 1849 wurden Samarin
und Ivan Aksakov für kurze Zeit verhaftet. Zar Nikolaj hatte selbst die Verfolgung unter dem Vorwand angeordnet, die beiden hätten regierungsfeindliche
Propaganda verbreitet. 1853 griff die Zensur anlässlich eines slawophilen Kon-

gresses mit Repressionen ein. Schließlich war schon das Tragen altrussischer Kleidung und der traditionellen Barttracht verdächtig (Christoff 1982: 443).

Die Meinung der Slawophilen, der Staat sei ein notwendiges Übel - eine Idee von Schelling und anderen -, wurde nun als Ausfluss der Weisheit des gesamten russischen Volkes untergeschoben. In Russland waren die Varäger als Eroberer angeblich „eingeladen" worden. Sie führten erstmals staatlichen Zwang ein. Kireevskij (1948: 34) behauptete, dass sich die Entwicklung ohne gewaltsame Eingriffe und nur auf Grund der in Russland herrschenden Lebensordnung und sittlichen Anschauungen vollzogen habe. Aksakov (PS I: 57f) glaubte, dass die moralische Einstimmigkeit der Unterworfenen die Eroberer zwang, das Land (zeml'ja) mit möglichst wenig Einmischung des Staates sich selbst zu überlassen. Er musste daher im „zemskij sobor" das Land in repräsentativen Versammlungen konsultieren. Das Land war frei in gesellschaftlichen - der Monarch war frei in politischen Angelegenheiten. Kein Vertrag war wie im Westen für diese friedliche Koexistenz vonnöten (Aksakov PS I: 9f). Der gemeinsame Glaube einte beide Seiten. Auch eine Aristokratie westlichen Musters hat es in dieser rückwärtsgewandten Geschichtsprophetie nicht gegeben. Die Bojaren wurden lediglich für ihre staatlichen Dienste entlohnt. Es gab angeblich kein unbegrenztes Privateigentum am Land. Die politische Idylle hatte jedoch reformkonservative Qualitäten, da der Autokratie nahegelegt wurde, das System im Sinne der vorpetrinischen Gesellschaft weiter zu entwickeln.

Manche dieser Gedanken fanden sich auch in anderen Kulturen. Es hat einen Westgotenkult auch in Spanien gegeben. Bei Wilhelm Heinrich Riehl fanden sich ähnliche Gedanken für die deutsche Entwicklung, auf die sich Samarin (S I: 401) sogar bezog. Riehl hatte die Deutschen ein soziales und nicht ein politisches Volk genannt. Bei Schelling war das Lob des unpolitischen Deutschen bereits gesungen worden. Dieser „archaisierende Liberalismus" machte es möglich, dass slawophile Ideen auch von den Zemstvo-Liberalen aufgenommen wurden, als 1864 lokale Selbstverwaltungseinrichtungen geschaffen worden sind.

Aksakov machte sich besonders unbeliebt durch ein Memorandum an Alexander II, das alle slawophilen Prinzipien enthielt. Er unterschied das Volk (narod) und das Land (zemlja) als Substanz des Gemeinwesens und setzte es in Gegensatz zum Staat (gosudarstvo). Peter der Grosse wurde bei den meisten Slawophilen zum Sündenbock, der den Staat über das Volk gesetzt habe und zum Despoten wurde (Dok. in: Christoff 1982: 444). Schon die Verherrlichung der alten ständischen Repräsentation der Bojaren im Mittelalter hat die Autokratie mit Recht als verschlüsselte Kritik an den russischen Zuständen empfunden, obwohl die Slawophilen keineswegs für eine moderne Repräsentation westlichen Musters eintraten. Insofern war Herzens Vorwurf (I: 726), die Slawophilen seien „regierungshörig" geworden, eine grobe Vereinfachung. Herzen hatte auch nach seiner

Rückwendung zu Russland wenig Verständnis für das religiöse Anliegen der Slawophilen, das sie in Gegensatz zu Staat und Kirche in Russland bringen musste. Der selbstquälerische religiöse Eifer einiger Slawophiler hatte Ähnlichkeiten mit Kierkegaards Verzweiflung über die „deutschen Dozenten". Christliche Gemeinschaft, die Chomjakov als „sobornost'" umschrieb, war im Gegensatz zu den bestehenden Institutionen auf Liebe und Freiheit gegründet. Eine Art früher Existentialismus kann auch in dieser Gruppe nachgewiesen werden (Christoff 1972: 332).

Die russische Identität wurde von einigen Slawophilen durch ein Denken in Antithesen herausgearbeitet. Im Gegensatz zu Hegel kam jedoch keine echte Synthese heraus. Ivan Kireevskij versuchte, alle Schriftsteller in das Schema These - Antithese - Synthese zu pressen. Aber das Schema, das Chomjakov als erster verwendet hatte, erinnerte eher an das dichotomische Denken der deutschen Romantiker. Dabei kamen Vergröberungen heraus wie Petersburg sei die Antithese zum eigentlich Russischen. Aber die Negation von Petersburg, wie sie Aksakov (S V: 632) vertrat, erzeugte kein klares Bild von einem „neuen Moskau" als Synthese.

Chomjakov hatte ab 1838 an einer Weltgeschichte gearbeitet. Erst nach seinem Tod erschien sie als Torso, eine Sammlung von Gedanken, ohne Quellen und mit zahlreichen Ausfällen gegen die Pedanterie der Historiker. Für Chomjakov (PS V: 71) war Poesie nötig, um Geschichte und Politik zu verstehen. Das slawische Element ließ sich in dieser lockeren Methodologie schon bei den alten Griechen und Germanen entdecken. Troja war selbstverständlich eine slawische Gründung. Warum hatten die Slawen angesichts ihrer großen Erfindungsgabe die führende Stellung nicht gehalten? Ihre geniale Anpassungsfähigkeit wurde ihnen nach dieser Konzeption zum Verhängnis (PS V: 306).

Russland hatte nach der slawophilen Lehre einst organisch, harmonisch und ohne Klassen weitgehend herrschaftsfrei gelebt. Die Zeit der Wirren vor den Romanovs wurde zur Lieblingsperiode dieser Amateurhistoriker, weil das Volk ohne starke Autokratie die Feinde besiegte. Russland hatte in seinen Klöstern die wahre Wissenschaft in Verbindung mit dem Volk entwickelt - bis Peter der Große diese Verbindung zerstörte (I. Kireevskij PS I: 119). Russland war in den ersten Jahrhunderten seines historischen Lebens dem Westen an Bildung nach dieser Ansicht ebenbürtig. Drei Eigentümlichkeiten unterschieden Russlands Kulturentwicklung vom Westen: die besondere Form des Christentums, die Besonderheit in der Rezeption der Antike und die Andersartigkeit seiner Staatlichkeit (Kireevskij 1948: 15). Die russische Kirche wurde dafür gelobt, dass sie niemals versucht habe, sich eine weltlich-staatliche Macht anzueignen, wie vor allem die Katholische Kirche. Konstantin Aksakov führte selbst die Leibeigenschaft auf Peter den Großen zurück, während Chomjakov und Ivan Kireevskij immerhin zugaben, dass auch das vorpetrinische Russland Schattenseiten gehabt habe. Ivan der Schreckliche war der alternative Sündenbock, der mit seiner Modernisierungspartei zum Ketzer stilisiert werden konnte (I. Kireevskij PS I: 219). Die Fachhistoriker wie Sergej Solov'ëv versuchten vergeblich mit Quellen zu demonstrieren, dass Peter der Große keineswegs so revolutionär auf die russische Gesellschaft gewirkt hatte, wie ihm unterstellt wurde und dass die Öffnung nach Westen längst vor Peter begonnen hatte. Aber die Slawophilen nahmen es als persönliche narzistische Kränkung, wenn ein liberaler Historiker auch nur das „slawische Atlantis" Vineta für einen Mythos erklärte. Schwierigkeiten bereiteten den Slawophilen der germanische Stamm der Varäger, der am Anfang der Staatsbildung Russlands eine Rolle spielte. Kireevskij (1948: 34) ließ offen, ob sie vom Volk als ganzes oder nur von einer Partei desselben gerufen worden seien. Wichtig war ihm, dass sie keinen Störfaktor der normalen sozialen Entwicklung Russlands für ihn darstellten: „Ruhig und völlig natürlich vollzog sich unter ihrem Regiment die Bildung der sozialen und staatlichen Verhältnisse, ohne gewaltsame Eingriffe, allein auf Grund der in Russland herrschenden inneren Lebensordnung und sittlichen Anschauungen" lautete die idyllische Interpretation der frühen russischen Geschichte.

Die große Entdeckung der Historiker des 19. Jahrhundert war die russische Landsgemeinde. Pendants spielten auch bei deutschtümelnden Historikern eine Rolle, aber nirgendwo wurde die angebliche Urform landwirtschaftlicher Kooperation so ideologisiert wie in Russland durch die Slawophilen. Einige Slawophile nahmen es als Herabsetzung des russischen Geistes auf, dass die Propagierung dieser russischen Wirtschaftsform mit Hilfe eines Deutschen erfolgte. Im Mai 1843 kam der westfälische Spezialist für Landwirtschaftsfragen in preußischen Diensten, *Baron August von Haxthausen*, nach Moskau und trat mit den Slawophilen in Kontakt, die ihn mit Ausnahme von Pogodin freundlich empfingen (Starr 1972: 226). Konstantin Aksakov begann sich nach diesem Kontakt für die Dorfgemeinschaft zu interessieren. Eine Kontroverse brach aus, ob Haxthausen oder die Slawophilen die obščina zuerst entdeckt hatten. K. Aksakov setzte die russische Entdeckung schon auf das Jahr 1839 an.

Aksakov (PS I: 279), der engste Kontaktmann Haxthausens in Russland, verglich die Gemeindeverfassung mit einem Chor, in dem keine Stimme verloren gehe: „Die Gemeinde ist ein Bund von Leuten, die sich von ihrem Egoismus, ihrer Persönlichkeit lossagen und ihre gemeinsame Übereinstimmung sichtbar machen, das ist eine Wirkung der Liebe, eine hohe christliche Wirkung". Vorsichtige Historiker (Goehrke 1964: 29f) haben die Frage der Priorität dieser Gedanken - die sich auch bei Schelling fanden - unbeantwortet gelassen und nur die Übereinstimmungen zwischen Haxthausen und den Slawophilen herausgearbeitet. Zu diesen gehörten die Annahme, dass der gemeinschaftliche Landbesitz eine

typisch ostslawische Einrichtung sei, die sich von den staatlich geschaffenen
Gemeindeverfassungen anderer Länder grundsätzlich unterscheide. Diese Einrichtung wurde auf die ersten Slawen zurückgeführt. Die Nestorchronik wurde
dabei kräftig überinterpretiert. Das Gemeindeprinzip hat sich nach dieser Auffassung (Haxthausen I: 155) auch auf den politischen Bereich erstreckt und sei ein
Mittel, um die Proletarisierung der Bauern zu verhindern (ebd: I: 129).

Angesichts der Fülle von Varianten zur Annahme einer agrarkollektivisti-
schen Kontinuität in Russland wird man den Streit vermutlich dadurch schlichten
können, dass man die Quellen der historischen Rechtsschule in Deutschland he-
ranzieht. In Russland entstand ein Pendant mit K. Kavelin und S. Solov'ëv. Diese
Schule sah im Gemeindebesitz die Überreste einer ursprünglich patriarchalischen
Sippengemeinde. Die historische Rechtsschule war jedoch weniger ideologisch
insofern als sie einsah, dass eine völlig gleiche Verteilung kaum je geherrscht
habe, und dass herrschaftliche Elemente in der Dorfgemeinde durchaus nicht
fehlten (Grothusen 1962, Goerke 1964). Es konnte im Vergleich der germanischen und slawischen Stämme lediglich bestätigt werden, dass Sozialstruktur und
Rechtsordnung bei den Slawen lockerer, einfacher und labiler waren als bei den
Germanen (Hellmann 1958: 337). Die Befunde eigneten sich jedoch noch immer
nicht zur Romantisierung eines angeblich herrschaftsfreien Zustandes bei den
frühen Slawen.

Haxthausen (1847, 1852) publizierte seine „Studien" auf deutsch erst Ende
der 1840er Jahre. Als der liberale Westler Kavelin 1847 für Altrussland eine
Klan-Theorie vertrat, hat Samarin mit der Theorie der obščina gekontert - eine
Kontroverse, die sich durch die ganzen 1850er Jahre ziehen sollte. Die liberalen
Historiker übernahmen die Widerlegung der Slawophilen, die einst von den Ra-
dikalen ausgegangen war. Aber Herzen war emigriert und Belinskij lebte nicht
mehr. Herzen hatte von der gegnerischen Bewegung noch als „Slavjanismus"
oder „Russizismus" gesprochen. Er führte ihre Entstehung auf den Petersburger
„Bildungsterrorismus" zurück (I: 688). Slawophilismus wurde die Bewegung
durch Internationalisierung, vor allem als die Russen auf den polnischen Dichter
Adam Mickiewicz stießen, der am Collège de France unter Einfluss französischer
Frühsozialisten zur gleichen Zeit verwandte Thesen vertrat. Aksakov vertiefte
sich in die Lieder und Literatur der Westslawen. Eine Weile schien Montenegro
das Land, das die Dorfgemeinschaft am besten bewahrt hatte.

Über der Westler-Slawophilen-Kontroverse gingen Freundschaften zu
Bruch, wie die zwischen dem Historiker Solov'ëv und Konstantin Aksakov. Die
Solov'ëv-Schule mit Ključevskij und Kavelin folgten der Tradition der Westler.
Čičerin (1858: 1-58, vgl. Kap. Liberalismus) spielte in der Debatte als Rechtshi-
storiker eine namhafte Rolle. Čičerin führte die obščina auf eine bewusste Politik
des Staates im 18. Jahrhundert zurück, die nicht zuletzt aus fiskalischen Gründen

die Haftung des Dorfes „zur gesamten Hand" zum Ziel hatte. Die Marxisten, die Kritik an der slawophilen Verklärung der Vergangenheit durchaus billigten, haben Čičerin und Kavelin gleichwohl abgelehnt, weil diese zu stark in die konservative Politik ihrer Zeit verstrickt schienen. Lenin hat Kavelin sogar als „einen der widerwärtigsten Typen liberalen Gesindels" abgetan (LW Bd.18: 13). Die Forschung wurde somit auf beiden Seiten zu einem unerfreulichen Politikum.

Der Inklusion aller Slawen in einen angeblichen höheren Kooperationstyp folgte die Exklusion des übrigen Europas auf dem Fuße. Nach Ansicht der Slawophilen bekämpften sich Romanen und Germanen ununterbrochen, seien aber einig gegen die Slawen (Aksakov PS VI: 6). Larmoyanz kam auf. Russland sei das einzige Land, das keine Freunde habe. Daher schien die Erweiterung seiner Basis geboten. Die Schwerpunkte wurde von einzelnen Denker unterschiedlich gesetzt. Ivan Aksakov warb um die Balkanslawen. Samarin beschäftigte sich mehr mit Polen und den baltischen Ländern. Polen war jedoch vielfach ein Stein des Anstoßes in dieser Debatte, weil der starke Katholizismus sich als Schranke gegen russische Integrationsversuche erwies. Samarin bekämpfte im Baltikum die Vorherrschaft der Deutsch-Balten und empfahl den Letten sich zur Orthodoxie zu bekehren, um das protestantische Joch der Deutschen abzuschütteln (Eckardt 1869). Die Deutschen waren in dieser Kontroverse meist die Hauptfeinde, weil zwei deutsche Großmächte kleinere slawische Völker unter Kuratel hielten. Das Verhältnis zu Deutschland war in der Regel gespalten. Seine Philosophie galt als Offenbarung, bis man sich von der rationalistischen Pedanterie der Deutschen abwandte, das Land selbst aber galt diesen stolzen Aristokraten jedoch als „spießig". Für Chomjakov war Hegel „der letzte Titan des Verstandes". Aber der deutsche Idealismus schien den Slawophilen im Niedergang begriffen. Er ging an der eigenen Hybris zugrunde. Hegel hatte einen letzten Stein auf sein rationalistisches System gelegt, der es zum Einsturz brachte (Chomjakov PS I: 36). Hegel hatte sich von der Idee des persönlichen Gottes abgewandt, und seine Schüler vollzogen folgerichtig den Übergang zum Nihilismus und Materialismus. Zenkovskij (I: 216ff) kam gleichwohl zu dem Schluss, dass Chomjakov Hegel nur mit Hegelschen Denkfiguren aus seinem Denken austreiben konnte. Die Identifizierung Deutschlands mit Hegel erwies sich ohnehin als Unsinn, denn Schelling und Baader hatten weiterhin einigen Einfluss auf die Slawophilen. In Fragen der Analyse des Volkstums war Herder für die Russen entscheidend, da er die slawischen Völker weniger ungerecht beurteilte als Hegel. Aber außer einigen Obskuranten haben die meisten Slawophilen von Hegel weiterhin mit Respekt gesprochen. Kireevskij (1948: 26) sah in Hegel den Schlusspunkt der Philosophie. Durch seine „gewaltige Genialität" habe er die Gesetze des logischen Denkens bis zur letzten Vollständigkeit entwickelt und dadurch angeblich den Schellingschen Beweis ermöglicht „für die nur sehr begrenzte Geltung allen logischen

Denkens als solchem". Seitdem konnte die europäische Philosophie weder auf ihrem abstrakt rationalen Weg weitergehen, noch war sie im Stand, „sich eine neue Bahn zu brechen".

Die Juden wurden nicht von Anfang an negativ beurteilt. Bei Samarin waren sie ein iranischer Stamm. Ivan Kireevskij betrachtete sie distanziert und Ivan Aksakov (S III: 790) hat sogar eine jüdische Verschwörung gegen Russland gewittert. Von allen Völkern kamen die Engländer am besten weg, zumal Chomjakov (PS I: 103ff) das Land persönlich kannte und einen „Brief über England" (1847) geschrieben hat, der ähnlich positiv klang wie einst Karamzins Betrachtungen über England im Vergleich zu Frankreich. Anglophilie hat die liberalen wie die konservativen Aristokraten in Russland vielfach geeint. Meinungsverschiedenheiten gab es unter den Slawophilen, was der Westen geleistet hatte. Einigkeit herrschte lediglich, dass das „Land heiliger Wunder", wie Chomjakovs (PS IV: 27) berühmtes Gedicht „mečta" (Der Traum) verkündete, dem Untergang geweiht sei:

> *„Doch seine Zeit ist um! Mit einem Leichentuche*
> *bedeckt der Westen sich und schwarze Wolken nahen.*
> *Vernimm des Schicksals Ruf, steh auf in neuem Glanze:*
> *erwache, du schlummernder Osten!"*

Der Westen jedoch verstand in dieser Perzeption sein Schicksal nicht. Er verzettelte sich weiter in Konflikte, Revolutionen und Kriege - während die russische Geschichte sich wie ein Heiligenleben freier und demütiger Menschen ausnahm.

Politik, Recht, Wirtschaft

Staat und Recht waren Fremdkörper in der Gesellschaft im organischen Denken der Slawophilen. Chomjakov (PS III: 334) hat in einem Aufsatz „Über Probleme des Rechts" die Schaffung der christlichen Gesellschaft auf Erden statt der üblichen Rechtsordnung propagiert. Die Gerichte sollten durch Vermittler und Schiedsgerichtsbarkeit ersetzt werden. Obwohl Ivan Aksakov Bankpräsident gewesen ist und Chomjakov ein Gutsbesitzer war, der an der Technisierung der Landwirtschaft interessiert gewesen ist, hatten die Slawophilen antikapitalistische Meinungen. Aber sie waren gleichwohl keine Status-quo-Konservativen, da sie die Leibeigenschaft in Russland ablehnten. Die reuigen Edelmänner beschönigten dabei ihre eigene Klasse, da sie den Landbesitz nur als Nutzungsrecht deuteten, mit keiner höheren Rechtsqualität als bei den Bauern. Ein Unterschied entstand jedoch als Kompensation des Adels für den Staatsdienst, den er leistete (I. Aksakov S I: 433). Gegen die Evidenz, welche die Historiker boten, behaupteten die Slawophilen weiterhin, dass die Leibeigenschaft erst von Peter dem Grossen, einem „Westler", eingeführt worden sei. Die Abschaffung der Leibeigenschaft 1861 haben die Slawophilen begrüßt. Sie fanden die russische Lösung nun „liberaler" als im Westen (I. Aksakov S VI: 134). Die neuen Probleme des „Bauernlegens" durch die Grundbesitzer und die Pauperisierung der befreiten armen Bauern haben sie in der Regel übersehen.

Staat und Recht waren für die Slawophilen römische Erfindungen, die von den Deutschen auf die Spitze getrieben worden seien. In einer Botschaft Chomjakovs (Dok. in: Christoff 1961: 265) an die Serben wurde 1860 behauptet, die Slawen hätten ein grausames Strafrecht erst durch die Tataren und die Deutschen übernommen. Viel Wissen - wie die Deutschen es besaßen - zu erlangen sei nicht schwer. Aber Russland war zur „moralischen Gesinnung" bestimmt, die zu erlangen wesentlich schwieriger sei (ebd: 255).

Macht galt in der politischen Theorie der Slawophilen als eine Bürde. Das Volk musste froh sein, dass sie von einer Person getragen werde. Das stellvertretende Leiden Christi hatte sein politisches Pendant und wurde wie ein mystisches Opfer zelebriert. Das Einheitsdenken erlaubte weder ständische Differenzierungen noch gar Parteienkonflikte. Ivan Aksakov war in einer Bittschrift von 1862 (S V: 128) immerhin so konsequent, auch die Auflösung des Adelsstandes zu propagieren, dem er selbst angehörte. Parteien gab es mangels repräsentativer Einrichtungen in Russland damals nicht, aber politische Strömungen. Die Slawophilen polemisierten nicht nur gegen die Liberalen, „Lakaien des Westens", sondern auch gegen die Konservativen, welche die „Bequemlichkeit im Dienst" und den Zynismus an der Macht der historischen Mission Russlands vorzogen (Samarin SS IX: 204). Sie waren loyal gegenüber der Person des Zaren, aber kritisch gegenüber der Einrichtung der Autokratie. Die Slawophilen waren damit eine einmalige Mischung aus Status-quo-ante-Ideen in der gesellschaftlichen Sphäre, reformkonservativen Ideen in der Ständeordnung und nahezu revolutionären Ideen in der Politik. Kein Wunder, dass das Verhältnis zum offiziellen Nationalismus und Etatismus gespannt blieb. Samarin (zit. Stupperich 1969: 156) hat am Gesetz zur Bauernbefreiung mitgewirkt. Aber seine Briefe zeigten, dass er entsetzt war, wie kompliziert und unvollkommen die Regeln ausfielen, so dass kein Bauer sie verstehen könne. Gleichwohl war er für die Durchführung des Gesetzes. Dem Adel maß er die Aufgabe zu, den „freien Bauern" zu erziehen (S IV: 418).

Das Verhältnis zur Staatsmacht änderte sich mit der Annäherung einiger Slawophiler an die „Heimatboden-Bewegung", das počvenničestvo um 1850. Slawophile und der offizielle Nationalismus rückten zusammen, sodass die Grenzen fließend wurden (Christoff 1991: 398ff). Im Gegensatz zu den späteren Panslawisten konnte Samarin (SS I: 340ff) sich vorstellen, dass Russland in Zukunft auf Polen verzichtet, weil man die Polen unter russischer Herrschaft nicht befrieden könne. Nur im Baltikum plädierte er für eine härtere Politik gegen die deutsche Oberschicht. Die Slawophilie erlebte nach zwei Jahrzehnten heißer Debatten ihren Niedergang. Aber ihre Ideen starben nicht aus. Sie wurden einerseits von den Panslawisten radikalisiert und politisiert, aber ihres religiösen Impetus beraubt, und andererseits von immer neuen Wellen des „neuen religiösen Bewusstseins" weitergeführt.

2. Panslawismus und konservativer Nationalismus: Pogodin, Danilevskij, Katkov, Pobedonoscev, Leont'ev, Rozanov, die Eurasier

Quellen:

N. L. Danilevskij: Rossija i Evropa. Sankt Petersburg, Izd. Glagol' 1995. (zit.: RE)
N. L. Danilevskij: Russland und Europa. Eine Untersuchung über die kulturellen und politischen Beziehungen der slawischen zur germanisch-romanischen Welt (Hrsg: K.Nötzel, 192o). Nachdruck: Osnabrück, Zeller, 1965.
M.P. Dragomanov: Političeskija sočinenija. Moskau, Tip. I.D. Sytin 1908 (Vorwort: B.A. Kistjakovskij).
M. K. Katkov: Sobranie peredovych statej Moskovskich Vedomostej 1863-1857. Moskau. V.V. Čičerin, 1897-98, 25 Bde.
K. N. Leont'ev: Sobranie sočinenij. Moskau, Sablin, 1912-14, 9 Bde.
K. N. Leont'ev: Nacional'naja politika kak orudie vsemirnoj revoljucii. Moskau, I.H. Kušnerev 1889.
I. Neander (Hrsg): Der Panslawismus. Quellen und Arbeitshefte. Stuttgart, Klett 1958.
K. P. Pobedonoscev: Večnaja pamat'. Moskau, Sinodal'naja tipografija, 1899.
K. P. Pobedonoscev i ego korrespondenty. Pis'ma i zapiski. Moskau, Gosizdat, 1923, Bd.1, 2 Teile.
M. P. Pogodin: Sobranie statej, pisem i rečej po povodu slavjanskago voprosa. Moskau, E.I. Pogodinoj 1878.
M. P. Pogodin: Stat'i politiceskija i pol'skij vopros. Moskau, E.I. Pogodinoj 1876
V. V. Rozanov: Izbrannoe (Red: E. Žiglevič). München, Neimanis, 1970, darin Teile von Opavšie list'ja: 81-426 (zit. OL).

Literatur:

N. A. Berdjaev: Nacionalizm i antisemitizm pered sudom christjanskogo soznanija. Russkaja Mysl', 1912, Nr.2: 1o8-125
N. A. Berdjaev: Konstantin Leont'ev. Očerki iz istorii russkoj religioznoj soznanija. Paris, YMCA-Press, 1926

K. von Beyme: Politische Soziologie im zaristischen Russland. Wiesbaden, Harrassowitz, 1965.

O. Böss: Die Lehre der Eurasier. Wiesbaden, Harrassowitz, 1961.

R. F. Byrnes: Pobedonoscev. His Life and Thought. Bloomington, University of Indiana Press, 1968.

H. Dahm: Grundzüge des russischen Denkens. München, Berchmans 1979.

F. Fadner: Seventy Years of Pan-Slavism in Russia. Karamzin to Danilevsky. Washington, George Town University, 1962.

A. Fischel: Der Panslawismus bis zum Weltkrieg. Stuttgart, Cotta 1919.

M. Katz: Mikhail N. Katkov. A Political Biography. 1818-1887. Den Haag, Mouton, 1966.

G. Kline: Religious and Anti-Religious Thought in Russia. Chicago, Chicago University Press, 1968.

H. Kohn: Pan-Slavism. Its History and Ideology. Notre Dame, University of Notre Dame Press, 1953.

H. Kohn: Die Slawen und der Westen. Die Geschichte des Panslawismus. Wien, Herold, 1956.

I. von Kologriwof: Von Hellas zum Mönchtum. Leben und Denken Konstantin Leontjews. Regensburg, Gregorius 1948.

H.-D. Löwe: Antisemitismus und reaktionäre Utopie. Russischer Konservatismus im Kampf gegen den Wandel von Staat und Gesellschaft, 189o-1917. Hamburg, Hoffmann & Campe, 1978.

P. Malevskij-Malevic: A new party in Russia. London, Routledge 1928 (über die Eurasier).

Th. G. Masaryk: Zur Russischen Geschichts- und Religionsphilosophie. Jena, Diederichs, 1913, 2 Bde.

R. E. MacMaster: Danilevsky. A Russian Totalitarian Philosopher. Cambridge/Mass, Harvard University Press 1967.

P. Miljukov: Razloženie slavjanofil'stva: Danilevskij, Leont'ev, Solov'ëv. Moskau 1893.

M.B. Petrovich: The Emergence of Russian Panslavism. 1856-187o. New York, Columbia University Press 1956.

U. Picht: M. P. Pogodin und die Slawische Frage. Ein Beitrag zur Geschichte des Panslawismus. Stuttgart, Klett 1969.

N. V. Riasanovsky: Russland und der Westen. Die Lehre der Slavophilen. München, Isar Verlag, 1954.

K. Schlögel: Jenseits des Großen Oktober. Das Laboratorium der Moderne Petersburg 19o9-1921. Berlin, Siedler, 1988.

E. C. Thaden: Conservative Nationalism in Nineteenth Century Russia. Seattle, University of Washington Press 1964.

D. Zaslavskij: M. P. Dragomanov: k istorii ukrainskogo nacionalizma. Moskau, Izdat. Vsesojuznogo Obščestva Politkatoržan 1934.

Die erste Generation der klassischen Slawophilen hatte nie daran gedacht, Russlands Ausbreitung mit militärischen Mitteln zu betreiben. Der Panslawismus entwickelte sich nicht bei Hofe und in der Regierung, sondern in der Intelligen-

cija (Kohn 1956: 116). Innenpolitisch war die politische Rhetorik der ersten Slawophilen freiheitlich und antiautokratisch gewesen. In der nationalistischen
Welle, die der Krimkrieg in der russischen Intelligenz auslöste, änderte sich die
Stimmung. Als die Slawophilie ihre intellektuellen Anstrengungen von der Religion auf die Politik ausdehnte, spaltete sie sich: ein Flügel wurde panslawistisch,
ein anderer ging zum konservativen Reformismus über. Bei Danilevskij nahm der
Panslavismus eine expansive Dimension nach außen an und mit Leont'ev gewann
er eine reaktionäre Dimension der Unterdrückung nach innen. Bei Katkov und
anderen wurde der Nationalismus schließlich chauvinistisch. Eine weitere Gruppe
unternahm eine Linkswende und ging zu den Narodniki über (vgl. Kap. Sozialismus). Slawophile Gedanken verbanden sich mit sozialistischen und anarchistischen Theorien. Die Rückwendung zu Russland bei Herzen und Bakunin hatte
den Übergang eingeleitet. Nur Lavrov blieb balanciert zwischen Westlertum und
einer Verherrlichung Russlands. Michajlovskij bedurfte keiner Rückwendung
mehr. Er war ein Volkstümler ex tunc.

Die Slawophilen waren noch ohne soziale Gefahren antikapitalistisch gewesen. Sie konnten das Volk verklären, solange es ruhig blieb. Als es sich in politischer Unruhe zu organisieren begann, mussten die Slawophilen sich zwischen
ihren Interessen als Grundbesitzer und ihren Agrarutopien entscheiden. Der
„mužik", der Bauer, hatte kein gemeinsames Interesse mit dem „pomeščik", dem
Gutsbesitzer, gegen die Kapitalisten mehr, sondern begann die aristokratischen
Interessen gegen seine eigenen abzuwägen. Nicht wenige Slawophile haben in
diesem Dilemma die Agrarromantik den ihnen näher liegenden sozialen Interessen geopfert. Garant dieser Interessen erschien die Autokratie, sodass der offizielle Nationalismus unter den Intellektuellen mehr Anklang fand als in der Zeit der
klassischen Slawophilen, da sie sich am Staat zu orientieren begannen (Thaden
1964: 21).

Die Slawophilen hatten die orthodoxe Glaubensgemeinschaft stärker betont
als die ethnische Gruppe der Slawen. Der Panslawismus hatte größere Ambitio-
nen, wissenschaftlich zu erscheinen als der Slawophilismus. Gegen die ge-
schichtsutopischen Spekulationen der Slawophilen trat ein Historiker auf, wie
Michail Petrović Pogodin (1800-1875). Als Sohn eines Leibeigenen hat er aufgrund seiner Begabung eine erstaunliche Karriere gemacht. Mit 24 Jahren machte
ihn eine Magisterdissertation „Über den Ursprung der Rus'" (1824) mit einem
Schlag berühmt. Vom Minister Uvarov gefördert, hat Pogodin als Professor der
Geschichte in Moskau sich vom Wissenschaftler mehr und mehr zum Propagandisten entwickelt. Er konnte freilich zwischen dem wissenschaftlichen Anspruch,
die Slawen als Volk historisch zu erforschen, und den propagandistischen An-
sprüchen des Staates, der mehr an Nationalismus als an panslawistischem Inter-
nationalismus interessiert war, nicht schlüssig vermitteln. Der Gelehrte begann

sich in Tagespublizistik zu verzetteln, sodass nicht ein Wissenschaftler, sondern
der als Praktiker arbeitende Außenseiter Danilevskij die „Bibel des Panslawismus" schrieb (Picht 1969: 264f).
Wie alle Pan-Ideen blieb der Panslawismus letztlich blutleer. Der Nationalismus für ein Volk wie die Russen erlaubte zwar die Verherrlichung der Tugen-
den aller Slawen, aber politisch durchsetzungsfähiger schien der Nationalismus.
Mit der Hinwendung zum Nationalismus wurden die slawischen Bruderländer
zunehmend kritisch gesehen. Die Panslawisten wie Pogodin und Danilevskij
haben z.b. den russischen Adel bei der Bauernbefreiung sehr gelobt, hingegen die
polnische Szlachta als Ruin ihres Staates hart kritisiert (Picht 1969: 266). Der
Konservatismus passte sich schrittweise den Großmachtinteressen Russlands an.
Er wurde nationalistisch und in gewisser Weise sogar „revolutionär" in den Augen der Status-quo-ante-Quietisten. Im Vergleich zu den Theoretikern des Panslawismus wurde die nationalistische Publizistik jedoch immer flacher. Propaganda überwucherte den Gehalt an Wissenschaft.
     Typisch für den neuen Nationalismus war das Werk von *Michail Nikiforo-
vič Katkov* (1818-1887). Er hat um 1840 Uvarovs Schlagwortprogramm „Orthodoxie, Autokratie, Nationalität" zum politischen Programm erhoben. Den Altrus-
sismus Pogodins lehnte er ab. In seiner Jugend war er Mitglied des liberalen
Stankevič-Kreises und war mit Bakunin und Belinskij befreundet gewesen. Er
stand unter dem Einfluss Hegels und später unter dem Schellings. 1850 verlor
Katkov in der Zeit der Reaktion seine Philosophieprofessur und wurde Publizist.
1856 gründete er den „Russkij Vestnik", der zunächst liberal-konservativ und
anglophil agitierte. Die Bauernbefreiung hat er nicht wie die Slawophilen als
Befreiung, sondern als Bedrohung empfunden. Gegen die progressive Dynamik
der Reformen empfahl er einen Dammbau durch Monarchismus, Aristokratismus
und Zentralismus. 1862 begann er eine Kampagne gegen Herzens Emigranten-
zeitschrift „Die Glocke". Im polnischen Aufstand von 1863 heizte er den Chauvinismus an. Er begann einen Zweifrontenkrieg gegen die Radikalen und gegen die
Bürokratie, die ihm noch zu liberal erschien. Er ging in seiner Kritik so weit, dass
er zweimal verwarnt wurde. Als Redakteur verschärfte er präventiv die Vorzensur
durch harsche Urteile, Selektion und Weglassungen in seinen Blättern. Herzen
soll von dem abtrünnigen Liberalen gesagt haben, dass er der Autokratie wenigstens den Journalismus aufgezwungen habe. Die Beobachtung war zutreffend,
denn auch eine reaktionäre Modernisierung untergrub das Regime, das sie zu
verteidigen vorgab. Katkov erwies sich als schwankend im Urteile und wechselnd
in seinen Allianzen. Politische Theorie wurde zur politischen Ideologie und mas-
senwirksam als Ware verkauft.
     Der konservative Nationalismus wurde zu einem späten Pendant der reak-
tionären Publizistik im Auftrag des Metternichschen Systems in Deutschland-

Österreich. Durch die Phasenverschiebung von einigen Jahrzehnten wurden jedoch die Auflösungserscheinungen des Glaubens, der propagiert wurde, noch deutlicher als beim späten Gentz. Katkov und Pobedonoscev steigerten sich in eine „konservative Revolution". Gelegentlich sind sie als Vorläufer eines „abortiven russischen Faschismus" apostrophiert worden (Thaden 1964: 205). Wie spätere konservative Revolutionäre waren sie für die technische Modernisierung im Vergleich zu den slawophilen Konservativen. Die Slawophilen waren gegenüber der Modernisierung inkonsequent gewesen. Sie waren gegen moderne Wissenschaft und Technik - aber für Eisenbahn und Telegraphen. Aber irgendwer musste ja hinreichend technisch unterrichtet werden, um das Telegraphennetz und die modernen Verkehrsmittel zu bedienen.

Mit *Nikolaj Jakovlevič Danilevskij*s (1822-1885) Buch „Russland und Europa" (1869) wurde der Panslawismus erstmals theoretisch untermauert. Danilevskij hatte als Naturwissenschaftler einen kühleren wissenschaftlichen Zugang zu dem Thema als die romantischen Literaten vor ihm. Sein Verhältnis zur Staatsmacht war jedoch auch nicht immer spannungsfrei. Als Erforscher der Flora im Schwarzerde-Gebiet wurde er festgenommen und in die berüchtigte Peter-Pauls-Festung eingeliefert. Ihm wurden Verbindungen zum Kreis Petraševskijs vorgeworfen, die auch Dostoevskij eine Verbannung eingetragen hatten. Danilevskij konnte nachweisen, dass er keine aktuellen Kontakte zu den Verschwörern unterhalten hatte, und wurde freigesprochen. Sein Leben war überwiegend von Forschungsreisen vom Eismeer bis zum Kaukasus bestimmt. Sein politisches Buch war das Produkt erzwungener winterlicher Muße auf Expeditionen. Als „Geheimrat im Landwirtschaftsministerium" war sein Leben ziemlich unpolitisch. Seine vergleichende Kulturlehre war nicht nur von russischem Patriotismus sondern auch von viel Verständnis für andere Kulturen erfüllt. Danilevskij unterschied sich damit fundamental von der einseitigen Verherrlichung der Slawen bei vielen slawophilen Schöngeistern. Er stand auch den Missionsbemühungen für ein „wahres Christentum" bei den Slawophilen fern. Er teilte zudem die Verdammung des Staates nicht. Im Gegenteil. Danilevskij wünschte einen starken Staat, der Russlands Vormachtstellung ausbauen und in Asien zivilisatorisch wirken sollte. Mit den Slawophilen teilte er nur die Vorstellung, dass das Ideal des Slawentums über dem der Freiheit stehe. In der Kritik an den Slawophilen monierte Danilevskij, dass diese nicht weniger als die Westler universell gesetzte Werte verabsolutierten, nur dass sie diese auf die Slawen beschränkten. Für Danilevskij gab es eine Vielzahl von historisch-kulturellen Typen, die letztlich unvergleichbar waren. Die Beschwörung der christlichen Werte war für ihn „sentimentale Mystik". Es gab zwar moralische Werte in jedem Kulturkreis, aber sie ließen sich nach Danilevskij nicht verallgemeinern. In der Innenpolitik war er progressiver als die konservativen Slawophilen mit seiner Vorstellung von einer „sozialen Monarchie". Danilewskij unterschied zehn Kulturen: 1) die ägyptische, 2) die chinesische, 3) die assyrisch-babylonisch-phoenizische der antiken Semiten, 4) die Hindu-Kultur, 5) die iranische Kultur, 6) die israelische Kultur, 7) das antike Griechenland, 8) die römische Kultur, 9) die arabische Kultur, 10) die romanisch-germanische Kultur. Letztere lehnte Danilevskij keineswegs ab. Sie war für ihn die bisher höchste Form der Zivilisation, aber sie schien ihm im Niedergang begriffen. Das war die Chance der Slawen, die von diesem Niedergang noch nicht erfasst worden seien. (RE: 77 ff)

Russlands Vorteil schien, dass es keinen Anteil an der „feudalen Vergewaltigung" und sich nicht unter das Joch einer falschen Religion, die sich Katholizismus nannte, begeben hatte. Russland war auch frei von der Verirrung des Freiheitsdrangs, den Danilevskij (1965: 21) im Protestantismus festmachte. Sein biologischer Naturalismus führt ihn auf das Glatteis des Versuchs, wissenschaftlich mehrere Rassen zu differenzieren. Schon bei ihm wurde die Schädelformmessung zum Instrument der Rassenkunde (1965: 102). Dem Westen warf Danilevskij vor, durch Kolonialisierung viele Völker vernichtet zu haben. Er konnte nicht übersehen, dass auch Russland riesige Gebiete in Asien kolonisiert hatte, aber behauptete, dass der russische Imperialismus die Identität der unterworfenen Völker respektiert habe. Die Slawen waren nach Danilevskij (1965: 229) „schon durch ihre Natur von jener Gewaltsamkeit des Charakters ausgenommen, welche bei den germanisch-romanischen Völkern, trotz Jahrhunderte während er Zivilisationsarbeit, nur ihr Betätigungsfeld wechselt". Russland habe in seiner Geschichte die Todesstrafe nicht gekannt und erst als westliche Entlehnung importiert. Russland bedurfte daher keiner Strafrechtsreform à la Beccaria. Es gab für Danilevskij keinen historischen Konflikt zwischen Asien und Europa, weil beide Kontinente niemals eine ethnische oder gar politische Einheit gewesen seien. Aber der Krimkrieg hatte für ihn gezeigt (RE: 254 ff, 1965: 190), dass es künftig nicht mehr um eine Konfrontation mit der Türkei sondern mit Westeuropa gehe.

Als Fundament zur Organisierung des slawischen Kulturkreises wählte Danilevskij einen „allslawischen Bund", der nach seiner Rechnung 120 Millionen Menschen umfassen sollte. Die Polen waren in dieser Rechnung aufgrund der feindlichen Einflüsse des katholischen Klerus und des Kleinadels, der Schlachta, ausgenommen. Sie wurden unter „feindliche Bevölkerung" verbucht. Gegen den Vorwurf des Imperialismus argumentiert Danilevskij (1965: 227), dass er nicht wie der Westen einen Weltstaat anstrebe. Jeder Kulturkreis sollte in seinem Modell eine Föderation bilden, die er als die beste Garantie gegen Weltstaatsutopien ansah. Danilevskij wusste um die Schwierigkeiten bei der Bildung einer solchen Föderation, weil noch immer viel Misstrauen unter den slawischen Völkern herr-

sche. Auch sei die Fähigkeit zur Propaganda bei den Slawen noch nicht so entwickelt wie im Westen.

Die Weltgeschichte floss nach Danilevskij von zwei Quellen an den Ufern
des Nil in zwei Strömen. Der östliche floss über Jerusalem, Konstantinopel, Kiev,
Moskau, der westliche floss über Athen und Rom nach Westeuropa. Seine Vision
kulminierte in der Vision: „Auf der russischen Erde entsteht ein neuer Quell eines
gesellschaftlich-ökonomischen Aufbaus, der die Volksmassen in gerechter Weise
befriedigt. Auf den weiten Flächen des Slawentums sollen sich alle diese Ströme
zu einem mächtigen Meere vereinigen" (1965: 326). Das Bild des Westens war
weniger negativ als bei vielen Slawophilen. Das Bild Russlands wurde nicht so
undifferenziert positiv ausgemalt wie bei einigen chauvinistischen Nationalisten
jener Zeit. Gleichwohl unterliefen Danilevskij groteske Fehlurteile, etwa wenn er
behauptete, die Bauernbefreiung sei aus der Selbstlosigkeit des russischen Adels
hervorgegangen.

Das eine politische Buch Danilevskij hat tiefe Wirkungen ausgeübt und
spätere Kulturkreislehren wie die Spenglers beeinflusst. Pitirim Sorokin, der in
der Emigration in Harvard ein einflussreicher Vordenker der Geschichtssoziolo-
gie wurde, hat in entschärfter Form einiges von diesem Gedankengut übernommen. Noch Huntingtons Lehre vom „clash of civilizations" zeigte Anklänge an
die Lehren Danilevskijs.

Im Vergleich zu Danilevskijs Versuch war die Theoriebildung bei den Nationalisten in Russland eklektisch. *Konstantin Pobedonoscev* (1827-1907) wurde
ein wichtiger politischer Akteur. Sein Name (der Siegbringende) wurde vielfach
verballhornt als „Bedonoscev" (Übelbringer) oder „Donoscev" (Denunziant). Als
Theoretiker war er völlig epigonal. Er gab eine wissenschaftliche Karriere zugunsten der Politik auf und wurde der Oberprokurator des Heiligen Synods, der ober-
sten Kirchenbehörde der Orthodoxie, der von 1880 bis 1905 eine geistige und
geistliche Diktatur in Russland ausübte. Juden, Altgläubige und Sekten hat er
planmäßig verfolgt. Pobedonoscev ließ sogar Tolstoj exkommunizieren, obwohl
dieser wie er selbst gegen die moderne Wissenschaft und Zivilisation Front
machte. Sie unterschieden sich nur darin, dass der Dichter eine vernunftmäßige,
und der Kulturdiktator eine irrationale Religion festigen wollte (Masaryk 1913 II:
201, 208)

Pobedonoscev übersetzte den französischen Soziologen Le Play ins Russische und inspirierte sich an dessen autoritärem Familienkult. Seine Bedeutung lag
in der Organisation der Propaganda der Autokratie, die sich gegen eine Repräsentativverfassung, gegen Liberalismus, Rationalismus, die Annahme des Guten
im Menschen und gegen alles westeuropäische richtete. Selbst die Slawophilen
machte er sich zu Gegnern, als er das kollektive Eigentum der russischen Bauern

abschaffen wollte und empfahl, eine Schicht wohlhabender Bauern zu fördern - die Lenin später „Dorfbourgeosie" und „Kulaken" (von: kulak = Faust) nannte.

Nur in der Außenpolitik hat Pobedonoscev sein misantrophischer Pessimismus vor einer Aggressivität bewahrt, wie sie einige Panslawisten entwickelten. Aus Angst um den Status quo wurde er zum außenpolitischen Isolationisten (Byrnes 1968: 119f). Der größte symbolistische Dichter, Aleksandr Blok, hat in einem Gedichtzyklus „Vergeltung" (1908-13), die Finsternis der Repression dieses Mannes, die sich mit „Eulen-Flügeln" über Russland ausbreitete, angeprangert.

Von größerer theoretischer Statur war *Konstantin Nikolaevič Leont'ev* (1831-1891). Leont'ev trat aus Meinungsverschiedenheiten mit seinem Ministerium über die Türkenpolitik vom diplomatischen Dienst zurück und verdingte sich als Zensor. In dem Werk „Byzantinismus und Slawentum" (1875) entwickelte er (S V: 147) eine scharfe Kritik der Massen, mit zynischer Verachtung für den „gemeinen Mann". Der Niedergang wurde durch die Vernichtung der Aristokratie erklärt. Danilevskijs Typenlehre wurde ins Aggressive gesteigert. Dabei war die Eroberung Konstantinopels ein zentrales Ziel. In der Schrift „Nationale Politik als Instrument der Weltrevolution" (1889) kam er zu dem Schluss, dass nackter Imperialismus zum Scheitern verurteilt sei. Er musste sich daher mit der kulturellen Macht verbinden, zur Stärkung der Identität der Nation, um sie vor einem kosmopolitischen Liberalismus zu bewahren. Im Gegensatz zu den Slawophilen richtete sich sein Expansionsdrang für Russland nicht nur auf die Slawen, sondern auch auf die Griechen und andere Völker. Obwohl er methodisch ein Schüler Danilevskij war, hat er den Panslawismus nicht gebilligt (1889: 54). Es musste die Panslawisten verbittern, dass er die Fortdauer der Herrschaft Österreichs und der Türkei über einige slawische Völker billigend in Kauf nahm, weil diese nur durch solche Fremdherrschaft zu ihrer Identität finden könnten. Für die Zukunft war Leont'ev pessimistisch. Er glaubte, dass die Zukunft dem Sozialismus gehören werde, allerdings mit einem russischen Zaren an der Spitze. Die spätere Redeweise vom „roten Zaren" konnte bis auf Leont'ev zurückgeführt werden.

Leont'ev war - wie schon Danilevskij - ein technokratischer Denker, der gegen konservative Romantik und gegen theokratische Ideen auftrat. Die Slawophilie war für ihn dem egalitären Liberalismus nicht unähnlich. Er war ein desillusionierter Slawophiler, wie S. N. Trubeckoj 1892 im „Vestnik Evropy" zutreffend schrieb (zit.: Walicki 1980: 305). Hatten die Slawophilen den Adel in die Gleichheit der dörflichen Gemeinschaft wieder einordnen wollen, so kämpfte Leont'ev für mehr soziale Differenzierung. Selbst die polnischen Pans und die baltischen Barone sollten von seiner Adelsschutzpolitik profitieren. Religiöser Sentimentalismus war ihm fremd. Sein Hass auf die Moralisierer brachte ihm den

Spitznamen „russischer Nietzsche" ein. Die Parallele zu Nietzsche trägt nicht weit. Wenn man auch Leont'ev als „klaren Denker" nicht unbedingt dem „Herumirren im Nebel" bei Nietzsche entgegenstellen kann (so: von Kologriwof 1948: 193), so bleibt bei gewissen Ähnlichkeiten der dithyrambischen Schreibweise doch ein gravierender Unterschied: Leont'ev war ein Verehrer eines asketischen Christentums, wie es Nietzsche verachtete. Nietzsches Haß auf den Massenmenschen war zudem nicht von einer Vorstellung begleitet, dass man die alte Aristokratie wieder stärken müsse. Gleichwohl war Leont'ev kein status-quo-ante-Träumer. Er hat einmal erklärt: „Jetzt bloß konservativ sein, wäre nicht der Mühe wert ... man kann die Vergangenheit lieben, aber man darf nicht daran glauben, dass sie auch nur in ähnlicher Form wieder aufleben wird". Er plädierte für einen richtigen – einen „pessismistischen" Glauben an den Fortschritt und fühlte sich in diesem Sinn als einen „echteren Fortschrittler als unsere Liberalen" (zit: von Kologriwof 1948: 163). Die Adelspolitik war in allen Ländern, die eine plötzliche verspätete Industrialisierung erlebten, eine Antwort auf die Innovation. Der Adel und ein Teil des Kleinbürgertums reagierten mit Statusfurcht. In Russland war die Besonderheit, dass der Kapitalismus stärker als in Westeuropa mit der Machtstellung der Juden gleichgesetzt wurde. Der Antisemitismus war hier stärker als in Westeuropa auf die Hoffnung gegründet, den Kapitalismus zu verhindern (Löwe 1978: 207).

Leont'evs Gott war nicht der liebesselige Gott vieler Slawophiler, sondern ein grausamer Jahwe. „Liebe zur Menschheit" sah Leont'ev als unchristlich an, weil sie Menschen vergöttliche. Er vertrat ein Christentum, das den Menschen nicht überhöhte, weil dies in liberalen Glücksphilosophien enden müsse. Leont'evs autokratisches System gründet sich auf eine Religion der Furcht. Dabei hat er den Analphabetismus Russlands als Glück betrachtet. Politik war für ihn keine Ethik. Der Panslawismus war mit dem Nationalismus, den er vertrat, im Widerstreit. Auch er lehnte die Ausdehnung Russlands nicht ab, aber er dachte eher an Asien, wenn er auch die slawischen Gebiete des Balkans zur Wiedererrichtung des byzantinischen Reichs gern für Russland behalten hätte.

Leont'ev als eigenwilliger Konservativer hat sich politisch ziemlich isoliert. Selbst für die offiziellen Nationalisten wie Katkov waren seine Ideen nicht akzeptabel. Katkov hat sich geweigert, Leont'evs Schrift „Byzantinismus und Slawentum" im „Russkij Vestnik" zu veröffentlichen (Walicki 1975: 517). Leont'ev war ein Antimodernisierer unter den Konservativen, der sogar gegen den Eisenbahnbau Front machte und europäische Kleidung ablehnte (SS VII: 350). Vom Slawophilismus setzte er sich durch den Vorwurf ab (SS VI: 335f), dass dieser dem Liberalismus nahe stehe und daher keinen Schutz gegen die Ansteckungsgefahr des westlichen Geistes biete. Auch der Moralismus der Slawophilen stieß ihn ab. In diesem Punkt blieb er ein Schüler Danilevskijs.

Trotz einiger militant expansiver Theorien in Russland spielte der Nationalismus im konservativen Denkens in Russland eine geringere Rolle als in anderen Ländern. Für die Neoidealisten war der Nationalismus sogar eine „bourgeoise Krankheit", wie Berdjaev (1912: 128f) schrieb. Das Fehlen des Nationalismus war keineswegs nur ein Vorteil. Der Nationalismus konnte in Russland nicht zur Mobilisierung der Massen werden.

Auch Liberale wie Miljukov ließen sich vorübergehend vom Imperialismus anstecken, der sich auf den Erwerb Konstantinopels richtete. Im Slawentum wurde auch bei der politischen Mitte ein Begriff gefunden, der Gebietsforderungen rechtfertigte, obwohl Russland keine Irredenta im Ausland hatte, sondern unter dem umgekehrten Problem litt, ein Vielvölkerstaat mit entsprechenden ethnischen Konflikten zu sein. Der Nationalismus, der von der Autokratie gefördert wurde, schien lange die einzige Möglichkeit für die systemfremden Intellektuellen darzustellen, offizielle Akzeptanz zu erlangen. Der Nationalismus war jedoch für das System immer ein zweischneidiges Schwert, weil er sich - wie bei Mazzini und den polnischen Vordenkern - vielfach mit revolutionären Ideen verband. Dragomanov, der Vater des ukrainischen Nationalismus hat darunter gelitten, dass ein Sonderbewusstsein eines slawischen Stammes zu fördern als subversiv galt, auch wenn es nicht vordergründig gegen die Uvarovsche Formel „Autokratie, Volkstum und Orthodoxie" verstieß.

Überall in Europa haben sich Denker der extremen Rechten vernehmen lassen. Nur in Russland spielte der Protofaschismus eine geringere Rolle, so dass die extreme Linke die Straße zu beherrschen begann. Eine skurrile Form rechtsextremistischen Denkens entwickelte in Russland *Vasilij V. Rozanov* (1856-1919). Er ist der „Rasputin" der russischen Intelligenz genannt worden - unter Anspielung auf seinen Phalluskult und die pornographischen Einschläge seines Werkes. Sein Leben und Werk schillerte in vielen Nuancen. Er hat einerseits die quasifaschistichen „Schwarzen Hundert" publizistisch unterstützt, die mit ihren Pogromen einer frühfaschistischen Bewegung nahe kamen. Andererseits hat er wie ein Sozialrevolutionär der Linken argumentiert (Schlögel 1988: 126). Auch das ist im internationalen Vergleich nichts ungewöhnliches, wenn man an die „Linksfaschisten" von Gregor Strasser bis Ledesma Ramos denkt. In seiner Jugend ging er durch die übliche Schule des Positivismus, den er später das „philosophische Mausoleum der untergehenden Menschheit" nannte. Nach kurzer Beamtentätigkeit kam der Sprössling einer zerrütteten Familie aus dem Norden Russlands als ständiger Mitarbeiter bei der konservativen Zeitung „Novoe vremja" an. 1911-13 erlebte Russland seine „Dreyfus-Affäre": ein jüdischer Handlungsgehilfe Bejlis war in Kiew eines Ritualmordes an einem russischen Jungen angeklagt worden. Das Gericht sprach ihn gegen die Wünsche der Staatsorgane frei. Die Pogromhetze ging weiter. Rozanov, der sich gelegentlich als Philosemit bezeichnet hatte, wurde zum geistigen Wortführer der Kampagne. Rozanov führte, wie andere extreme Rechte, einen Zweifrontenkrieg. Nach rechts ging die Kritik gegen die Kirche, die sich der Modernisierung verschloss und die Rozanov für „lebens- und lustfeindlich" hielt. Das apokalyptische Denken der neuen Idealisten wurde noch zugespitzt: die Zivilisation sah Rozanov dem Untergang geweiht. In Formen, die an Dada gemahnten, wurde die Politik für obsolet erklärt: „Gott will die Politik nicht mehr" (OL: 204 ff). Rozanov war Erzreaktionär und Revolutionär zugleich - ein konservativer Revolutionär. Von faschistoiden Denkern trennte ihn der Selbsthass, der sich auch auf die Russen bezog. Alles, was er an seinem Land hasste, wurde als „jüdisch", gelegentlich auch als „deutsch" bezeichnet. Diese Gleichsetzung hatte Tradition. Noch in der Sowjetunion wurde „jiddisch" unter der Rubrik „deutsche Sprachen" verbucht. Nicht faschistisch sondern geradezu nationalsozialistisch war die Konstruktion einer Weltverschwörung von Liberalismus, Juden, Wirtschaft und ausländischen Mächten. Gegenmittel schienen die Mobilisierung der „gesunden Instinkte" des russischen Volkes, die Sehnsucht nach autoritärer Herrschaft und die Kritik des Modernismus (OL: 483ff) in der „Apokalypse unserer Zeit" (1970: 443ff). Nach der Oktoberrevolution zog sich Rozanov in ein Kloster zurück, wo er in großer Not nur noch kurze Zeit gelebt hat.

Eine Spätblüte des Denkens in großräumigen Utopien entstand nach der Oktoberrevolution in der Bewegung der Eurasier um *Nikolaj Sergeevič Trubeckoj* (1890-1938) und *Pëtr Nikolaevič Savickij*. Die Bewegung entstand 1920 in Sofia. Prag und Paris wurden zu Zentren in den 20er Jahren. Die Gruppe hielt sich von den Kämpfen der Emigrantencliquen fern und konzentrierte sich auf kulturelle und geistesgeschichtliche Studien. Die Eurasier waren sozial eingestellt und haben sich teilweise der sowjetischen Politik geöffnet, auch wenn sie den Marxismus-Leninismus ablehnten. Eurasien war ein Gebilde, das mit den Grenzen des Zarenreiches und der Sowjetunion annähernd identisch gedacht wurde. Asien, Eurasien und Westeuropa wurden als geographische und kulturelle Einheiten gedeutet (Böss 1961: 26). Der Ural wurde wie in der Geographie nicht als Grenze empfunden. Die Eurasier lehnten eine allgemeine Idee des Fortschritts ab. Ihre Kulturkreislehre kannte nicht höhere und niedere, sondern nur ähnliche und unähnliche Kulturen (Trubeckoj 1922: 62). Das europäische Christentum wurde negativ betrachtet. Sie teilten mit den Slawophilen die kritische Einschätzung Peter des Großen. Danilevskijs Lehre der Kulturtypen wurde weiter entwickelt und seine Kritik des Westens wurde übernommen. Aber den Panslawismus lehnte die Bewegung ab. Der Staat sollte bei den Eurasiern gestärkt werden. Den Kommunisten wurde unterstellt, dass sie ihn abschaffen wollten. Es wurde gelegentlich ein russischer Faschismus in den Lehren der Eurasier gewittert. Aber Italien schien dieser Gruppe für eine Missionsrolle zu klein. Das kommende Zeitalter wurde von ihnen bipolar gesehen: ozeanisch oder kontinental. Nicht der Faschismus sondern Russland in einem „orthodoxen Staat" sollte die Antithese zum Bolschewismus sein. 1928 hat sich die Bewegung gespalten. Trubeckoj und Florovskij traten aus. In den 30er Jahren kam es zum Niedergang des Einflusses. Diese theoretische Episode wäre vielleicht nicht weiter erwähnenswert, wenn das Denken der Eurasier nicht nach dem Ende der Sowjetunion eine Renaissance in Russland erlebt hätte.

3.   **Der Neoslawophilismus und das neue religiöse Bewusstsein: Dostoevskij, Solov'ëv, Berdjaev, Bulgakov, Frank.**

Quellen:

N. B. Berdjaev: Novoe religioznoe soznanie i obščestvennost'. Moskau, Kanon 1999.

N. B. Berdjaev: Die Geister der russischen Revolution. Salzburg, Stifterbibliothek, 1972.

N. B. Berdjaev: Sud'ba Rossii. Moskau, Sovetskij pisatel', 1990.

N. B. Berdjaev: Filosofija neravenstva (Paris, YMCA-Press, 1970, 2. Aufl. Wiederabdruck in: Russkoe zarubež'e. Moskau, Lenizdat, 1991: 7-242.

N. B. Berdjaev: Samopoznanie. Opyt filosofskoj avtobiografii. Neudruck: Moskau, Kniga, 1991.

N. B. Berdiajew: Selbsterkenntnis. Versuch einer philosophischen Autobiographie. Darmstadt, Holle, 1953.

S. N. Bulgakov: Filosofija chozjajstva. Moskau, Nauka 1990, Bd.1.

S. N. Bulgakov: Cerkov i demokratija. Moskau 1917.

F. M. Dostoevskij: Sobranie sočinenij. Moskau, Izdatel'stvo chudožestvennoj literatury, 1957, 10 Bde (Zit:SS).

F. M. Dostojewski: Sämtliche Werke in 1o Bänden. München, Piper, 198o.

F. M. Dostojewski: Politische Schriften. München, Piper, 19o7, Bd.13 von „Sämtliche Werke".

S. F. Frank: Duchovnyja osnovy obščestva. Vvedenie v social'nuju filosofiju. Paris, YMCA-Press, 1930.

Iz glubiny (De profundis): Sbornik statej o russkoj revoljucii. Moskau, o.V.,1918.

A. Lunačarskij: Religija i socializm. Sankt Petersburg 1908.

D. Mereschkowski: Leo Tolstoj und die Revolution. In: Ders: Auf dem Wege nach Emmaus. Essays. München, Piper, 1919:106-111.

Problemy idealizma. (Hrsg.: P.I. Novgorodcev). Moskau. o. J. (1903).

Russkoe zarubeže. Petersburg, Lenizdat, 1991 (darin die Sozialphilosophien von Berdjaevs und Frank).

V.S. Solov'ëv: Sobranie sočinenij (Hrsg. E. Radlov). Sankt Petersburg, Tovariščestvo Obščvennnaja Pol'za 1901.

V. Solov'ëv: Deutsche Gesamtausgabe der Werke, Freiburg, Wewel, 1953-198o, 8 Bde.

V. Solowjew: Übermensch und Antichrist. Freiburg, Herder, 1958.

V. Solowjew: Die geistlichen Grundlagen des Lebens. Freiburg, Wewel, 1957.

Vechi. Intelligencija v Rossii (1909/1910). Moskau, Molodaja gvardija, 1991.

Vechi/Wegzeichen. Zur Krise der russischen Intelligenz (Hrsg:K. Schlögel). Frankfurt, Eichborn, 1990.

Literatur:

K. von Beyme: Die Oktoberrevolution und ihre politischen Mythen in der Kunst.In: Ders: Die Kunst der Macht und die Gegenmacht der Kunst. Frankfurt, Suhrkamp, 1998: 266-3o6.

W. Dowler: Dostoevsky, Grigor'ev and Native Soil Conservatism. Toronto, University of Toronto Press, 1982.

M. Fouyas: Orthodoxy, Roman Catholicism, and Anglicanism. London, Oxford University Press 1972.

H. Kohn: Die Slawen und der Westen. Die Geschichte des Panslawismus. Wien. Herold, 1956.

I. von Kologriwof: Von Hellas zum Mönchtum. Leben und Denken Konstantin Leontjews. 1831-1891. Regensburg, Pustet, 1948.

P. N. Miljukov: Razlozenie slavjanofil'stva. Danilevskij, Leont'ev, V. Solov'ëv. Moskau 1893.

L. Müller: Russischer Geist und evangelisches Christentum. Witten, Luther Verlag 1951.

J. Scherrer: Die Petersburger Religiös-Philosophischen Vereinigungen. Die Entwicklung des religiösen Selbstverständnisses ihrer Intelligencija-Mitglieder 19o1-1917. Wiesbaden, Harrassowitz, 1973.

K. Schlögel: Jenseits des Großen Oktober. Das Laboratorium der Moderne Petersburg 1909-1921. Berlin, Siedler, 1988: 67-122.

Einer der gefühlvollsten Nachfahren der slawophilen Bewegung war *Fëdor Michajlovič Dostoevskij* (1821-1881), obwohl er in seinen Romanen die Mängel des russischen Volkes klarer gesehen hatte, als die Geschichtsklitterungen der ersten Generation, welche auf die Bauern aus einer wohlmeinenden Gutsherrenperspektive herabschauten. Dostoevskij hatte am Petrawevskij-Kreis teilgenommen und war dafür verbannt worden. In der Verbannung hatte er sein slawophiles Schlüsselerlebnis: Der Frondienst gemeinsam mit Schwerverbrechern ließ ihn das authentische Volk erkennen (Aufzeichnungen aus dem Totenhaus, 1862).

Dostoevskij kam aus der Verbannung als geläuterter Christ und Ultrakonservativer zurück. In den 1870er Jahren stand er rechtsradikalen Zirkeln nahe und wurde ein enger Freund Pobedonoscevs, der seine geistige und geistliche Diktatur auf das Land gelegt hatte. Samstags pflegte Dostoevskij mit dem Oberprokurator der Heiligen Synode zu diskutieren. Als er ihm einen Entwurf der Brüder Karamazov zu lesen gab, ein Roman, der unter dem Eindruck des Narodnaja-volja-Terrorismus geschrieben wurde, fürchtete Pobedonoscev, dass die Bösen zu lebendig und die Guten - wie Aljoša Karamazov - zu farblos geschildert worden seien. Ganz soll der „geistliche Diktator" Russlands seinem Freund nie getraut haben, weil er dessen Unberechenbarkeit fürchtete.

Entgegen Danilevskijs Panslawismus, der keine universelle Mission akzeptierte, hat Dostoevskij die Rolle Russlands bei der Sammlung der slawischen Erde und der Eroberung Konstantinopels betont (PS: 195). Die Lösung der russischen Frage sah der Dichter (PS 247) in der „tätigen Liebe". Der geniale Schilderer russischer Armut war gegen Umverteilungsmaßnahmen: „nicht die Verteilung des Gutes ist notwendig und nicht das Anziehen des Bauernkittels: all das ist bloß Buchstabe und Formalität. Notwendig und wichtig ist bloß die Entschlossenheit, alles zu tun, um der tätigen Liebe willen, alles was dir möglich ist, was du selbst aufrichtig in deiner Kraft stehend anerkennst". Es war nicht einzusehen, warum nicht Umverteilung zu dieser Liebestätigkeit passen sollte. Der „Gang ins Volk", den die Narodniki-Propagandisten verkündeten, schien ihm als ein unglaubwürdiges Manöver: „Hebt die Bauern bis zu eurer Bildung empor!" - aber genau das wollten die Narodniki-propagandisty im Gegensatz zu den Aufständlern, den „buntari". Diese verbale Distanzierung Dostoevskijs von den radikalen Narodniki hinderte nicht, dass er - mehr als der aristokratische Tolstoj mit seinen christlich-anarchistischen Ansichten - als Nahesteher empfunden wurde, und dass ein Teil von ihnen den Dichter als ihren Bundesgenossen empfand (Walicki 1975: 548). Weit mehr als die Slawophilen hat er - wie die Narodniki - die bürgerliche Freiheit negativ beurteilt. Dostoevskijs Polemik gegen die moderne Geldwirtschaft erinnerte durchaus an Michajlovskij (S I: 871), der einst an den Dichter appelliert hatte, er solle aufhören, die Narodniki als Revolutionäre abzulehnen, weil sie viele Ideen gemeinsam hätten. Die Narodniki kamen trotz ihrer sozialistischen Einstellung der Verherrlichung der vorkapitalistischen Gesellschaft im romantischen Konservatismus nahe. In der sozialen Analyse war Dostoevskij immer kritisch gegenüber den adligen Slawophilen, die seiner Meinung nach den Kontakt mit der sozialen Realität verloren hatten. Seine sozial und psychisch allzeit gefährdeten Existenzen in den Romanen haben sich in einer Art Proto-Existentialismus entscheidend von der harmonistischen Sicht der Slawophilen abgehoben.

Dostoevskij kam nicht als reicher Aristokrat nach Europa. Aufgrund seiner Armut, welche die Spielsucht in Baden-Baden und anderwärts verschärfte, erlebte er viele Demütigungen. Sein Urteil über Westeuropa fiel daher erwartungsgemäß noch schärfer aus als bei den klassischen Slawophilen. Das Westlertum eines

Grandseigneurs im Exil wie Turgenev war für Dostoevskij schwer nachzuvollziehen (PS: 261ff). Er litt unter der Missachtung, mit denen die Westeuropäer den Russen angeblich begegneten - mit ständigen Anspielungen auf „Hunnen" und „Tataren", die er gerade einem konservativen Aristokraten wie de Maistre übel nahm, dessen Wort er mit Verbitterung zitierte: „grattez le Russe et vous verrez le Tartare". Den Russen wurde nach Dostoevskijs Meinung ihr Revoluzzertum vorgeworfen. Er fand dieses trotz seiner Konservativität verständlich: „Die russische Seele hat, wenn auch unbewusst, gerade im Namen des Russentums protestiert, im Namen ihres echt russischen, ursprünglichen, eigenen und dann unterdrückten Kulturversuchs" (PS: 181). Er nannte es das „russische Paradoxon", das Männer wie Belinskij, die ihr Land liebten, zu den Sozialisten überliefen und gegen die Slawophilen kämpften - scheinbar das Entgegengesetzte und doch das Gleiche. Er war der Ansicht, wenn Belinskij länger gelebt hätte, wäre er zu den Slawophilen gestoßen (PS: 187).

Dostoevskijs Geschichtsphilosophie war ähnlich pauschal wie die der älteren Slawophilen: In der frühen Zeit wäre es verhängnisvoll für Russland gewesen, sich in Konstantinopel festzusetzen, weil dann ganz Südrussland unter griechischen Einfluss geraten wäre. Inzwischen aber habe Russland sich weit genug entwickelt, um diese Eroberung in Aussicht nehmen zu können. Aber die Stadt am Bosporus werde nicht mehr die Hauptstadt des Panslawismus werden, wie einige erträumten. Russland sollte Beschützerin und Führerin aber nicht Herrscherin über die rechtgläubigen Völker sein (PS: 197). Die Eroberung Konstantinopels hätte Krieg bedeutet. Dostoevskij war kein Pazifist wie Tolstoj. Im Gegenteil: „Der Krieg erfrischt den Menschen" schrieb er - ohne Rücksicht auf die „Erniedrigten und Beleidigten", die das Ergebnis von Kriegen zu sein pflegen.

In Dostoevskijs Romanen gibt es eine Fülle von politischen Urteilen und Dialogen. In den „Dämonen", die unter dem Eindruck des Nečaev-Prozesses geschrieben wurden, hat der Dichter anerkannt, dass Russland einiges vom Westen gelernt habe. Aber er leistete der Überhöhung der Intelligenz Vorschub, so sehr er auch die „nihilistischen" Intellektuellen kritisierte. Šatov vertrat in dem Roman (1957 VII: 41, 1980: 53) die Meinung, das russische Volk sei die einzige „gott-trächtige" Nation. Aber die eigene Oberschicht habe diese nie geliebt, weil sie das Volk nicht kannte: „Sie haben sich sogar mit Ekel und Verachtung zu ihm verhalten, schon aus dem Grunde, weil sie sich unter einem Volk einzig das französische Volk vorzustellen vermochten, und selbst von diesem nur die Pariser, und sie schämten sich, dass das russische Volk nicht ebenso war...Wer kein Volk hat, der hat auch keinen Gott". Dostoevskij wirkte weiter an dem Mythos des entwurzelten Wanderers, der den Kontakt zum Volk verloren hatte, wie Puschkin ihn einst in „Eugen Onegin" gezeichnet hatte. Der „überflüssige Mensch" wurde zur Beschreibung einer ganzen Intelligencija. Für Dostoevskij gab es nur einen

Ausweg: Die Intellektuellen mussten sich vor dem Volk erniedrigen und sich seiner Wahrheit unterwerfen.

Der philosophische Idealismus war zu Beginn der Debatte zwischen Slawophilen und Westlern dominant gewesen. Er wurde vom Positivismus und von sozialistischen Ideen vielfach abgelöst. Aber nach den Enttäuschungen der revolutionären Bewegungen in den 70er und 80er Jahren, und als die Revolution von 1905 die in sie gesetzten Erwartungen nicht erfüllte, kam es zu neuen Wellen einer idealistischen politischen Theorie, die auf die Philosophie der Religion gegründet war.

In der ersten Welle war *Vladimir Sergeevič Solov'ëv* (1853-1900) der bedeutendste Denker, der Sohn des liberalen Historikers Sergej Solov'ëv, der den Slawophilen mit historischen Fakten entgegen getreten war. Vladimir Solov'ëv hatte eine frühe Glaubenskrise und wendete sich vorübergehend dem Atheismus zu. Seine Magisterarbeit schrieb er 1874 gegen den Positivismus unter dem Titel „Die Krisis der westlichen Philosophie". Er wandte sich dem Neoplatonismus und der mystischen Tradition zu (Böhme, Baader) und vertiefte sich in kabbalistische Praktiken. Auf einer Reise nach Ägypten hätte ihm dies Interesse beinahe das Leben gekostet, weil er von Beduinen angegriffen wurde, die den hageren schwarz gekleideten Mann für einen bösen Geist hielten. In Russland kam er in Kontakt mit Ivan Aksakov und Dostoevskij. Es ist vielfach vermutet worden, dass Aljoscha Karamazov nach dem Bilde Solov'ëvs geschaffen worden ist.

Um 1883 löste er sich von den Slawophilen und trat für eine Vereinigung aller Kirchen ein. Er kämpfte gegen alle Formen des Nationalismus und Verfolgung von Minderheiten. Die Idealisierung der Orthodoxie bei den Slawophilen konnte er nicht mehr mittragen. Zum Entsetzen von Reaktionären wie Leont'ev glaubte Solov'ëv an einen Fortschritt. Seine theoretischen Ideen in „Geschichte und Zukunft der Theokratie" (1887) und „La Russie et l'église universelle" (1887) - Bücher, die er im Ausland erscheinen ließ, um der Zensur zu entgehen - kreisten um eine Theokratie unter Leitung des Papstes. 1896 nahm Solov'ëv heimlich den katholischen Glauben an, blieb aber slawophilen Ideen immer noch verbunden (Schulze 1950: 255). Er versuchte den kroatischen Bischof Josip Strossmeyer für die Einigungsidee zu gewinnen. Papst Leo XIII zeigte Interesse an der Kampagne, glaubte aber, dass allenfalls ein Wunder ihr zum Erfolg verhelfen könne (Walicki 1980: 374). Gegen Ende seines Lebens befiel ihn in den „Drei Gesprächen über Krieg, Fortschritt und das Ende der Weltgeschichte, einschließlich einer kurzen Geschichte des Antichrist" (1900) ein eschatologischer Pessimismus. Er lehnte nicht nur den Panslawismus ab, sondern wurde von Angst über einen hereinbrechenden Pan-Mongolismus befallen. *Aleksandr Blok* (1880-1921) hat diese Negativ-Visionen in seinem Gedicht „Die Skythen" von 1918 noch einmal aufgenommen. Solov'ëv setzte seine Hoffnungen auf ein Europa, das

Russland integriert und den „asiatischen Horden" unter japanischer Führung, welche die chinesischen Menschenmassen organisiert, Paroli bietet (Kohn 1956:196). Der empirische Gehalt einer theokratischen Theorie ist naturgemäß gering. Der Staat war nach Solov'ëv nötig - als „Bestehen" (status) der Menschheit gegen äußere elementare Kräfte. Der Staat hatte die Aufgabe, alle Kräfte der Menschheit zu vereinigen. In vorchristlicher Zeit gab es in dieser Sicht zwei Typen des Staates, den östlichen, der auf Knechtschaft beruhte, und den westlichen, der zum permanenten Kampf der Schichten und Stände führte. Erst im christlichen Staat ist Herrschaft mehr als Macht, da sie im Namen des allgemeinen Wohls unter Weisung der Kirche ausgeübt wird. Unterordnung ist im christlichen Staat nicht mehr von knechtischer Furcht geprägt. Gesetze seien nicht mehr die Legalisierung der tatsächlichen Verhältnisse, sondern zielten auf Besserung im Sinne einer höheren Gerechtigkeit (Geist. Grundlagen 1957: 141). Da das Christentum die Religion über den Staat erhebe, befreie sie den Menschen von staatlicher Allmacht und ermögliche eine freie Gesellschaft. Bonald und Maistre hatten einst ähnliche Thesen vertreten. Das Leben als gesellschaftlicher Fortschritt wurde nach Solov'ëv durch die Kooperation dreier Klassen (Volk, Städter und die „besten Leute", die Ritterschaft") ermöglicht (ebd: 149). Die „besten Leute" müssen sich in Solov'ëvs Staat „in Freiheit" der Kirche beugen und haben somit in einer „freien Theokratie" eine entscheidende Funktion. Die Ziele des Staates sollten von der Kirche formuliert werden. Oberstes Ziel war die „Inkarnation der Gottmenschheit". Solov'ëv (SS V:228, 241, IV:218ff) fürchtete, dass die Vergottung des Volkes durch die Slawophilen gefährlich sei, weil sie in der Verehrung der Barbarei des Volkes enden könne. Er hatte eine zu gediegene philosophische Bildung um die Einseitigkeiten der Slawophilen zu übersehen, welche die Materialisten wie Büchner und Moleschott anprangerten und mit dem ganzen Westen identifizierten, aber darüber den heiligen Franziskus und Dante übersahen. Die Überhöhung der Orthodoxen Kirche war für Solov'ëv ein Hindernis zur Verständigung aller Kirchen.

1881 hatte Solov'ëv auf seine Lehrtätigkeit verzichten müssen, weil er einen Brief an den Zaren geschrieben hatte, in dem er für die Mörder von Alexander II um Gnade bat. Vor Nietzsche kam bereits der Begriff des „Übermenschen" vor, hatte aber eine ganz andere Bedeutung. Solov'ëv verstand darunter eine „übermenschliche sittliche Höhe", wie sie dem Zaren abverlangte: „Indem der Zar, allen Berechnungen und Erwägungen irdischer Weisheit zum Trotz, die Feinde seiner Macht begnadigte, stellte er sich auf eine übermenschliche Höhe und bewiese durch die Tat die göttliche Bedeutung der Zarenmacht, bewiese, dass in ihm die höchste geistliche Kraft des ganzen russischen Volkes lebte, weil in diesem ganzen Volk nicht ein einziger Mensch zu finden wäre, der eine größere

Tat vollbringen könnte" (Übermensch 1958: 38). Der neue Zar war jedoch weniger großzügig als Nikolaj es nach dem Dekabristenaufstand gewesen war, der allerdings auch keine Todesfolge in der Familie des Zaren gezeitigt hatte. 1899 hat Solov'ëv sich in einem Beitrag zum Übermenschen direkt mit Nietzsche auseinander gesetzt. Solov'ëv (ebd: 78) kritisierte die „Herrenmenschen" bei Nietzsche als „Verwirrung des Geistes".

Früh operierte Solov'ëv mit einem dreigliedrigen Schema wie die Slawophilen. Der islamische Osten kenne nur Gott ohne Menschen und überspanne das Prinzip der Einheit. Der Westen zersplittere die Gottheit in eine Vielheit. Die Slawen bekamen die Mission zugesprochen, eine neue Einheit in der Idee des „Gottmenschentums" zu verwirklichen. Während die Slawophilen Kirche und Staat als Gegensätze auffassten, bestand Solov'ëv (SS IV: 76ff) in der Schrift „Der große Streit und die Christliche Politik" darauf, dass nicht nur „Wahrheit", sondern auch „Autorität" bei der Kirche liegen müsse. Das Zentrum dieser Autorität der Kirche sollte zum Entsetzen der Slawophilen Rom sein. Der Papst durfte aber seine Macht nicht verabsolutieren, weil sonst „Papismus" entstehe, wie er einst zum Schisma der Ost- und West-Kirche geführt habe. Der Staat hat der Kirche untertan zu sein (SS IV: 228). Solov'ëv hatte sich mit seiner Annäherung an Gedanken der katholischen Theokratie in Russland stark isoliert.

Solov'ëv war zu spirituell abgehoben, um sich in irgendeine Rubrik des Konservatismus einzuordnen. Nur Leont'ev hat anfangs die ökumenischen Träume Solov'ëvs gebilligt. Aber in der Betonung der Glaubens- und Gewissensfreiheit war er für Leont'ev zu liberal. Solov'ëv stand in Gegnerschaft zum reaktionären Nationalismus und verabscheute die Russifizierungspolitik gegenüber den Ethnien im Reich und den Antisemitismus. Anfangs hat Leont'ev Solov'ëvs Kooperation mit den Liberalen für den Irrtum eines weltfremden Gelehrten gehalten. Als er erkannte, dass sie ernst gemeint war, hat er nach Solov'ëvs Artikel über den „Niedergang der mittelalterlichen Weltsicht" ihn als „Satan" denunziert. Solov'ëvs freigiebiger Einsatz des Epithetons „Antichrist" (1958) fiel nun auf den Philosophen selbst zurück. Leont'ev agitierte sogar für die Exkommunikation Solov'ëvs (Walicki 1975: 576). Solov'ëv war noch abgehobener von der russischen Erde, welche die Philosophen alle ständig im Munde führten, als die Slawophilen. Als er sich von den Slawophilen lossagte, hat er nur ihre Volkstümelei abgelehnt. Ihre Religionsphilosophie hat Solov'ëv weiterhin ernst genommen und weiter entwickelt. Somit konnte er zum Bindeglied zwischen den Slawophilen und den neuen Idealisten um die Jahrhundertwende werden, die sich vom legalen Marxismus abgewandt hatten, wie Berdjaev, Bulgakov und Frank.

Daher waren die bedeutendsten Religionsphilosophen wie Evgenij Trubeckoj, Sergej Bulgakov und Nikolaj Berdjaev seine Schüler, die eine neurussische Renaissance in Anlehnung an slawophiles Gedankengut herbeiführen wollten. Der Neoidealismus war eine doppelte Reaktion auf den Niedergang der Narodniki einerseits und den Aufstieg des Marxismus in Russland andererseits. Die Frustrationen, welche die Revolution von 1905 ausgelöst hatte, trugen zum Aufschwung eines neuen religiösen Gefühls bei. Symbolismus und Dekadenz als literarische Bewegungen haben diese Wende ebenfalls gefördert (Scherrer 1973: 424). Im Gegensatz zu den älteren Symbolisten, die sich der Gottsuche verschrieben hatten, wie die Träger der „Religiös-philosophischen Vereinigungen", Merežkovskij, Gippius, Minskij oder Rozanov, war die zweite Generation zwar literarisch bedeutender, aber ihre religiöse Mystik stammte gleichsam aus zweiter Hand, aus der Kunst und nicht aus dem direkten religiösen Erleben. Diese Symbolisten zeigten in der Oktoberrevolution ihre weltliche Seite, als sie, die großen Lyriker Blok, Brjussov und Belyj (Nachweise bei: von Beyme 1998: 280ff), religiöse Visionen mit revolutionär-politischem Pathos zu vermengen begannen. Diese Anpassungsleistung hat ihnen freilich wenig genutzt, weil die Leninisten die „Salonmystiker" (Trockij) politisch nicht ernst nahmen.

Die Anhänger des „neuen religiösen Bewusstseins", von denen nur Berdjaev aus dem Adel stammte, hinderte die Mehrzahl der bürgerlichen Idealisten nicht, einen aristokratischen Elitekult zu pflegen. Ihre Gegner hielten es für ausgemachte Sache, dass sie auf der Flucht vor einer tristen sozialen Realität waren und das Irdische nur als Gleichnis nahmen, um mit einer besseren Welt mystisch zu kommunizieren. Der Versuch besonders der Marxisten, die neuen Idealisten als Reaktionäre zu verketzern, war jedoch ungerecht. Die Gründer der Petersburger Religiös-philosophischen Vereinigungen hatten das Ziel proklamiert, der Öffentlichkeit klar zu machen, dass die neue Religiosität nicht zum politischen Konservatismus führen müsse.

Was die Gegner der Gruppe vermissten, war jedoch eine konkrete soziale Analyse, obwohl zahlreiche Bücher zur „Sozialphilosophie" erschienen. Dieses Genre der Theorie wurde auf dem hohen Niveau Solev'ëvs auch in der Emigration noch fortgeführt (Berdjaev 1991, Frank 1930: 200, Russkoe zarubeže 1991). Die Sozialphilosophie des religiösen Aufbruchs lebte weitgehend von Abstraktionen und neuen Substantiven wie „obščestvennost' (Gesellschaftlichkeit), die definitorisch aber nicht empirisch mit Inhalten gefüllt wurden und bei Berdjaev (1907) und Bulgakov mit reichlichen Zusätzen wie „religiös" oder „christlich" spezifiziert worden sind. Die früher brillante Sozialanalyse bei Berdjaev (1990: 8, 59) wich nun nationalen Mystifikationen wie der „russischen Seele" oder der „asiatischen und russischen Seele". Die eigentliche politische Innovationsleistung dieser Gruppe lag in der Reflexion über das Verhältnis von Kirche und Staat und in der Kritik am cäsaro-papistischen System Russlands. Die neuen Idealisten kritisierten nicht nur den Staat sondern auch die Kirche. Als Tolstoj exkommuni-

ziert wurde, fragte Merežkovskij, ob der „Heilige Synod" nicht seine Kompetenzen überziehe und sich zum Büttel des Staates mache (Scherrer 1973: 255). Dabei
hatte Merežkovskij (1919: 108) durchaus eigene Zweifel an der Rechtgläubigkeit
Tolstojs, dem er die „letzte göttliche Wahrheit von der menschlichen Persönlichkeit" absprach. Er warf Tolstoj vor, an jedem Rache zu nehmen und sich in seinen
Figuren gleichsam selbst darzustellen, als „ein ins Riesenhafte gewachsenes ele-
mentares „tierisch-göttliches Ich". Es ging den Anhängern des neuen religiösen
Denkens um eine Befreiung der Kirche. Der alte Gedanke von Lamennais tauchte
unter neuem Vorzeichen wieder auf: die Befreiung der Kirche werde auch eine
Befreiung des Staates durch einen neuen christlichen Geist zur Folge haben. Konservativ war diese Konzeption in politischer Hinsicht auch sonst nicht: sie richtete
sich gegen den Nationalismus und den Etatismus der Liberalen, wie sich an der
Polemik Merežkovskijs gegen Struve zeigte (vgl. Kap. Liberalismus).
    Allzu streng sollte eine empiristische Theorieauffassung mit den neuen
Idealisten nicht ins Gericht gehen. Es war eine Zeit des Aufbruchs, die selbst tief
in der Linken religiöse Ideen erzeugte, wie bei den Gottsuchern und „Gottbau-
ern". In einer Ludwig Feuerbach-Renaissance haben Männer wie der Schriftsteller Gor'kij und der spätere Volkskommissar Lunačarskij (1908) das Entsetzen der
Parteileitung hervorgerufen, als sie vom religiösen Wesen des Sozialismus sprachen und Revolutionsmystik mit christlicher Apokalypse zu verbinden begannen.

Von den Schülern Solov'ёvs waren Berdjaev und Bulgakov die bedeutendsten.
Beide wurden anfangs zu den „legalen Marxisten" in Russland gerechnet (vgl.
Kap. Sozialismus), eine Gruppe, die im Gegensatz zu den orthodoxen Marxisten
publizieren durfte und daher „legal", d.h. nicht im Untergrund tätig war.
    Nikolaj Aleksandrovič Berdjaev (1874-1948) wurde im Westen der einfluss-
reichste Denker, eine Art Inkarnation russischer Weisheit. Er stammte als einziger
von den Neoidealisten aus dem Adel. 1898 wurde Berdjaev wegen seiner Kontakte zu den Sozialisten verhaftet und für drei Jahre in die Verbannung geschickt.
Anschließend studierte er in Deutschland und kam zu einer Synthese von Idealismus und Marxismus. 1913 griff er den Heiligen Synod, die oberste Behörde der
orthodoxen Kirche als „Ersticker des Geistes" an. Nach der Oktoberrevolution
konnte er zunächst noch lehren, 1920 sogar an der Universität Moskau. 1922
wurde er wie viele abweichende Intellektuelle ausgewiesen und ging nach Berlin,
1925 weiter nach Paris. Das orthodoxe theologische Institut mit Bulgakov, Florovskij und Zenkonvskij entwickelte dort eine kritische Solidarität mit dem Slawophilismus. In der Emigration hat Berdjaev zahlreiche Bücher geschrieben und
versucht, das Prophetische hinsichtlich der Revolution anhand der Geistesgeschichte zu verarbeiten (1972: 12). Selbst ein den Neoslawophilen nicht feindlich

gesonnener Philosoph wie Zenkovskij (II:337) fand, dass die Entfernung von der sozialen Realität das Denken Berdjaevs zunehmend steril gemacht habe.

Sergej Nikolaevič Bulgakov (1871-1944) war enger Freund und Mitstreiter Berdjaevs im „legalen Marxismus". Er wurde Professor für politische Ökonomie und hatte im Westen Kontakte mit den Führern der Zweiten Internationale wie Kautsky und Bebel. Nach der Oktoberrevolution wurde auch er des Landes verwiesen. Er ging nach Prag und später nach Paris. Bulgakov bekannte sich zu einer „christlichen Politik" in der Tradition Solov'ëvs. Schon das Nachdenken über die „Wahrheit des Sozialismus" hatte er von seinem Lehrer übernommen. Bul'gakovs eigenwillige Sophia-Lehre isolierte ihn von den Vertretern der orthodoxen Hierarchie sowohl in Russland als auch in der Emigration.

Als Berdjaev und Bulgakov vom transzendentalen - neokantianisch beeinflussten - zum transzendenten Idealismus übergingen, gaben sie die sozialwissenschaftliche Forschung zugunsten der Religionsphilosophie weitgehend auf. Die Marxisten hatten ihnen schon immer verübelt, dass sie den Klassenkampf als Idee nicht akzeptierten. Den Erben der orthodoxen Liebesethik und der slawophilen Gemeinschaftsideen war jedoch unklar, warum sie eine andere Klasse des eigenen Volkes mehr hassen sollten als andere Völker. Sie, die außenpolitisch für Frieden eintraten, wurden vielfach auch innenpolitisch zu Pazifisten. Der Klassenkampf schien den Neoidealisten auch deshalb in Russland überflüssig, weil die Bourgeoisie klein und die Oberschicht eine „quantité negligeable" schien, sodass ihre Solidaritätsideen alle Schichten umfassten.

Berdjaev (1991: 63; 1953: 69) erklärte sich als lebenslanger „Aufrührer". Die Adelsgesellschaft, aus der er stammte, hat ihn früh „empört". Er bekannte, nach seiner religiösen Wandlung nicht die Buchgelehrsamkeit als Urquell des Wissens gesucht zu haben. Sein Denken nährte sich von „Intuitionen des Lebens". Die Logik hatte nach seinem Bekenntnis nicht die geringste Bedeutung für ihn erlangt. Er fühlte sich als Existenzialist, darunter aber subsumierte er nicht Heidegger und Jaspers, sondern Nietzsche und Kierkegaard (1991: 92ff, 1953: 106f). Der Marxismus hat ihn vorübergehend durch seinen „historiosophischen Schwung" fasziniert, aber im Unterschied zu den Marxisten fühlte er sich nie als Hegelianer. Selbst die kantianischen Einflüsse leugnete er im Rückblick. In seiner linken Zeit war ihm schon Struve, als dieser noch an dem sozialdemokratischen Programm arbeitete (vgl. Liberalismus) zu „rechts" und später zu etatistisch und nationalistisch (1991: 110ff, 1953: 144ff). Bei der Gründung des Verbandes „Osvoboždenie" als Kern einer liberalen Partei war er im Schwarzwald zugegen, aber die schöne Natur lockte ihn mehr als die politischen Debatten (1991: 133; 1953: 146). Die kulturelle Renaissance, die nach dem Scheitern des Durchbruchs zu einer liberalen Gesellschaft nach 1905 einsetzte, als deren Exponent Berdjaev vielfach angesehen wurde, war ihm auch zu modisch, als viele Freunde zu Mystikern und Okkultisten wurden, mit einer Verachtung für Wissenschaft, aber auch für die Ethik. Viele Parteigänger der kulturellen Renaissance fühlten sich zwar weiter als „Linke" und sympathisierten mit dem Gedanken der Revolution, wandten sich aber von den sozialen Fragen ab, die Berdjaev beschäftigten, wenn auch auf einem hohen Abstraktionsniveau (Philosophie der Ungleichheit, Neudruck 1991). Später hat sich Berdjaev von diesem Buch distanziert, weil es ungerecht gewesen sei und 1918 im Sturm der Zeit zu emotional ausgefallen sei (1991: 230ff, 1953: 255). Berdjaevs Wende zum Christentum blieb voller „Empörung gegen die offizielle Orthodoxie" (1991: 202; 1953: 225), weil sie das Religiöse „verseuche" und macht- und ordnungsbesessen war. In der Orthodoxie hatte es seiner Ansicht nach keinen „Klerikalismus" gegeben. Vor allem in der Emigration orientierte sich die Kirche nach Berdjaevs Meinung zu sehr auf den Primat der Politik hin und wurde zum Werkzeug der zu erstrebenden politischen Ordnung. Er selbst ordnete sich in einen „Über- oder Interkonfessionalismus" ein, der nach Reformation strebt. Aber die protestantische Reformation hat er ebenfalls verworfen, weil sie keine geistige Reform mehr bewahrt habe.

Immer blieb Berdjaev der große Einsame. In der Februarrevolution von 1917 nahm er an Versammlungen teil, fühlte sich aber zu keiner Gruppierung hingezogen (1991: 229; 1953: 252). Gegen den Kommunismus führte er einen geistigen, aber keinen politischen Kampf - war zugleich aber strikter Gegner jeder Restauration und der Intervention der Westmächte. 1920 konnte Berdjaev noch Professor werden, wurde aber mehrfach verhaftet und einmal sogar von Dzeržinskij persönlich verhört. 1922 wurde er mit vielen anderen Intellektuellen expatriiert. Noch immer behauptete Berdjaev Sozialist zu sein. Im Gegensatz zum totalitären Kommunismus war sein Sozialismus ein „personalistischer". In der Emigration verkrachte er sich hoffnungslos mit allen Emigranten - insbesondere dem alten Mitstreiter aus der Periode des „Legalen Marxismus" Struve.

Bulgakov als Kenner der politischen Ökonomie hat sich mit den Leninisten früh angelegt, weil er den Klassenbegriff für ein reines Denkschema hielt, das jenseits seiner hypothetischen Grenzen eine Karikatur seiner selbst werde. Entscheidende soziale Vorgänge waren für Bulgakov immer individuell (1912 I: 254). Nie könnten ganze Gruppen deklassiert werden, immer nur einzelne Individuen - was nicht ganz zutreffend ist. Andere legale Marxisten sind ihm in dieser These daher auch nicht gefolgt.

Hauptanliegen der neuen Idealisten war jedoch zunehmend die Religion. Selbst die vorgeblichen Atheisten wie Lavrov unter den Radikalen, welche die Religion durch die „kritische Schaffung realer Gedanken" ersetzen wollten, waren der maximalistischen Ethik der Religionsphilosophie nicht so fern wie sie glaubten. Die sogenannten „realen" Gedanken dieser antireligiösen Feuerbachianer waren den vermeintlich „fiktiven" Gedanken der Religionsphilosophen wenigstens in ihrer logischen und psychologischen Struktur zum Verwechseln ähnlich. In der Literatur wurde diese „Übereinstimmung der Gegensätze" vielfach als typisch russisch angesehen. Dabei wurde vergessen, dass in Spanien zur gleichen Zeit ähnliche intellektuelle Entwicklungen zu beobachten waren, und dass Russland als Spätmodernisierer nur nachvollzog, was in Deutschland Mitte des 19. Jahrhunderts vor sich gegangen war. Die Saint-Simonisten und Comteaner - selbst die Protestanten unter ihnen - haben in der ersten Hälfte des 19. Jahrhunderts auch im fortgeschritteneren Frankreich die merkwürdige Vorliebe für kirchenhierarchische Strukturen und quasi-theologische Argumentationsweisen demonstriert. Im Gegensatz zu diesen westlichen „Soziokraten" aber entwickelten die russischen Konservativen die slawophile Geringschätzung der Organisation und des Politischen. Daher gab es so wenig Rechtsphilosophie und wo sie entstand - außer bei einigen Liberalen - wurde sie allsogleich zur essentialistischen Ethik. Der Versuch Kants, Rechtslehre und Ethik unter dem Dach einer allgemeinen Sitten- und Pflichtenlehre zu versöhnen, wurde zwar in der neukantianischen Phase der legalen Marxisten zitiert, blieb aber unverstanden, weil das naturrechtliche Denken des Westens in Russland ein Fremdkörper geblieben ist.

Die Neoidealisten kamen nach einer kurzen kantianischen Phase auch zum religiös begründeten Misstrauen gegen den Staat zurück. In der wichtigsten Sammelschrift der „Vechi" (1909/1991) lehnten nur wenige Idealisten wie die Liberalen Struve und Kistjakovskij die Überbetonung der Metaphysik ab, obwohl sie antipositivistisch genug waren, um nicht jede metaphysische Erörterung aus den Sozialwissenschaften zu verbannen. Selbst die Idealisten, die als liberale Abgeordnete fungiert hatten, wie Trubeckoj und Bulgakov, wandten sich nach den Enttäuschungen des russischen „Scheinkonstitutionalismus" beinahe theokratischen Gedanken zu. Schon 1905 predigte Trubeckoj (in: Pravo, 1905, Nr.20: 1669f) den „wahren Demokratismus" der Kirche gegen den demokratischen Massendespotismus. Der Kirche sei alles fremd, was den Volkskörper in Stücke schneide, schrieb er in der liberalen Rechtzeitschrift. Die Vechi-Autoren predigten die Priorität des geistigen Lebens vor den äußeren politischen Lebensformen. Die „machiavellistische Moral des Staates" wurde zu einer „Moral des Krieges" erklärt (Trubeckoj in: Bubnoff 1956: 325). Der Staat wurde mit der Bürokratie identifiziert, die aus der „Vertreibung des lebendigen Geistes der Liebe und der Kirche aus der irdischen Gesellschaft" resultiere. Die Bürokratie habe die Kirche zur Bürokratie herabsinken lassen und den lebendigen russischen Volkskörper durch die Gouvernements zerstückelt. Die Klagen des Fürsten Trubeckoj zeigten jedoch, dass es sich nicht einfach um eine Reaktion gegen den Antiklerikalismus der russischen Intelligenz gehandelt hat, wie der liberale Parteiführer Miljukov in einer Polemik behauptete. Die Religionsphilosophen vertraten damals durchaus berechtigte liberale Anliegen, wie die Befreiung der Kirche aus der Bevormundung durch den Staat. Auch Miljukov musste zugeben, dass die konservativ klingenden slawophilen Ergüsse keine Unterwerfung unter den russischen Despotismus darstellten.

Berdjaev, Bulgakov und Frank, die ähnliche Gedanken vertraten, fiel der Nachweis einer antiautokratischen Haltung noch leichter als dem Fürsten Trubecckoj. Alle waren Reformkonservative für Kirche und Staat, wie bereits in der Sammelschrift „Problemy idealizma" (1903) dokumentiert worden war. Da die Bewegung zeitlich vor der parteipolitischen Sammlung der liberalen Kräfte zur Revolution entstanden ist, war sie eher eine parallele Bemühung zum Liberalismus mit anderen - religiösen - Mitteln. Die Tragik der Träger des „neuen religiösen Bewusstseins" war lediglich, dass sie den demokratischen Tendenzen der Intelligencija noch kritischer gegenüber standen als den Bestrebungen der Autokratie. Die „Revolution in der Kirche", die proklamiert wurde, war nicht politisch gemeint. Der Fehler dieser Gruppe war, die Kirche mit der Gesamtgesellschaft zu identifizieren und das Interesse an der Befreiung der nichtkirchlich gebundenen Gesellschaft Schritt für Schritt zu verlieren. Insofern hatte die Parteiorthodoxie um Miljukov recht, dass die Befreiung der Kirche von der Befreiung der Gesellschaft nicht zu trennen war (in: Pravo 1905, Nr.16: 1260). Die Devise „Menschen - nicht Institutionen" als konservativer Slogan war in Russland besonders gefährlich, weil 1905 noch keine konsolidierten Institutionen bestanden. In England, wo dieser Gemeinspruch entstanden ist, waren seine Folgen ungleich harmloser.

Berdjaev (1907: 68) begann den Antidemokratismus ins Elitäre zu wenden und den Glauben an „mittlere arithmetische Größen" zu bekämpfen. Er forderte die Mission der „großen Führer" anzuerkennen. Diese aber waren nicht als politische Führer konzipiert. Staatlichkeit dünkte ihn nun eine „Vergöttlichung des menschlichen Willens, eine subjektiv-ständische Religion" , der im Stil Solov'ěvs die Theokratie entgegen gesetzt wurde (1907: 126). Frank (1930: 188), der erst in der Emigration zu ähnlichen Gedanken vorstieß, hat damals noch einen neuen „Klerikalismus" befürchtet, der aus der Verwirklichung der Theokratie entstehen könne.

Die früheren legalen Marxisten vergaßen, was sie als Neukantianer methodologisch einst erarbeitet hatten. Bulgakov nannte nun die Apokalypse die „Soziologie ihrer Zeit" (Russkaja Mysl', 1910, Nr.6: 76). Wo der Neukantianismus verbot, vom Sein auf das Sollen zu schließen, haben die Ex-Neukantianer nun proklamiert, aus konkretem historischem Material eine normative Lehre der Gesellschaft zu schaffen.

Nicht einmal nach der Oktoberrevolution - die auch durch die Organisationsfeindschaft der antibolschewistischen Kräfte mit verursacht worden ist - waren die Neometaphysiker bereit, ihre Irrtümer einzusehen. 1918 wurde eine Sammelschrift der meisten Vechi-Autoren unter dem Titel „Iz glubiny" (De profundis) im

Untergrund konzipiert. Sie konnte in Moskau nicht erscheinen und blieb bis 1921 in der Druckerei liegen. Findige Arbeiter druckten den Band und er zirkulierte in wenigen Exemplaren (Schlögel 1988: 91). Die Revolution hatte die Autoren noch tiefer in theokratisches Gedankengut hinein getrieben. Nur *Pavel Ivanovič Novgorodcev* (1863-1924), einst Herausgeber der ersten Programmschrift der Neo-Idealisten „Problemy idealizma" (1903), bemühte sich noch, eine Brücke von der Idee Gottes zu der des Staates zu schlagen. Die Vereinigung beider Ideen nannte er einen „wahren Patriotismus" (Iz glubiny 1918: 214) Novgorodcev warf in seinem Beitrag der russischen Gesellschaft vor, sie habe „keinen Funken Liberalismus" gezeigt und habe auch keine Ahnung, was Sozialismus wirklich sei (ebd: 208f). Er verschwieg, dass die Vechi-Gruppe den Liberalismus und den reformistischen Sozialismus zunehmend lächerlich gemacht hatte. Staatsfeindliche Tendenzen kritisierte er an den russischen Sozialisten - nicht an den Religionsphilosophen. Immerhin blieb Novgorodcev einer der wenigen, welche die Idee des Rechtsstaates hochhielten. Das Katastrophengefühl, das viele Intelligenzler im Westen begeistert in den Krieg ziehen ließ, hat sich dort in den Schützengräben von Flandern verflüchtigt und die Begeisterung spätestens ab 1916 ausgetrieben. In Russland verlagerte sich die Erwartung auf „die Revolution" in weit größerem Maße als in Deutschland. Als die Revolution der Bolschewiki gesiegt hatte, haben auch die Gegner Lenins in „Iz glubiny" einen positiven Sinn in die Revolution hineinzulegen versucht. Die Zerstörungskraft der Revolution hat wenigstens die Möglichkeiten zur Wiedergeburt Russlands eröffnet, schwärmte selbst ein sonst eher besonnener Etatist wie Struve (Iz glubiny: 305). Die alten Kontroversen um Monarchie oder Republik, Dorfgemeinde oder moderne Entwicklung schienen nun plötzlich bedeutungslos. Die Bolschewiki mögen die Schrift toleriert haben, weil der letzte Exponent der bürgerlichen Republik, Kerenskij, weit schlechter wegkam als Lenin, und der Mut der Bolschewiki im Vergleich zu den anderen „schwächlichen Halbsozialismen" gepriesen worden ist (Iz glubiny: 206, 57). Hatte in den „Vechi" noch die Kritik an der Zerstörungskraft der Intelligencija überwogen, so hat die Vollendung dieses Zerstörungswerks ohne Zutun der neoidealistischen Intelligenz nun eine verbale Genugtuung über die „Katharsis" ausgelöst, die man erhoffte. Die Katharsis blieb aus und wurde in Emigrantenzirkeln im Westen zerredet.

Kistjakovskij war ja in „Vechi" der einzige gewesen, der die Rechtsfremdheit der russischen Intelligenz gebührend angeprangert hatte (vgl. Kap. Liberalismus). Erst in der Emigration - als Dekan der russischen juristischen Fakultät in Prag - befiel auch Novgorodcev das ins Theoretische sublimierte slawophile Heimweh, das die russische Geistesgeschichte seit Herzen und Bakunin kannte.

Die Tragik des „neuen religiösen Bewusstseins" war es, dass die Polarisierung zwischen dem Reformkonservatismus für die Kirche und dem Reformliberalismus für den Staat ständig zunahm. Miljukov war als Parteiführer zunehmend skeptisch gegenüber den Neo-Slawophilen. Čičerin war wohl der letzte Liberale gewesen, der die beiden Positionen in seinem Werk noch harmonisieren konnte. Es kam in Russland nicht zu einem Pendant des „Naumann-Kreises", der auch Liberale wie Max Weber, die nach eigenem Geständnis „religiös unmusikalisch" waren, partiell integrieren konnte. Die cäsaro-papistische Einheitstradition legte sich wie eine lähmende Glocke auf das Denken dieser frühen „Befreiungstheologie". Daher fehlte in den orthodoxen Ländern in der Regel ein Ansatz zu christlich-sozialer Parteibildung, wie sie seit dem Wirken von Lamennais und dem Linkskatholizismus in Westeuropa möglich wurde.

Teil III: Sozialismus, Anarchismus, Kommunismus

1. Die Narodniki und ihre Vorläufer: Herzen, Belinskij, Černyševskij, Lavrov, Michajlovskij

Quellen:

Archiv 'Zemli i voli' i 'Narodnoj voli'. Moskau, Izdatel'stvo politkatoržan, 1932.

V.G. Belinskij: Izbrannye filosofskie proizvedenija. Moskau, Politizdat, 1948, 2 Bde.

V.G. Belinskij: Pis'ma (Hrsg: Ljackij). St. Peterburg, Stasjulevič 1914, 3 Bde.

V.G. Belinskij: Ausgewählte philosophische Schriften. Moskau, Verlag für fremdsprachige Literatur, 1950.

B.B. Bervi-Flerovskij: Izbrannye ekonomičeskie proizvedenija. Moskau, Izdatel'stvo social'no-ekonomičeskoj literatury, 1958, 2 Bde.

A.I. Borodin /B.M. Šachmatov (Hrsg.): Utopičeskij socializm v Rossii. Chrestomatija. Moskau, Politizdat, 1985.

N.G. Černyševskij: Izbrannye filosofskie sočinenija. Moskau, Politizdat, 1950, 3 Bde.

N.A. Dobroljubov: Izbrannye filosofskie proizvedenija. Moskau, Politizdat, 1948, 2 Bde.

M.P. Dragomanov: Političeskija sočinenija. Moskau, Tip. I.D. Sytin 1908 , Bd.1.

B.S. Imenberg (Red.): Revoljucionnoe narodničestvo 7ox godov XIX veka. Moskau, Nauka, 1963-65. 2 Bde.

N.K. Karataev (Red.): Narodničeskaja ekonomičeskaja literatura. Izbrannye proizvedenija. Moskau, Izdatel'stvo social'no-ekonomičeskoj literatury, 1958.

D.I. Pisarev: Izbrannye filosofskie i obščestvenno-političeskie stat'i. Moskau, Politizdat, 1949.

N.V. Šelgunov: Sočinenija. Sankt Petersburg, Skorochodov, 1895, 2. Aufl., 2 Bde.

N.V. Stankevič: Perepiska. Moskau, Mamontov, 1914.

Literatur:

F.C. Barghoorn: Russian Radicals and the West European Revolutions of 1848. The Review of Politics, 1949: 338-354.

M. Hildermeier: Die sozialrevolutionäre Partei Russlands. Agrarsozialismus und Modernisierung im Zarenreich. 19oo-1914. Köln, Böhlau, 1978.

E.M. Jaroslavskij: Bor'ba Lenina protiv narodničestva i legal'nogo marksizma. Moskau, 1941.

R. Kindersley: The First Russian Revisionists. Oxford, Clarendon, 1962.

V.A. Malinin: Istorija russkogo utopičeskogo socializma. Vtoraja polovina XIX – načalo XX vv. Moskau, nauka, 1991.

Th.G. Masaryk: Zur russischen Geschichts- und Religionsphilosophie. Jena, Diederichs, 1913, 2 Bde.

A.P. Mendel: The Dilemmas of Progress in Tsarist Russia. Legal Marxism and Legal Populism. Cambridge/Mass, Harvard University Press, 1961.

P. Miljukov: Iz istorii russkoj intelligencii. Sankt Petersburg, Tipografija Montvida, 1903, 2. Aufl. (über Stankevič, Belinskij, Herzen u.a.)

A.I. Paškov u.a.: Istorija russkoj ekonomičeskoj mys'li. Moskau, Politizdat, 1959-60, 2 Bde, je 2 Teile.

G.V. Plechanov: N.G. Černyševskij (1909). In: Ders: Izbrannye filosofskie proizvedenija. Moskau, Soceklit, 1958 181-397.

O.H. Radkey: The Agrarian Foes of Bolshevism. Promise and default of the Russian Socialist Revolutionaries. New York, Columbia University Press, 1962, 2.Aufl.

F.B. Randel: N.G. Chernyshevsky. New York, 1967.

P. Scheibert: Von Bakunin zu Lenin. Leiden, Brill, 1956, Bd. 1 (mehr nicht erschienen), Reprint 1970.

B. Schultze: Wissarion G. Belinskij. Wegbereiter des revolutionären Atheismus in Russland. München, Pustet, 1958.

F. Venturi: Il populismo russo. Turin, Einaudi, 1952, 2 Bde.

G.G. Vodolazov: Ot Černyševskogo k Plechanovu. Ob osobennostjach razvitija socialisti-českoj mysli v Rossii. Moskau, Izdatel'stvo Moskovskogo Universiteta, 1969.

S. S. Volka (Red.): Revoljucionnoe narodničestvo 70x godov XIX veka. Moskau, Nauka, 1964-1965, 2 Bde.

A. Yarmolinsky: Road to Revolution. A Century of Russian Radicalism. New York, Collier, 1957.

D. Zaslavskij: M. P. Dragomanov. Moskau, Izdatel'stvo politkatoržan, 1934.

Aleksandr Ivanovič Herzen (Gercen) (1812-1870)

Quellen:

Herzen: Polnoe sobranie sočinenij i pisem (Hrsg.: M.K. Lemke). Petrograd, Literaturno-izdatel'skij otdel Narkomprosa, 1919-1923, 22 Bde.

Herzen: Sobranie sočinenij v tricati tomach. Moskau, Izdat. Akad. nauk SSSR 1954-65, 3o Bde.

Herzen: Izbrannye filosofskie proizvedenija. Moskau, Polizdat, 1948, 2 Bde (zit: IFP).

Herzen: Ausgewählte philosophische Schriften. Moskau, Verlag für fremdsprachige Literatur, 1949 (zit: APS).

Herzen: Byloe i dumy. Moskau, Gosudarstvennoe izdatel'stvo chudožestvennoj literatury, 1958, 3 Bde (zit: BD).

Herzen: Mein Leben. Memoiren und Reflexionen. Berlin, Aufbau Verlag, 1962-1963, 3 Bde (zit: ML).

Literatur:

E. Acton: Alexander Herzen and the role of the intellectual revolutionary. Cambridge, Cambridge University Press. 1979.

I. Berlin: Herzen und Bakunin über die Freiheit des Einzelnen. In: Ders: Russische Denker. Frankfurt, EVA, 1981: 124-163.

P. K. Christoff : The Third Heart. Some Intellectual-Ideological Currents and Cross-Currents in Russia, 1800-1830. Den Haag, Mouton, 1970.

M. E. Malia: Alexander Herzen and the Birth of Russian Socialism. 1812-1855. Cambridge/Mass, Harvard University Press, 1961.

R. Orlowa: Als die Glocke verstummte. Alexander Herzens letztes Lebensjahr. Berlin, Karin Kramer, 1988.

M. Patridge: Alexander Herzen: Collected Studies. Nottingham, Astra Press, 1993, 2.Aufl.

U. Preißmann: Herzen und Italien. Mainz, Liber Verlag, 1989.

E. Reissner: Alexander Herzen und Deutschland. Berlin, Akademie-Verlag, 1963.

S. Rozanova: Tolstoj i Gercen. Moskau, 1972.

W. F. Woehrlin: Chernyshevskii: The Man and the Journalist. Cambridge/Mass, Harvard University Press, 1971.

Die Vorläufer der Narodniki begannen als Radikale und endeten als Narodniki-Sozialisten. Der Kreis um den Liberalen Stankevič (BD II: 33, ML I: 568) beschäftigte sich nach Herzens Bekenntnis vor allem mit dem Pantheismus. Er fuhr fort: „Wir träumten davon, in Russland einen Bund nach dem Beispiel der Dekabristen zu gründen und betrachteten die Wissenschaft selbst als Mittel zu diesem Zweck. Die Regierung gab sich alle Mühe, uns in unseren revolutionären Tendenzen zu bestärken." Es war ein Kreis junger Intellektueller, die sich wie die Junghegelianer in Deutschland nicht mit der Wissenschaft um ihrer selbst willen zufrieden gaben. Sie wollten zur „Tat" schreiten, auch wenn die erste Generation - mit Ausnahme von Bakunin - es überwiegend bei „erdachten Taten" bewenden ließ.

Herzen war der illegitime Sohn eines reichen Aristokraten und einer Deutschen. Der Vater nannte sein „Kind der Liebe" Herzen. Einerseits kümmerte er sich rührend um die Bildung des Zöglings, andererseits hat er ihm und seiner Mutter keine Demütigung hinsichtlich ihrer illegitimen Position erspart (BD I: 47ff, ML I: 37ff). Der despotische Umgang des Vaters mit den Leibeigenen hat Herzen früh gegen seinen Stand aufgebracht. Der Dreizehnjährige schloss mit Ogarëv einen lebenslangen Freundschaftsbund, dem gemeinsame Ideale wie die französische Republik zugrunde lagen. 1835 wurde Herzen verbannt. Nach seiner Rückkehr kam es zu einigen Entzweiungen: zuerst mit Belinskij 1840, sodann mit den Slawophilen 1845 und schließlich mit den Liberalen um Granovskij 1846. Herzen begann die Frühsozialisten und Positivisten in Frankreich zu studieren. Im

Januar 1847 reiste er in den Westen. Den Rest seines Lebens hat er in Paris, Genf und London verbracht. Der Tod des Vaters hatte ihn finanziell sorgenfrei gemacht. 1857-1867 erschien die Zeitschrift „Kolokol" (Glocke). Sie war derart erfolgreich, dass der konservative Dichter und Diplomat Fёdor Tjučev dem Außenminister in einem „Bericht über die Zensur in Russland" nur ein Gegenmittel empfehlen konnte: eine freie Zeitung in Russland selbst. Die Autokratie hat jedoch den Einsatz von politischer Homöopathie gegen die allopathischen Medizinen der Revolutionäre nicht akzeptiert.

Herzen hat die literarische Opposition Belinskijs weiter geführt. Sein Denken war jedoch weit politischer. Er hat daher die Knute der Staatsmacht stärker als nur durch Zensurmaßnahmen gespürt. Auf Herzen traf zu, was er über die russische Aristokratie in der ersten Hälfte des 19. Jahrhunderts schrieb, dass es eine Randschicht „russischer Ausländer" gegeben habe (BD II: 29, ML I: 557), welche die Verbindung mit dem nationalen Leben zu verlieren drohte. Die Generation der „Überflüssigen" hat diese Beziehung in leidvoller literarischer Kleinarbeit aufrecht erhalten. Aus dem Ausland konnte Herzen die Verbindung sogar der daheim gebliebenen Intellektuellen organisieren helfen, da jede Gruppenbildung argwöhnisch verfolgt wurde. Die Glocke hatte eine enorme Verbreitung. Selbst der Zar soll sie regelmäßig gelesen haben. Diese „Ausländer", die aus ihrem Heimatland flohen, waren nach Herzen besonders typische Repräsentanten ihrer Nation, wie er an Byron oder Heine demonstrierte. Herzen war ein typischer Vertreter seiner Nation jener Zeit, der in Briefen, Artikeln und Memoiren seine Ansichten brillant formulierte, ohne die Kraft zu einem größeren theoretischen Werk zu finden. Er war ein glänzender Schriftsteller, aber selbst der im Westen lebende Turgenev erboste sich über die vielen französischen und deutschen Einsprengsel in Herzens Prosa. Die Memoiren waren einzigartig in ihrer theoretischen Ausrichtung. Thomas Masaryk (I: 333) hat einen treffenderen Titel vorgeschlagen: „Geschichte der Gegenwart, philosophisch dargelegt". Herzen wurde auch zum Vorläufer der Soziologie, auf den sich die Narodniki-Theoretiker wie Lavrov und Michajlovskij beriefen. Soziologie schien „das Bewusstsein der Freiheit als fertiges Resultat der Vernunft" zu enthalten, da sie ihren Ausgangspunkt in der sozialen Natur des Menschen wähle.

Herzen stand ursprünglich in Distanz zum Stankevič-Kreis. Seine Gruppe hatte wenig Sympathie für einen kränklichen müßigen Träumer, der „nichts vollbracht" habe. Stankevič monierte die Politisierung des Herzen-Kreises. Herzen missfiel die spekulative Debatte, die im Stankevič-Kreis geführt wurde. Die Einflüsse zweier westlicher Vorbilder wirkten gruppenbildend: „Sie hielten uns für Frondeure und Franzosen, wir hielten sie für Deutsche und warfen ihnen Gefühlsüberschwang vor" (BD II: 11, ML I: 532f). Die deutsche Wissenschaft schien Herzen, der so vorzüglich deutsch sprach, ein „Kloster der Wissenschaft", mit einer unverständlichen Sprache für Eingeweihte, von „Pfaffen der Wissenschaft" zelebriert. Nur Feuerbach wurde von diesem Verdikt ausgenommen, weil er „menschlicher zu reden" begann. Konflikte entspannen sich um die Stellung zu Hegels Philosophie. Als Belinskij in Hegelscher Manier alles Wirkliche auch für das Vernünftige zu erklären begann, und das selbst für die russische Autokratie gelten ließ, kam es zur Trennung. Herzen spürte in der sich anschließenden literarischen Fehde, dass damals die Beschäftigung mit Hegel das einzige Mittel war, dem Vorwurf der intellektuellen Rückständigkeit zu entgehen. Das Eis zwischen ihm und dem Stankevič-Kreis war gebrochen.

Die nächste Fehde wurde mit den Slawophilen ausgetragen. Herzen (IFP II: 280, APS: 579) hat später in einem Brief an „einen Gegner", den Slawophilen Jurij Samarin, das intellektuelle Klima glänzend charakterisiert: „Wir hatten zum Lernen schrecklich viel Muße. Wir griffen zu nichts als unseren Büchern und hielten uns fern der Tat. ... Männer wie Čaadaev, Chomjakov erschöpften sich in Geschwätz, fuhren von einem Salon zum anderen, um über theologische Gegenstände und slawische Altertümer zu disputieren. Wir alle waren kühn und mutig nur im Reich des Denkens. In den praktischen Sphären, bei den Zusammenstößen mit den Behörden, gab es größtenteils Versagen, Unsicherheit, Nachgiebigkeit." Die Kritik machte vor sich selbst nicht halt: Herzen bekannte, dass er in Untersuchungshaft seine Meinungen verborgen habe, und seine Kameraden hätten das gleiche getan. Selbst der radikalste Progressive der Zeit, Belinskij, begnügte sich weitgehend mit „ästhetischer Kritik, Hegelscher Philosophie und weithergeholten Anspielungen".

Angesichts dieser Sehnsucht nach einer „Philosophie der Tat" in tatenarmer Zeit war es nicht verwunderlich, dass Herzen seine ersten wissenschaftlichen Arbeiten von 1843 gegen den „Dilettantismus in der Wissenschaft" richtete, der ohne Bezug zum Leben die Dürre der Gedanken „hinter einem Wald von Scholastik" verbirgt (IFP I: 12ff, APS: 15ff). Herzen kritisierte, mit welcher Leichtigkeit Russland die Früchte fremder geistiger Arbeit adaptiere, ohne selbst die Fähigkeit zu beharrlicher Arbeit zu entwickeln. Der Gelehrte wurde dem Dilettanten entgegengestellt, aber er kam nicht besser weg. In einem dritten Essay über die „Dilettanten und die Gelehrtenzunft" (IFP I: 45ff, APS: 52ff) wurden beide beschrieben: Der Gelehrte verliere sich in Detailarbeit - wie „der Deutsche". Der Dilettant - wie der Franzose - verliere sich in der Popularisierung. Der Gelehrte ächzt unter dem Frondienst und lebt wie ein Fabrikarbeiter, der das Ganze nie zu sehen bekommt. Die Dilettanten hingegen sah er als „Touristen in den Ländern der Wissenschaft" an. Der Gelehrte beobachtet durch ein Mikroskop und kann daher nichts Großes entdecken. Der Dilettant schaut auf die Gegenstände durch ein Fernrohr, sodass sie fern und unpraktisch bleiben. Herzen suchte nach einer Synthese. Sie sollte beiden Extremen entgehen und sich der „enzyklopädischen Oberflächlichkeit" enthalten. Diese wurde jedoch gerade bis in die Sowjetzeit in Russland besonders gepflegt. Die Synthese Herzens klang reichlich wolkig: „Das volle System ist das Auseinanderlegen und die Entwicklung der Seele der Wissenschaft bis dahin, wo die Seele zum Körper und der Körper zur Seele wird" (IFP I: 61, APS: 69). Herzen sagte sich mit dieser Position von Hegel wieder los, weil dieser mit seiner „Magistersprache" das „Klare verdunkele".

Die Fehde mit den Slawophilen konnte nicht vergessen machen, dass die Gruppen der Westler und der Slawophilen sich wie kommunizierende Röhren verhielten. Mit einem Wort von Béranger nannte Herzen seine Gegner: „nos amis les ennemis oder richtiger nos ennemis les amis" (BD II: 122, ML I: 685). Das war freilich ein Urteil im Rückblick, als Herzens Rückwendung zu Russland die Differenzen wieder kleiner werden ließ. Ein zweitrangiges Buch unter dem Titel „Die Anderen" hatte den Schlachtruf geliefert, nach dem sich müßige Gutsbesitzer, „die allenfalls zur Beruhigung ihrer Verwandten" irgendeinen Dienst in der Hauptstadt vortäuschten, organisierten und in der irrigen Annahme lebten, die Tradition der vorrevolutionären Pariser Salons könne unbeschwert weiter gepflegt werden. Anfangs haben die Lager sich durchaus noch getroffen. Auf einem Festessen riet der Slawophile Ivan Kireevskij Herzen (BD II: 153), seinen Familiennamen zu ändern und „Herzyn" zu schreiben, damit er russischer klinge.

In der Phase des aufbrechenden Konflikts zwischen Westlern und Slawophilen kritisierte Herzen das „reizbare Nationalgefühl", das für ihn eigentlich eine konservative Idee darstellte, die religiöse Orthodoxie der Slawophilen und ihre exzessive Zuwendung zur Geschichte. Nationalismus schien für Herzen nur dann progressiv, wenn ein Volk - wie die Polen - um seine Unabhängigkeit kämpft. Die nationale Eigenständigkeit der Russen militant zu vertreten erschien ihm noch überflüssiger als im Fall der Deutschen, da doch niemand ernsthaft diesen Völkern ihre kulturelle Eigenart abspreche und sie wie Metternich hinsichtlich der Italiener zum „geographischen Begriff" degradiere. Herzen sah damals die Gefahr des Panslawismus mit der Slawophilie verbunden, obwohl diese bei der ersten Generation noch latent war (vgl. Kap. Konservatismus): Der „Slawjanismus" oder „Russizismus" (BD II: 124, ML I: 688), wie er das noch nannte, wurde aus dem Widerstand gegen den „Petersburger Bildungsterrorismus" einer forcierten Verwestlichung erklärt. In der Tat ähnelte der Prozess der Entstehung des Fundamentalismus in der Dritten Welt Ende des 20. Jahrhunderts. Herzen hielt die Opposition gegen die Dominanz der „Deutschen" bei Hofe für berechtigt, mokierte sich aber über die blutrünstigen Deutschenfresser, die in den Salons schwadronierten.

Die Slawophilen hielt Herzen für einseitig in ihrer Betonung des Sonderwegs, der nur durch die Petersburger Episode unterbrochen worden sei. Er ging selbst wie die Slawophilen von Klischees über den „duldsamen weiblichen Cha-

rakter" der Slawen aus. Die Russen hätten die germanischen Varäger als Kataly-
sator gebraucht, um ein Fürstentum zu gründen. Nur Dank der Herausforderung
von Tataren und Mongolen sei es schließlich zur Großreichsbildung gekommen.
Das besondere seiner Zeit sah er in einer schlichten Alternative: „Despotismus oder Sozialismus - es gibt keine andere Wahl" (BD II: 139, ML I: 709). Es
ist kein Zufall, dass er mit Donoso Cortés polemisierte: Er hat dessen Antithese
einfach umgedreht. Ost und West hatten in Herzens Augen einander nichts mehr
vorzuwerfen. Sie hatten im Despotismus gleichgezogen. Eine freie Entwicklung
konnte für beide nur durch die Hinwendung zum Sozialismus eingeleitet werden.

In der Schrift „Der Moskauer Panslawismus und der russische Europäis-
mus", ein Kapitel der Arbeit „Über die Entwicklung der revolutionären Ideen in
Russland", ursprünglich auf deutsch veröffentlicht, versuchte der reife Herzen,
die alten Fehden mit den Slawophilen zu begraben. Sein Friedensangebot war
jedoch für die inzwischen wesentlich konservativer gewordenen Gegner unannehmbar: Der Sozialismus sollte die Lager übergreifen (IFP I: 348). Herzens
Verhältnis zu Jurij Samarin (1819-1876) zeigte, wie absurd dieses Friedensangebot wirken musste. Er hatte Samarin einst geschätzt. 1864 trafen sie sich im Ausland, um sich noch stärker zu entzweien. Die Frucht des Zerwürfnisses waren die
„Briefe an einen Gegner". Herzen gab in diesen Briefen zu, dass seine Anschauungen 1842-46 sich weitgehend mit denen der Slawophilen gedeckt hatten, solange er den Westen noch nicht kannte. Aber Paris 1848 hatte Herzen ernüchtert:
„Im Namen der gleichen Prinzipien, in deren Namen ich gegen die Slawophilen
für den Westen kämpfte, begann ich jetzt auch gegen diesen zu kämpfen" (IFP II:
274, APS: 572). Er behauptete jedoch, er sei Sozialist „nicht erst seit gestern".
Der Frontenwechsel wurde verkleinert durch die Grundkonstante einer sozialistischen Überzeugung.

Herzen wurde vielfach als „Vater des russischen Sozialismus" angesehen.
Zweifellos hat er die originelle und widersprüchliche Mischung aus Slawophilie
und Sozialismus vorbereitet, die für die späteren Narodniki typisch wurde. Diese
Synthese entwickelte Herzen in seiner bevorzugten Weise: in der Polemik mit
anderen: in offenen Briefen an Herwegh, Mazzini und Michelet (1849-1851).
Panslawistische Töne hielten nun auch in Herzens Werk Einzug, was Marx besonders erboste. Mickiewicz' slawophile Pariser Vorlesungen hatten auf Herzen
einen starken Eindruck gemacht. Von Čaadaev übernahm Herzen die Vorstellung,
dass Russland einen Vorteil habe, weil es keinen großen historischen Ballast mit
sich herumschleppe wie die westlichen Länder. Selbst Amerika - das von Tocqueville als Möglichkeit der Zukunft mit Russland in einem Atemzug genannt
worden war - hat Herzen nur als ein „Stück Europa" auf einem anderen Kontinent
angesehen. Herzen setzte für seinen slawischen Missionsgedanken auf die Ver-
schmelzung des „Kommunismus des einfachen Bauern" mit dem „Personalitäts-

prinzip der Intelligencija". Das Sendungsbewusstsein für Russland verband sich auch bei ihm schon früh mit der Vorstellung einer herausragenden Rolle der frei- schwebenden Intelligenz. Der russische Sozialismus hatte die Funktion, die Ge- meinschaft zu erhalten und das Individuum gleichwohl zu befreien und zu mo- dernisieren.

1848-49 schrieb Herzen für seinen fünfzehnjährigen Sohn das Buch „S togo berega" (Vom anderen Ufer). Er hatte es russisch geschrieben und einem jungen Schriftsteller deutsch diktiert. In Deutschland machte das Buch zuerst Furore. Herzen riet seinem Sohn lieber unterzugehen als sich in das „Versorgungsheim der Reaktion" zu retten. Die Umgestaltung der Gesellschaft - Herzen sprach von „peresozdanie" oder „perevorot" und noch nicht von „perestrojka" - wurde be- schworen, aber nicht mit konkreten Lösungsvorschlägen angereichert. Er konnte nicht mehr als radikale Kritik bieten: „Wir bauen nicht auf, wir reißen nieder; wir verkünden keine neue Offenbarung, sondern räumen alte Lügen fort" (APS: 351). Herzen bekannte, dass er in Europa keine Ruhe gefunden habe, aber auch nicht nach Russland zurückkehren könne: „Ich glaube an nichts mehr hier, außer an ein Häuflein Menschen". Der Vorwurf des Nihilismus gegen Herzen war schnell zur Hand. Er blieb in Europa, weil der Kampf um den Sozialismus in Westeuropa entschieden werde. Diese optimistische Einschätzung harmonierte wenig mit seinem Verdikt über die 48er Revolution, in der die Republikaner nur „zu Hen- kern der Freiheit wurden" (IFP: 48, APS: 398). Der Proletarier kam hinter halb niedergerissenen Mauern hervorgekrochen und verlangte seinen Anteil an der Freiheit, der Gleichheit und der Brüderlichkeit. Die Liberalen waren saturiert - das Volk nicht. Der Liberalismus verdämmerte im „konstitutionellen Zwielicht". Wie sollte in dieser Konstellation der Sozialismus siegen?

Die Rückwendung zu Russland vollzog sich in mehreren Schritten. Ganz Europa schien Herzen in der Stimmung des „Berliner Krakehlers": „Die Russen kommen, die Russen kommen!" Dank der Politik der Habsburger seien aber die Russen längst vor Ort, schrieb Herzen (Briefe: 259) an Georg Herwegh schon 1849. Er beklagte jedoch die krasse Ignoranz des Westens über Russland. Die Bücher über Russland sah er entweder als Propaganda-Pamphlete oder als Schmähschriften an.

Den Haxthausen-Mythos, den die Slawophilen pflegten (vgl. Konservatis- mus) hat Herzen belächelt. „Ein unkritisches Talent voller Voreingenommenheit für alles Patriarchalische", wie der westfälische Baron, hat einiges richtig gese- hen. Aber die Kommune sei so wenig alles in Russland wie der Petersburger Hof. Herzen ging jedoch davon aus, dass keine russische Regierung die ländlichen Kommunen brechen könne, ohne Millionen Menschen zu deportieren. Den Nie- dergang der Kommune, den die Westler als unvermeidlich voraussagten, sah Herzen nicht. Er ging davon aus, dass Russland nicht alle Stadien der Entwicklung Europas mitmachen müsse. Vera Sasulič hat später selbst Marx eine ähnliche Äußerung entlockt. Den Untergang der germanischen Kommune ließ er als Vorbild nicht gelten: diese sei Opfer von Feudalismus und römischem Recht geworden. Beides gab es nicht in Russland.

Herzens revolutionäre Begeisterung blieb jedoch halbherzig und wich bald allerlei Bedenken. Man hat Herzen mit Feuerbach verglichen, dessen Anhänger sich für die Revolution begeisterten, während der Meister ihr fernblieb. 1850 schien der sozialistische Enthusiasmus noch ungebrochen. Aber vermutlich hat die Rhetorik gegen die Thesen zur Königsdiktatur von Donoso Cortés ihn fortgerissen. An den Thesen Donosos (IFP II: 127, APS: 485) nahm er zweifachen Anstoß, als Russe und als Revolutionär. In der Analyse war er mit dem reaktionären Spanier einer Meinung: Europas Formen werden zerbrechen. Wie Julian Apostata gescheitert sei mit seinem Versuch, das Christentum aufzuhalten, so sah er Donoso mit dem Versuch scheitern, den Sozialismus einzudämmen. Donoso habe kaum noch Hilfsmittel außer der „katholischen Kirche und der monarchistischen Kaserne". Als Russe fühlte sich Herzen gekränkt, weil Donoso auch die Slawen bereits von der europäischen Fäulnis für befallen hielt. Die Wiederentdeckung Russlands bedeutete bei Herzen keine Revision seiner skeptischen Anschauungen über die orthodoxe Kirche. Er stand in einer Reihe russischer Denker von Čaadaev bis Solov'ëv, die dem Katholizismus mehr Reformfähigkeit zutrauten als der Orthodoxie.

1851 fühlte Herzen sich wiederum als Russe und als Sozialist herausgefordert, diesmal durch den französischen Historiker Jules Michelet. Dieser hatte behauptet, dass Russen keine Menschen seien und des sittlichen Sinnes entbehrten. Herzen hat solche Urteile über das offizielle Russland und seine „byzantinisch-deutsche Regierung" für richtig gehalten. Aber es galt die Beleidigung vom ganzen russischen Volk abzuwenden, das sich nicht verteidigen könne. Das russische Volk lebe und sei „nicht einmal alt". Der Westen habe als Heilmittel der Dekadenz nur Protestantismus und Parlamentarismus hervorgebracht. Es gab im Westen nur noch drei Horte der Freiheit: England, die Schweiz und Piemont (IFP II: 137, APS: 494) Aber Herzen sah - wie Donoso - die Entscheidungsschlacht bevorstehen. Panslawistische Töne wurden angeschlagen: „Die slawische Welt strebt zur Einheit". Er verglich sie mit einer Frau, die nie Liebe gespürt habe und daher scheinbar an nichts teilnehme, aber Herzen fühlte ihr Erwachen in einem „sonderbaren Sehnen". Slawisch - das war gleichbedeutend mit Antizentralismus und kollektivem Eigentum am Boden. „Wahrheit und Recht" (istina i pravda) des alten Europa seien in den Augen des neuentstehenden Europa nur „Unrecht und Lüge". Die von Michelet unterstellte Rechtsfremdheit der Russen sah er als Produkt einer Beschränkung des Lebens auf die Dorfgemeinde (obščina): Nur im Hinblick auf die Gemeinde erkennt der Russe Rechte und Pflichten für sich an.

Besonders kränkend fand Herzen Michelets Behauptung, dass Russland keine bedeutende Literatur besitze. Die Hochherzigkeit der Russen sah er in Revolutionären wie Bakunin verkörpert. Michelet hatte auf die Gewalttätigkeit der russischen Bauern angespielt. Herzen konterte mit statistischen Zahlen: 60-70 Gutsbesitzer würden jährlich in Russland von den Bauern erschlagen, aber die Hälfte von diesen Vorfällen gingen auf Liebeshändel zurück. Der einzige sozialwissenschaftliche Theoretiker, den dieses Los treffen sollte, war übrigens kein finsterer Reaktionär sondern der liberale Soziologe Evgenij de Roberty.					.

Im Krimkrieg 1853-1856 hat eine Welle des Patriotismus die russische Intelligenz erfasst. Selbst Herzen glaubte nun, dass Russland ein Recht auf Konstantinopel zustünde. Nur in der Religionsfrage blieb Herzen in Distanz zu slawophilen Ansichten. Er sah realistisch, dass die Slawophilen sich eine orthodoxe Theologie durch die Brille von Schelling oder Hegel gesehen zurecht zimmerten, die nichts mit der sozialen Realität im Lande zu tun hatte. Der Glaube an Russland wurde zum Surrogat für den orthodoxen Glauben, den er unwiderruflich verloren hatte. Der späte Herzen ist als „ungläubiger Christ" bezeichnet worden, weil er sich zu einem Evangelium der Demut bekannte. Damit war jedoch nicht der eigene Glaube sondern das Verständnis für den gläubigen russischen Bauern, den mužik, ausgedrückt.

Der späte Herzen wurde durch die Weiterentwicklung des Sozialismus und die Fraktionskämpfe in der Internationalen zunehmend isoliert. „Briefe an einen alten Genossen" von 1869 wurden von Ogarëv erst nach dem Tod Herzens veröffentlicht. In ihnen wurden die Gründe für den Bruch mit Bakunin dargelegt. Aber auch die Politik der Internationale wurde kritisiert. Die Äußerung Herzens, dass das Volk instinktiv „konservativ" sei, musste den Revolutionären aller Fraktionen missfallen. Herzen (IFP II: 305f, APS: 605) erklärte nun, dass die heraufkommende Ordnung eine „erhaltende Kraft" sein müsse, die nicht aus allem Gewesenen und Erworbenen „eine langweilige Werkstätte" machen wolle. Herzen empfahl ein behutsameres Vorgehen, weil die Sozialisten sonst die Bauern in die Arme der Apologeten der alten Ordnung treiben werde - keine falsche Prognose.

Die Konflikte zwischen Bakunisten und Marxisten entzündeten sich an Fragen der Organisation und der Behandlung des Staates. Herzen stand zwischen den Lagern: Lassalles „Staatssozialismus" fand er genauso falsch wie Bakunins Parole, dass der Staat „abgeschafft werden müsse". Den Staat erklärte Herzen zu einer leeren Hülle, ohne Inhalt, die der Reaktion wie der Revolution als Operationsbasis dienen könne. Herzen war vor allem gegen einen revolutionären Voluntarismus, den er 1849 selbst noch vertreten hatte. Er nannte das Machtphantasien eines „Petrograndism", welche die Revolutionäre nicht besser mache, als der Modernisierungsautokrat Peter der Grosse gewesen sei. Diese Konflikte haben Herzen selbst von seinem Freund Nikolaj Ogarëv (1813-1877) getrennt, der sich radikalisierte, obwohl auch er wie Herzen noch an die Möglichkeit friedlicher Reformen glaubte. Die Enttäuschung über die Landreform der russischen Regierung trieb Ogarëv in die Kreise der Geheimbündler. Der Freund, der mit Herzen Studium, Verbannung, Exil - und vorübergehend sogar seine Frau - geteilt hatte, entfremdete sich ihm. Ogarëv dachte stärker organisationstheoretisch. Auch für ökonomische Fragen hatte er mehr Verständnis als der Schöngeist Herzen. Wo der späte Herzen in einem Brief über den „freien Willen" die Willensfreiheit betonte, ließ sich Ogarëv vom ökonomischen Determinismus der jüngeren Generation in den Bann ziehen.

Herzen war eine respektierte Autorität, aber wie später Plechanov wurde er verehrt, aber nicht erhört. Černyševskij und die Radikalen waren für Herzen zu extremistisch geworden. Er missbilligte die Ablehnung jeder liberalen Tradition. 1861 wurde die Organisation „Zemlja i volja" gegründet. Die Organisation hatte immerhin den Namen vom Motto der „Glocke" Alexander Herzens übernommen. Herzen aber blieb ein Feind jeder Geheimbündelei.

Ein weiteres Zerwürfnis trat ein, als Herzen im polnischen Aufstand die Rechte der Polen auf Selbstbestimmung verteidigte. Marx (MEW Bd.30: 323) schrieb 1863 an Engels, dass „Herzen & Co" nun Gelegenheit hätten, ihre revolutionäre Ehrlichkeit zu zeigen, soweit dies vereinbar sei mit „slawischen predelictions". Herzen bestand diesen Test. Das hinderte Marx jedoch nicht, ständig gegen Herzens angebliche Einmischungsversuche in schäbigen Wendungen Stellung zu nehmen und ihn des „Proudhon-Herzenschen Moskowitismus" zu bezichtigen (MEW Bd. 28: 434, Bd. 31: 169). Lenin (Dem Gedächtnis Herzens in: IFS I:6f) hat aus der zeitlichen Distanz später differenzierter über Herzen geurteilt. Er sah trotz manchen Schwankens zwischen „Demokratismus und Liberalismus", dass der Demokrat in Herzen die Oberhand behielt. Černyševskij blieb jedoch im Leninismus der bevorzugte „Vorläufer des Sozialismus" (Reissner, 1963: 140f).

Das hatten die radikalen Revolutionäre, die aus den unteren Schichten gekommen waren, seinerzeit anders gesehen. Sie warfen Herzen aristokratischen Hochmut und lauwarmen Liberalismus vor. Es waren genau die Vorwürfe, die Herzen selbst an das Italien Cavours richtete (Preißmann 1989: 320). Bakunins Einfluss stieg, Herzens Einfluss sank. Als Nečaev in der anarchistischen Bewegung einen angeblichen Verräter töten ließ, kam es zum offenen Konflikt. Herzen weigerte sich, Geld an den Verschwörer auszuliefern, das ein reicher Russe für die Revolution gestiftet hatte. Der Prozess gegen Nečaev sollte selbst Bakunin von der Scharlatanerie des Revoluzzers überzeugen und gab Herzen recht - er hat diese Genugtuung nicht mehr erleben dürfen. Der Konflikt mit dem Anarchismus war mehr als ein politisches Intrigenspiel. Er fiel in die Zeit einer persönlichen Tragödie, begleitet vom Zerfall von Herzens zweiter Ehe und der Freundschaft mit Ogarëv (Orlova 1988:11), der seine Frau Natalie ziehen ließ, ohne dass die beiden glücklich wurden. Herzen hat sie in seinen Erinnerungen nicht einmal erwähnt (Acton 1979: 127). Die letzten Briefe Herzens waren ein Abrücken von früheren revolutionären Ansichten. Er fürchtete nun, dass aus der besiegten bürgerlichen Gesellschaft nur eine neue bürgerliche Gesellschaft hervorgehen werde. Der Voluntarismus der Frühzeit wich einer Betonung historischer Gesetzmäßigkeit langsamer Evolution. Die aristokratische Attitüde des jungen Herzen mit seiner byronistischen Verachtung für den Bourgeois hat selbst Gesinnungsgenossen wie Belinskij aufgebracht, der das Bürgertum gegen Herzens Ausfälle in Schutz genommen hatte (1847). Der späte Herzen hat das Bürgertum positiver bewertet und begann zu erkennen, dass wohl auch Russland eine bürgerliche Phase nicht erspart werden würde. Wo die Radikalen in den 70er Jahren kurzfristig Recht zu haben schienen, bis eine sinnlose Attentatsserie sie eines besseren belehrte, hat Herzen auf die Dauer die richtigeren Prognosen geliefert, wenn sie eigentlich auch erst 1991 voll bestätigt worden sind.

Herzen hat unter dem Niedergang seines Einflusses und dem Rückgang der Abonnenten der Glocke nicht wenig gelitten. Auf die Dauer hatte er wenig Grund zur Unzufriedenheit. Alle beriefen sich auf ihn. Die Liberalen sahen ihn in den späten Briefen als einen der Ihren an. Die Narodniki und auch die marxistischen Sozialisten haben seine Schlüsselposition als Bindeglied zwischen den Dekabristen und den Narodniki anerkannt. Herzen wurde vielfach mit der Figur Beltov in seinem Jugendroman „Kto vinovat?" (Wer ist schuld?) verglichen. Beltov war ein Wunderkind mit großem Drang zu Taten, der letztlich ein Träumer blieb. Im Zeitalter der sich zuspitzenden Klassenkämpfe hat auch Herzen das Schicksal seiner Schöpfung „Beltov" nicht vermeiden können.

Pëtr Lavrovič Lavrov (1823-1900)

Quellen:

Lavrov: Izbrannye sočinenija na social'no-političeskie temy v vos'my tomach. Moskau. Izdatel'stvo vsesojuznogo obščestva politkatoržan. 1934-1938, 4 Bde (mehr nicht erschienen). (zit: IS)
Lavrov: Gosudarstvennij element v buduščem obščestve. London, 1876.
Lavrov: Istoričeskie pis'ma. (1868/69). Genf, Volnaja russkaja tipografia 1891 (zit. IP)
Lavrov: Historische Briefe (Hrsg.: Ch. Rappoport). Berlin, Akademischer Verlag für sociale Wissenschaften, 1901 (zit: HB).
Lavrov (Arnoldi): Zadači ponimanija istorii. Moskau, M. Kovalevskij 1898.

Lavrov: Formula progressa N.K. Michajlovskogo. Sankt Petersburg, 1906
Lavrov: Nacional`nosti v istorii. Sankt Petersburg, 1906 (zit: Nat)

Literatur:

Pamjati Lavrova.Genf, Komitet pamjati P.L. Lavrova 1900.
N.Chalipov: Bor`ba Lenina protiv sub`ektivnoj sociologii liberal`nogo narodničestva. Minsk. BGU 1954.
N.G. Černyševskij : Antropologičeskij princip v filosofii. In: Ders: Izbrannye filosofskie sočinenija. Moskau. Politizdat, 1951, Bd. 3: 162-254.
R.V. Ivanov-Razumnik: Istorija russkoj obščestvennoj mysli. Sankt Petersburg, Stasjulevič 1908. Bd.2: 98ff
N. I. Kareev: Teorija ličnosti Lavrova. Sankt Petersburg, Stasjulevič, 1907.
S.A. Muromcev: Boleznennye processy obščestvennosti. Jaroslavl', 1908
N. Šelgunov: Istoričeskaja sila kritičeskoj ličnosti. In: Ders.: Sočinenija. Sankt Petersburg, Skorochodov, 1895. Bd.2 : 394-414.
N. Šelgunov: Vospominanija. Moskau/Petrograd, Gosizdat, 1923
P. N. Tkačëv: Čto takoe partija progressa? In: Ders.: Sočinenija. Moskau, Izdatel'stvo vsesojuznogo obščestva politkatoržan. Bd.2 1932: 166-223.(zit: IS)
Revoljucija i princip nacional`nosti. Ebd. Bd.3, 1933:4o5ff.
F. Venturi: Il populismo russo. Turin. Einaudi, 1952, Bd.2: 700-764.

Lavrov entstammte dem Adel und unterzog sich zunächst der militärischen Ausbildung seines Standes. Mit 23 war er Mathematiklehrer an der Artillerie-Akademie in Petersburg. Er versuchte sich als Schriftsteller und schickte einige Gedichte an Herzen, der sie ohne Namensnennung druckte. 1866 wurde Lavrov für einige politische Gedichte wegen „Majestätsbeleidigung" vor ein Kriegsgericht gestellt. Das Urteil lautete: Verbannung in das Gebiet von Vologda. Dort publizierte er unter Pseudonymen weiter. 1870 ging er nach Paris, ergriff Partei für den Aufstand der „Commune", beteiligte sich aber nicht an den Barrikadenkämpfen. In der Emigration leitete er die Zeitschrift „Vperëd" (1873-76), die zum Hauptorgan der Narodniki-Bewegung wurde. Finanzielle Nöte und politische Kontroversen - hauptsächlich mit dem Aufstandstheoretiker Pëtr Tkačëv - ließen Lavrov an der Aufgabe verzweifeln, dass alle Sozialrevolutionäre geeint handeln könnten. In Paris gab er soziologische Einführungskurse für die russische Jugend. 1881 wurde er wegen „Geheimbündelei" aus Frankreich ausgewiesen. Er ging nach London, wo ihn eine Einladung des Exekutivkomitees der „Narodnaja Volja" erreichte, die damals die profilierteste Aufstandsgruppe in Russland darstellte. Lavrov schickte der Gruppe einen Programm-Entwurf, den sie publizierte. In seinen letzten Lebensjahren verlor er an Einfluss. Die Bewegung radikalisierte sich. Die Jugend lief vom „liberalen Narodničestvo" zum radikalen Anarchismus

Bakunins über. Die gemäßigten Narodniki hingegen betrachteten Michajlovskij als ihren geistigen Führer. Lavrov versuchte mit allen Flügeln zu kooperieren und trat immer wieder für Versöhnung ein, wie seine Ansprachen an den Gräbern von Blanqui und seines Gegners Tkačëv zeigten.

Lavrov war ein Vordenker der Narodniki (Volkstümler), der von den Leninisten später als „liberales Narodničestvo" eingestuft wurde (Chalipov 1954). Sein politisches Denken fiel in die Zeit der Vorherrschaft des Positivismus, der den Faktor „Wissen und geistige Entwicklung" zur Kraft erhob, die den politischen Prozess determinierte. In Russland war der Soziologe *Evgenij de Roberty* (1843-1915) (Comte et Spencer, Paris 1894:46, 177ff) ein typischer Vertreter dieser französischen Richtung, der sich auf Alfred Fouillées „Evolution der Geisteskräfte" (idées-forces) (Paris 1890) stützte. Der evolutionistische Impetus dieser Richtung des Positivismus war der politischen Aktion nicht günstig gesonnen. Die Narodniki polemisierten daher gegen die Vorstellung, dass es einen geistigen Fortschritt ohne politische Aktion geben könne. Lavrov ging in der Polemik bis zum persönlichen Angriff: „Anstelle einer Soziologie, Gedanken für Positivisten unter sich, auf französisch gedacht, von Evgenij de Roberty". Lavrov (1898: 44) kämpfte gegen monistische Erklärungen in der politischen Theorie und führte eine pluralistische Lehre der die Entwicklung determinierenden Faktoren ein. Er übernahm positivistische Stadienlehren, aber nur auf der mittleren Stufe akzeptierte er eine Dominanz des wirtschaftlichen Faktors. In der höchsten Stufe überwogen in seinen Augen „die Überzeugungen". Nur auf dieser Stufe schienen die menschlichen Bedürfnisse voll rationalisiert und von allem Unbewussten gereinigt (1898: 47ff). Die Lehre der Narodniki-Propagandisty - im Gegensatz zu den Aufständlern, den „buntari" - hatte ihre Wurzeln in dieser Kombination einer utilitaristischen Anthropologie und der Hegelschen Selbstentfaltung des Geistes. Lavrov hat dabei den Monismus der Erklärungen mehr zeitlich relativiert als widerlegt. Seine Stadienlehre führte schlüssig auf sein politisches Anliegen zu: die Intelligencija muss ins Volk gehen und diesem ein Ideal nahe bringen, das mit Hilfe der „subjektiven Methode" erarbeitet werden sollte.

Lavrov war von den Sozialisten und Narodniki in Russland vergleichsweise der wissenschaftlichste und pragmatischste Theoretiker. Sein anarchoider Einschlag war meistens kompromissbereit. Er deklamierte nicht die Abschaffung des Staates sondern strebte in seinen „Historischen Briefen" nur behutsam die „Verringerung des staatlichen Elementes im gesellschaftlichen Leben" an (IS IV: 328, HB: 271). In Lavrovs Augen wurde der Staat noch gebraucht, solange die bestehende Form der Kultur der freien Entwicklung der Gesellschaft entgegenstehe. Die „kritisch denkende Persönlichkeit" hatte in dieser Phase die Aufgabe, den Staat als „Waffe zum Schutz der Schwachen" zu benutzen. Erst für eine fernere Zukunft hoffte er auf einen hinreichend konfliktfreien Zustand der Gesellschaft, so dass diese sich gleichsam selbst regulieren könne und „ein gesundes Leben nach den Vorschriften der sozialen Hygiene" führe (IS IV: 270, HB: 270).

Die Theorie der Sozialrevolutionäre in Russland hat fast ein halbes Jahrhundert gebraucht, um die staatsfeindliche Utopie Lavrovs (Das staatliche Element in der künftigen Gesellschaft, 1876, IS IV: 207ff) zu neutralisieren, und die Bewegung für die Arbeit innerhalb eines staatlichen Rahmens reif zu machen. Erst Černov, der Führer dieser Partei, hat in seinem Buch „Konstruktiver Sozialismus" (1925) die Politikfeindlichkeit dieses Ansatzes überwunden. Diese hatte 1906 durch den Boykott der ersten Duma-Wahlen verheerende Folgen gehabt. Auch im Westen gab es staatsfeindliche anarchische Sekten. Aber nur in Russland konnten große Teile der Intelligenz die Illusion entwickeln, man könne auf rein gesellschaftlicher Ebene - in Anknüpfung an den Ur-Sozialismus der russischen Dorfgemeinde - agieren.

Die Narodniki verwarfen die ökonomistischen Erklärungen der Marxisten nicht weniger als die liberalen Würdigungen des politischen Faktors in der Geschichte. Für Lenin (LW. Bd.1: 53ff) war dies nichts als eine „kleinbürgerliche Reaktion auf den russischen Frühkapitalismus" mit ihrer Industriefeindschaft. Die Kleinproduzenten auf dem Land wurden idealisiert. Ausgangspunkt war ein neuer Arbeitsbegriff, wie ihn Michajkovskij 1875 in der Schrift „Kampf um Individualität" entwickelt hatte. Während Michajlovskij, der einflussreichste Ideologe der Narodniki, in seiner Zeit eine utopistische Wirtschaftstheorie entwickelte, und im übrigen einer reichlich konservativen Theorie permanenter Verschlechterung der sozialen Verhältnisse anhing, war Lavrov stärker vom Westen beeinflusst und glaubte aufrichtiger an den Fortschritt. Zudem war Lavrov weniger anarchistisch, so dass er nicht übersah, dass auch in Kleingruppen wie in einer Dorfgemeinde repressive Macht ausgeübt wird. Lavrov war durch seine französische Emigration mit der Soziologie Durkheims vertraut. Während Michajlovskij die „Solidarität" auf dem russischen Dorf verklärte, hat Lavrov realistischer gesehen, dass dort eher eine Form der Zwangsintegration durch Religion und Brauchtum herrsche. Durkheim hatte diese Stufe nicht - wie Michajlovskij - die „organische", sondern die „mechanische Solidarität" genannt. Lavrov hat durch Durkheims Einfluss stärker gewürdigt, dass die Arbeitsteilung auch in frühen Stufen der Gesellschaft schon entwickelt wurde - was Michajlovskij und die Dorfromantiker nicht wahrhaben wollten. Michajlovskij hatte ein harmonistisches Gesellschaftsbild. Lavrov hingegen hat dem Gruppenkampf durchaus nicht nur negative Bewertung zuteil werden lassen. Aber er war kein Sozialdarwinist, der den Gruppenkampf biologistisch deutete. Der Kampf war für Lavrov ein geistiges Prinzip. Verkrustete geistige Strukturen durften nicht im Namen der „Solidarität" unkritisch verteidigt werden. Lavrov hat gegen die Sozialdarwinisten sogar die Hilfe von Marx und Engels erbeten. Gegen den Sozialdarwinismus waren sich Lavrov und Engels einig. Aber Engels (MEW Bd.34: 170f) fand auch Lavrovs Konzeption noch zu „solidaristisch" und sah darin eine Schwächung des Klassenkampfprinzips. Solidarität konnte für Engels nur innerhalb einer Klasse entstehen, nie in einer ganzen Gesellschaft.

Gegen die Theorie einer harmonistischen Solidarität wurde bei den Marxisten die Revolution gesetzt. Auguste Comte hatte in seiner Soziologie mit der Überhöhung des Prinzips der Solidarität begonnen, die Revolution als pathologische Erscheinung abzuwerten. In Russland folgten dieser Ansicht nur wenige Sozialwissenschaftler wie *Aleksandr Ivanovič Stronin* (1826-1889) in seinem Buch „Politik als Wissenschaft" (Politika kak nauka) Sankt Petersburg 1872:187ff). Comte (Soziologie. Bd. I: 316) hatte die Revolution als „soziale Pathologie" einer „Zerstörung des Normalen" abgetan. Aber mit dieser tautologischen Definition ließ sich in Russland noch weniger operieren als in Westeuropa, denn das „Pathologische" schien das „Normale" zu sein in einer so finsteren Selbstherrschaft. Der scientistische Gedanke im Positivismus, dass sich eine allgemeine Formel für die Abweichung vom Normalen finden lasse, gleichsam eine medizin-soziologische Definition des Normalen, war nur nachzuvollziehen, wenn man die westeuropäische Entwicklung zur Norm erhob. Dazu aber waren nicht einmal die Mehrzahl der russischen „Westler" bereit. Der Rechtshistoriker Muromcev (1908: 10), ein Liberaler, der Präsident der Duma wurde und des Radikalismus unverdächtig, sprach jedenfalls dem bestehenden russischen Staat das Recht ab zu definieren, was „normal" und was „krankhafte soziale Prozesse" im Land seien. Für Muromcev war der Staat selbst vielfach die Quelle der sozialen Zersetzung. Die Radikalen sahen das „normale" in einer auf revolutionäre Harmonie angelegten Bewegung, welche sich gegenüber der staatlichen Pathologie wie ein Chirurg verhält. Als Operationsinstrument wurde die Revolution angesehen.

Soweit war Lavrov den Radikalen nicht zu folgen bereit. Es gab für ihn keinen zwangsläufigen Prozess, der die Intelligenz zur Revolution drängte. Er dachte eher an friedliche Veränderungen, wie er sie durch die deutsche Sozialdemokratie bewirkt sah, falls Bismarck sie nicht gänzlich unterdrücke (IS IV: 352ff, HB: 307ff). In Russland sprach - laut seinen „Historischen Briefen" - mehr für eine Revolution. Lavrov bekannte, früher ein „Harmonist" gewesen zu sein (in: Sbornik statej: 342). In der Praxis war er noch weniger revolutionär als in der Theorie. Beim Ausbruch der Commune-Rebellion 1871 in Paris erklärte sich der ehemalige Lehrer einer Artillerie-Akademie für unfähig, mit der Waffe in der Hand für seine Ideale zu kämpfen. Er ging stattdessen nach London, um die Revolution publizistisch und mit finanziellen Werbeaktionen zu unterstützen. Im politischen Kampf war er nach dem Urteil anderer Narodniki (Šelgunov 1923: Anm. 38) stets ein Zauderer gewesen. Lavrov setzte trotz einer gewissen Rezeption Marxscher

Gedanken auf die Volksaufklärung der kritisch denkenden Intelligenz. Diese sollte den feindlichen Staat so demoralisieren, dass es am „Tage X" nur noch Einzelkämpfe, aber keine blutige organisierte Revolution geben müsse. Revolutionen durch Massen waren Lavrov nicht weniger suspekt als sonstige Ansammlungen von Waffen. Wie Herzen vor ihm, glaubte er nicht daran, dass sich eine neue Gesellschaft mit Bluttaten aufbauen lasse (IS IV: 329, 335f).

Lavrov war kein Sozialromantiker, der an die unkoordinierte Tätigkeit der Intellektuellen und „reuigen Edelmänner" glaubte. Auch für ihn bedurfte es einer Organisation in der Partei. Diese Partei hatte jedoch widersprüchliche Aufgaben: den Aufklärungsprozess zu leiten und zugleich ihre eigene Auflösung vorzubereiten. Theoretisch schien damit ein Dilemma der Leninisten umschifft, die zwar das „Absterben des Staates" propagierten, aber die Partei für „die Gesellschaft" erklärten, und mit ihrer Hilfe die Gesellschaft noch brutaler dirigierten als zuvor der bürgerliche Staat. Ganz repressionsfrei war jedoch auch Lavrovs (IS IV: 306) Partei nicht angelegt, wenn sie das Recht erhielt, die Bevölkerung in eine vorbereitete Avantgarde, in Wohlgesonnene, in belehrbare Mitläufer und „Parasiten" einzuteilen. Gleichwohl sollte diese Partei demokratisch mit Gewaltenteilung und Mehrheitsentscheidungen geführt werden, und nicht nach dem Prinzip des „demokratischen Zentralismus" der Leninisten. Die Intelligenz als Diskussionsforum unter Gleichen hat jedoch diese innerparteiliche Demokratie nicht erleichtert. Lavrov wurde auch in der Emigration ständig in die Querelen der Flügel und Fraktionen hineingezogen, die mit äußerst undemokratischen Mitteln um Maximierung ihres Einflusses kämpften. Die Losung „Narodniki-Revolutionäre vereinigt euch" (IS IV: 306) blieb ein voluntaristischer Appell an den guten Willen. Elegisch klang seine Abschiedserklärung, als Lavrov die Redaktion des „Vperëd" niederlegte. Seine Zeitschrift sei von Anfang an unfreundlich aufgenommen worden, und die Gleichgesinnten hätten niemals davon abgelassen, sich untereinander zu befehden. Die „krugovčina", die „Fraktionsmacherei" ist später von Lenin brutal durch den „demokratischen Zentralismus" bekämpft worden.

Die Narodniki verbanden vielfach einen glühenden Nationalismus mit der Idee des Sozialismus. Lavrov war - im Vergleich zu Michajlovskij - internationalistischer gesonnen. Er war skeptisch gegen den Nationalismus und hat dem „Volk" keine über seine Individuen hinausgehende Realität zugestanden (Nat:11, HB: 218f). Vor allem die rassische Deutung des Volkstums lehnte Lavrov ab, weil sonst allenfalls die Deutschen in Europa „ein" Volk darstellten. Lavrov (HB: 212) blieb immer kritisch gegen die slawophile Romantik gegenüber der „Abstammungsgemeinschaft". Alle Nationen waren für ihn Völkermischungen und „Abstraktionen". Entschieden lehnte Lavrov (IS I: 288ff, HB: 217) die Vorstellung ab, dass Nationen in bestimmten Epochen eine Rolle des Fackelträgers der historischen Vernunft ausübten: „Es gibt eben keine allgemeine Idee, von der die gesamte Geschichte irgendeiner Nation durchdrungen wäre". Jedes Volk konnte vorübergehend eine progressive Rolle spielen, wenn es die sozialen Voraussetzungen dafür schaffe. Es gab für ihn keine „natürliche Evolution", sondern nur die bewusste Gestaltung von historischen Akteuren. Danilevskij (Russland und Europa. Stuttgart, 1920: 61) hatte als Panslawist in seinem dritten Gesetz zur Entstehung kulturhistorischer Typen die nationale Einigung als Voraussetzung einer großen Kultur betrachtet. Lavrov argumentierte umgekehrt. Zuviel staatliche Einheit sei für die Kultur geradezu schädlich. Er verwies auf die Originalität der italienischen und der deutschen Kultur trotz nationaler Zersplitterung. Er fürchtete den Nationalismus, weil das kritische Denken der Intelligenz ohne die schöpferische Konkurrenz vieler unabhängiger Einheiten ständig in Gefahr sei (IP: 268). Deutschlands Annexion von Elsass-Lothringen schien ihm daher als eine „kulturpolitische Dummheit", weil das Gebiet seine Funktion als Zufluchtsstätte fortschrittlicher deutscher Kräfte nun verlieren müsse. Auch das werde der deutschen Kultur abträglich sein.

Lavrovs nominalistische Einstellung geriet jedoch in Widerspruch zu seiner Nationalismus-Kritik, als er die Vorstellung Comtes übernahm, einzelne Nationen könnten sich epochenweise zu Schrittmachern des Gesamtfortschritts aufschwingen (Nat: 15). Den Grund solcher Blütezeiten sah Lavrov aber nicht wie Danilevskij im biologischen Phasenablauf der Kulturkreise, sondern in den sozialen Gegebenheiten. Ein chauvinistischer Exklusivanspruch war mit dieser evolutionistischen Idee nicht verbunden. Alle Nationen würden einst den gleichen hohen Standard erreichen. Die „Fackelträger-Nation", die diesen Stand zuerst erreichte, hatte für Lavrov die Pflicht, den anderen Nationen zu helfen. Die politischen Folgen solcher „sozialen Hilfeleistungspflicht" hat Lavrov freilich nicht immer realistisch eingeschätzt. So behauptete er, dass Napoleon in Europa nur Vorteile für die soziale Entwicklung der besetzten Länder gehabt habe (IS IV: 358, 366ff). Lavrov war jedoch kein sozialistischer Utopist wie Tkačëv (IS III: 405ff), der glaubte, der intellektuelle Entwicklungsprozess werde binnen kurzem alle nationalen Besonderheiten verschwinden lassen. Staat, Handel und Industrie - alles drängte nach Tkačëv in die Richtung einer „einförmigen Masse". Lavrov hingegen hielt an der differenzierenden Kraft der Nationen fest, soweit diese nicht den sozialen Fortschritt hemmte.

Die Förderung des sozialen Fortschritts oblag der Intelligenz. In Lavrovs Intelligenzbegriff verschmolzen Hegelsche Vorstellungen vom Weltgeist, der zu sich selbst kommt mit Comteschen Vorstellungen einer Evolution zur positiven Wissenschaft. Dieser Prozess, der bei Hegel wie Comte als unpersönlich gedacht wurde, ist unter der „subjektiven Methode" der Narodniki voluntaristisch gedeutet worden. Das soziale Gewissen der Intelligencija drängte zur Reue. Die säkularisierte Form der „Rebellion des Gewissens" wuchs aus der Religionskritik heraus und wandte sich der Revolutionstheorie zu. Lavrov argumentierte gegen die reinen Hegelianer - wie Strachov -, dass eine „wirkliche Philosophie" nicht beim Hegelianismus stehen bleiben könne. Die subjektive Methode war für die Narodniki die Möglichkeit, die „kritisch denkenden Intellektuellen" aus dem Determinismus sozialer Prozesse zu befreien. Der Begriff des „Möglichen" wurde zum Kristallisationspunkt der „Willensfreiheit" der Intellektuellen. Diese Denkfigur schien den „Idealfaktoren" von Max Scheler nicht unähnlich. Die „Einsicht in die Möglichkeit" wurde der Engelsschen „Einsicht in die Notwendigkeit" entgegengestellt. Damit verbunden war eine elitäre Auffassung, die als „Intelligenzler-Aristokratismus" von den Leninisten in Verruf gebracht wurde. Während Michajlovskij (S X: 72) in seiner Theorie versuchte, die Aufklärung zu demokratisieren und dem „Volk" eine Mitwirkungsmöglichkeit einzuräumen, war Lavrov skeptisch gegenüber dem „mužik", dem russischen Bauern. Seine Devise konnte pointiert zusammengefasst werden: „Alles für den mužik - nichts durch den mužik".

Lavrov hat sich mit solchen Ansichten von früheren Freunden entfernt. Mit Tkačëv überwarf er sich, weil er dessen Vorstellung vom Morden und Plündern am Vorabend eines paradiesischen Lebens nicht teilte, und er entfremdete sich von Michajlovskij, weil er dessen Hoffnungen auf den „besonderen Weg Russlands" in vielen Punkten für trügerisch hielt. Lavrov (IS IV: 264, 386) lehnte einerseits den Parlamentarismus ab, der die Nöte des Volkes nicht nachhaltig lindere und nur in die Richtung der Verhinderung von Revolutionen funktioniere. Andererseits war er kein Anarchist. Die Sentimentalität für die „Primärgruppen" der Gesellschaft hatten ihn nicht blind gemacht für die Gefahren der sozialen Kontrolle, die dort lauerten. Die „künstliche Harmonie" kommunistischer Experimente in Amerika hat Lavrov genauso skeptisch angesehen, wie die „Humbug-Republik", in welcher der Dollar regiere. Angesichts der Skepsis gegenüber zentralen Repräsentativorganen wie gegenüber dezentralen Kommunen kam es bei Lavrov zu keinem klaren Bild einer gewünschten Entwicklung der Organisation der Gesellschaft.

Nikolaj Konstantinovič Michajlovskij (1842-1904)

Quellen:

Michajlovskij: Sočinenija. Sankt Petersburg, Stasjulevič, 1896-1914, 10 Bände, (Band 9 nicht erschienen) (Zit: S).
Michajlovskij: Revoljucionnyja stat'i. Berlin, Hugo Steinitz, 1906 (zit. RS).
Michajlovskij: Vospominanija. Berlin, Hugo Steinitz, 1906 (zit. Vosp.)

.

Literatur:

N.A. Berdjaev: Sub'ektivizm i individualizm v obščestvennoj filosofii. Sankt Petersburg. Električeskaja tipografia 1901

J. H. Billington: N.K. Mikhailovsky and Russian Populism. Oxford, Oxford University Press, 1958.

E. Frangian: N. K.Michajlovskij als Soziologe und Philosoph. Diss. Bern, 1912.

M. M. Kovalevskij: Michajlovskij kak sociolog. Vestnik Evropy, April 1913: 192-202.

R. V. Ivanov-Razumnik: Istorija russkoj obščestvennoj mysli. Sankt Petersburg, Stasjulevič 1908, 2.Aufl., 2 Bde.

R. V. Ivanov-Razumnik: Ob intelligencii. Čto takoe Machaevščina? Sankt Petersburg, Stasjulevič 1910.

P. L. Lavrov: Formula progressa N.K. Michajlovskogo. Sankt Petersburg, 1906

W. Markert: Eine politische Soziologie in Russland. Diss. Leipzig, 1931.

G.V. Plechanov: Zur Frage der monistischen Geschichtsauffassung. Berlin, Dietz 1956:3o3ff.

Michajlovskij war der Sohn eines verarmten Adligen und genoss - wie sein älterer Freund Lavrov - eine naturwissenschaftlich-technische Ausbildung. Er konnte jedoch sein Studium am Bergbau-Institut in Petersburg nicht beenden. Er wurde wegen Teilnahme an Studentenunruhen relegiert. Seit 1869 war Michajlovskij Mitarbeiter an den „Otečestvennye zapiski" und nach dem Tod Nekrasovs 1877 einer der drei Redakteure dieser Zeitschrift (bis 1884). Als Lavrov ihn 1873 einlud, an der Redaktion des „Vperëd" mitzuwirken, lehnte er ab. Er fühlte sich nicht als Revolutionär, und war nicht bereit im Ausland zu leben. Dennoch wurde Michajlovskij die moralische Autorität der Narodniki-Bewegung. 1891 mußte er sich nach einer Demonstration anlässlich der Beerdigung des Narodnik-Publizisten N.V. Šelgunov aufs Land zurückziehen. Er konnte jedoch schon 1892 zurückkehren und mit der Unterstützung von Schriftstellern wie Uspenskij und Korolenko die Herausgabe einer neuen Zeitschrift verwirklichen. Das „Russkoe Bogatsvo" (Russischer Reichtum) war das einflussreichste legale Organ der Volkstümler-Bewegung.

Michajlovskij stand anfangs stark unter dem Einfluss von Auguste Comte. Er polemisierte jedoch früh gegen einen anderen russischen Comteaner, *Aleksandr Ivanovič Stronin* (1826-1889), weil die Klassifikationen Comtes es nicht zuließen, höhere Erscheinungen durch niedere zu erklären. Das richtete sich gegen eine biologistische Richtung in der Soziologie, welche den biologischen Kampf ums Dasein auf die Gesellschaft übertrug. Diese Polemik verhinderte nicht, dass einige Kritiker Michajlovskij ebenfalls des „Analogismus" verdächtigten (Berdjaev 1901: 146). Es wurde dem Vordenker der Narodniki vorgeworfen, als „Organizist" ein „unkritischer Realist" und als „Individualist" ein „idealistischer Nominalist" zu sein. Der Streit um Nominalismus und Realismus in den Sozialwissenschaften wurde am Anfang des 20. Jahrhunderts mit der Verbissenheit der mittelalterlichen philosophischen Kontroverse noch einmal ausgetragen, bis er als unfruchtbar erkannt wurde. Es ging letztlich um die Frage, wie empirisch die Feststellungen der Narodniki-Philosophen seien. Damit stand es nicht zum Besten, wie die liberalen Sozialwissenschaftler immer wieder nachweisen konnten (vgl. Liberalismus).

Michajlovskij kam früh in Konflikt mit den Marxisten. 1875 hatte er in einer Schrift „Kampf um Individualität" (S I: 527) die These vertreten, dass jede Arbeitsteilung eine pathologische Erscheinung sei. Sein Arbeiterideal war der Laie, die Breite der Tätigkeit schien ihm wichtiger als die Tiefe (vgl. Frangian 1912: 91). Eine soziale Agrarromantik verband sich mit Comteschen Vorstellungen einer sozialen Technologie, die durch die „subjektive Methode" zu einer Wissenschaft umgewandelt werden sollte (S I: 447). Die Nationalökonomie sollte in einer umfassenden Gesellschaftslehre aufgehen - ähnlich wie bei den deutschen Kathedersozialisten. Aber im Gegensatz zu diesen dachte Michajlovskij überwiegend ahistorisch.

Auch bei Michajlovskij wurde ein Dreistadiengesetz konstruiert. Die Entwicklung ging vom „objektiv anthropozentrischen Stadium", in der der Mensch sich naiv für das Zentrum der Welt hält, über die „exzentrische Periode", in welcher der Mensch abstrakte Prinzipien entwickelt, zum „subjektiv anthropozentrischen Stadium". In dieser Phase stellt der Mensch die ursprüngliche Solidarität und Kooperation wieder her (S I: 107ff). Wie bei anderen Evolutionsschemen - dem Marxschen nicht ausgenommen - waren die Zwischenstadien temporäre Fehlentwicklungen. Eigentlich gab es nur eine Gesellschaftsformation, die durch politische Entwicklung wieder hergestellt werden sollte. Westeuropa war in den Augen von Michajlovskij das Zentrum der „exzentrischen Kulturstufe". Russland mit seiner ursprünglichen Kooperation in der Dorfgemeinde hatte jedoch für ihn die Mission, rascher zu einem höheren Zivilisationsgrad vorzustoßen als Westeuropa dies könne (S I: 524). Damit verbunden war die Erhöhung der Kultur - im Gegensatz zur westlichen Zivilisation. Auch Deutschland hat sich bis hin zu Spengler an dieser seit Danilevskij entwickelten falschen Antithese beteiligt.

Die Solidarität als Grundbegriff war analytisch und normativ zugleich gedacht. Sie war kein kollektivistischer Terminus, wie bei anderen Frühsozialisten. Sie wurde sehr individualistisch in einem libertären Bild der Gesellschaft aufgefasst. Der „Kampf um die Individualität" wurde 1875 von Michajlovskij (S I: 422ff) dem „Kampf ums Dasein" bei den Sozialdarwinisten gegenüber gestellt. Das normative Bild der Solidarität beruhte auf der empirischen Vorstellung von Gleichheit, die auf dem russischen Lande noch herrsche. Diese Gleichheit durfte für ihn nicht durch massenpsychologische Manipulation gefördert werden. Die Individuen sollten nicht nur äußerlich, sondern auch innerlich psychologisch frei sein, wie Lavrov (vgl. Lavrov) es einmal formuliert hatte. Das egalitäre Menschenbild, das zugleich subjektiv-individualistische Menschen mit einem freien politischen Willen kannte, war nicht immer logisch stimmig verbunden. Lavrov war da realistischer, wenn er durch seine Durkheim-Rezeption darauf aufmerksam machte, dass die Solidarität der Gleichen auf dem Lande keine sehr hochwertige Form darstelle, sondern „mechanisch" und gerade nicht „organisch" war.

Michajlovskij radikalisierte sich nicht in gleicher Weise, wie einige Emigranten. Er nahm zeitweise an der Arbeit revolutionärer Organisationen Anteil. Der berühmte Brief des Exekutivkomitees der „Narodnaja volja" an Alexander III von 1881 ist nicht von ihm konzipiert, aber immerhin redigiert worden. Michajlovskij hat einerseits die Revolution als „Sache des ganzen Volkes" gerühmt, andererseits klargestellt, dass er nicht morden, und daher auch anderen keine revolutionäre Gewalt beibringen könne (RS: 54). Immerhin wurde in dem Brief mit Revolution gedroht, für den Fall, dass der andere Weg, der Weg der Reformen vom Zaren nicht beschritten werde. Zwei Bedingungen wurden für eine friedliche Entwicklung in Russland gestellt: 1) Ein allgemeine Amnestie für alle politischen Verbrechen in der Vergangenheit. 2) Die Einberufung einer Volksrepräsentation bei Freiheit des Wortes, der Presse, der Wahlprogramme und der Wahlkampfkampagnen (RS: 61f). Berdjaev (The Origins of Russian Communism. London 1937: 79) hat später einen noch drastischeren antirevolutionären Ausspruch Michajlovskijs überliefert: „Wenn revolutionäre Massen in meine Wohnung einbrächen und meinte Bibliothek zerstörten und die Büste Belinskijs zerbrächen, so würde ich bis zum letzten Blutstropfen Widerstand leisten". Michajlovskij hielt die Vorbereitung der Russen für eine Revolution für eine kaum lösbare Aufgabe. Er befürchtete das Entstehen von Massenpsychosen. Diese Verzagtheit kam einer Bankrotterklärung der Narodniki-Propagandisty gleich, denn auch der reformistische Weg schien ihm nicht aussichtsreich. Im Altersspessimismus hat Michajlovskij weder an die Einsicht des Zaren, an die der Narodnaja-Volja-Brief noch appellierte, noch an das Heil durch einen Aufstand des Volkes geglaubt. Seine Publizistik wurde matt und überzeugungslos.

Die Verklärung des russischen Bauern durch die Narodniki führte zum Lob der Binnenmoral eines Standes. Die Liberalen hingegen wollten ein Rechtsbewusstsein unter Gleichen schaffen, dass alle Stände umfasste. Im Anschluss an Herzen hat Michajlovskij den bürgerlichen Rechtsstaat als „eine abstrakte Gerechtigkeit um der Gerechtigkeit willen" angesehen. Er forderte hingegen: „Gerechtigkeit für den Menschen" und diese konnte es nur in der Kleingruppe für ihn geben . Selbst Lavrov (1906: 23) konnte seinem Kollegen in dieser Antithese nicht folgen und stellte klar, dass Gerechtigkeit per definitionem immer nur Gerechtigkeit für den Menschen sei. Der Kampf um den Rechtsstaat war in Russland behindert durch die Antithese von der „inneren Wahrheit" im russischen Rechtsgefühl und der „äußeren Wahrheit" des westeuropäischen Rechtsstaats. Für diese Haltung war ein vielzitiertes Gedicht Almazovs typisch:

„Organische Mängel außer Zweifels
haben uns den Sinn verwehrt
für die Ausgeburt des Teufels,
die die Welt als Recht verehrt.
Allzu weit ist das Format,
das Russlands Rechtsempfinden hat
und paßt nicht in die engen Netze
rechtlicher Leitgrundsätze ".

Kistjakovskij (vgl. Kap. Liberalismus) hat diese Haltung in seinem Beitrag in den „Vechi" scharf kritisiert und als Grundübel für die Schwäche des russischen Konstitutionalismus erkannt.

Während die Slawophilen die Verklärung der Dorfgemeinschaft als eine russische Besonderheit deuteten, war die Verklärung des Volkes bei Michajlovskij sozial-horizontal, nicht vertikal-national gemeint. Der Bauer schlechthin erschien ihm ein „höherer sozialer Typ" als alle Gouverneure und Minister (S X: 72). Er teilte mit Panslawisten wie Danilevskij die Vorstellung vom überlegenen russischen Kulturtyp im Vergleich zur westlichen Zivilisation. Aber er gründete diese Ansicht nicht auf die romantische Vorstellung einer „Kulturseele". Bei ihm war diese Meinung von einem Bild des arbeitenden Menschen abgeleitet. Russland war für Michajlovskij das Produkt der arbeitenden Massen, während die Kultur Westeuropas das Werk kleiner Minderheiten sei. Im Gegensatz zu Danilevskij hat er den Niedergang Westeuropas nicht mit Schadenfreude sondern mit Bedauern kommentiert. Er hätte Europa gern aus der „exzentrischen Kulturstufe" herausgeführt. 1877 schrieb Michajlovskij eine Kritik: „Danilevskij sagt, wir seien die höchste Nation, andere Völker dagegen sagen uns nach, wir hätten nichts als den Samovar erfunden. Man kann seine eigene Meinung darüber haben, aber nicht mit der Zustimmung der anderen rechnen". Er wandte sich gegen die Suche nach „mystischen Kriterien" zur Konstruktion einer nationalen Überlegenheit. Vor allem die Benutzung der Religion für diese Konstruktion war ihm suspekt: „Wo wäre denn der russische Volkscharakter gewesen als die Russen noch Heiden waren?" (S III: 880). Die biologistischen Vergleiche von Pflanzen und Kulturkreisen bei Danilevskij war für ihn eine solche Mystifikation. Sein Dreistadiengesetz sollte für alle Völker Bedeutung haben. „Gebe Gott" seufzte er einmal in zunehmendem Alterspessimismus, „dass zu der Zeit (da Europa zu neuer Blüte kommt)...Russland und das Slawentum nicht bereits alt geworden sind" (S III: 880). Michajlovskijs Stellungnahme gegen Danilevskij erinnerte an Proudhons Ablehnung der nationalen Übersteigerung bei Mazzini. Proudhon hat die Versabsolutierung des Volkes bei Mazzini abgelehnt (Principe fédératif: 79ff) wie Michajlovskij die Mystik des Volkscharakters bei den Panslawisten.

Michajlovskij blieb skeptisch gegenüber den liberalen Konstitutionalisten. Aber in Fragen des Verfassungsstaates war er weniger revolutionär als Lavrov gesonnen, vielleicht weil er im Lande geblieben war und den Blick für die Realitäten nicht so stark verloren hatte wie einige Emigranten. Durch seinen Freund Petrunkevič, einen Führer des Zemstvo-Liberalismus, wurde Michajlovskij zu einer Art „Koalitionsgespräch" eingeladen. Liberale, wie Ziber und Dragomanov, die starke Bindungen an linke und populistische Kreise hatten, wurden von Michajlovskij in seiner Zeitschrift gefördert. Er hoffte in den 70er Jahren sogar, ein russisches Parlament werde die Landfrage lösen - das einzige politische Problem, das ihn letztlich wirklich interessierte. Aber er betonte auch hier den „russischen Weg zum Parlamentarismus". In einem Pamphlet über die Sozialrevolutionärin Vera Zasulič sprach er die Erwartung aus, dass die konstitutionelle Entwicklung Russlands an die altrussischen Einrichtungen des „Zemskij sobor" anknüpfen werde. Die politische Freiheit des Westens erschien ihm immer noch „rein formal". Gleichwohl teilte er Lavrovs Befürchtung nicht, im russischen Parlamentarismus werde die Bourgeoisie herrschen. Auch eine kommende Verfassung konnte dieser nach seiner Ansicht nicht mehr Macht geben als sie schon hatte (RS: 14f). In seinen Werken fanden sich sogar Ansätze für einen Plan zur revolutionären Verwirklichung des Parlamentarismus. Falls der Zar sich weigere, eine Nationalversammlung einzuberufen, solle ein „Komitee der öffentlichen Sicherheit" mit den Behörden in Konkurrenz treten. Selbst der Brief der Narodnaja Volja von 1881 hatte noch eine Volksvertretung ganz im Stil des Konstitutionalismus jener Zeit gefordert, mit Ausnahme der versteckten Drohungen, die das Schreiben für den Fall enthielt, dass den Forderungen nicht stattgegeben werde. Im Kampf um Rechtssicherheit und Bürgerrechte schien ihm eine Koalition mit den Liberalen nicht ausgeschlossen. 1879 schrieb er an seine „Genossen": „Ich glaube, dass viele Liberale Euch näher stehen, als es Euch erscheint. Sie wären Euch noch näher, wenn sie sich klar über die Besonderheiten des russischen Lebens wären" (RS: 31). Der Testfall für solche Hoffnungen kam erst in der Revolution von 1905, die Michajlovskij nicht mehr erlebte. Es zeigte sich dabei, dass die Liberalen zu so starken Konzessionen an die „Volkstümler", wie er sie verlangte, keineswegs bereit waren. Die Adelsliberalen in der Zeit Michajlovskijs waren noch weniger konzessionsbereit. Weder wollten sie den Zar zu einer Konstitution zwingen noch waren sie alle überhaupt für eine Verfassung gewonnen. Selbst ein Liberaler wie *Konstantin Dmitrievič Kavelin* (1818-1885) ging in seiner Schrift „Politische Gespenster" so weit, eine Verfassung in Russland ein „Papier ohne Deckung" zu nennen. Michajlovskijs Werke waren weit mehr als die anderer Volkstümler frei von elitären Gedanken über die führende Rolle der Intelligenz, eine Vorstellung, die nahe lag, wenn man die Befreiung des Volkes durch einen „Gang ins Volk" bewerkstelligen wollte. Michajlovskijs Gegnerschaft gegen den Darwinismus machte ihn weitgehend immun gegen elitäre Selbstüberschätzung. Hinter soziologischen Begriffen wie „Elite" oder „Intelligencija" witterte er stets den Einbruch des biologischen Prinzips vom Überleben der Tüchtigsten (S I: 180, 416, 914). Andererseits musste sich Michajlovskij von einem positivistischen Evolutionismus distanzieren, der einer aktiven intellektuellen Minderheit keinerlei politische Rolle zubilligen wollte. Diese Ansicht vertrat *für*, aber nicht *in* Russland der Soziologe *Evgenij Valentinovič Roberti* (Roberty) (1843-1915). Die herausgehobene Rolle der Intelligenz bei den Narodniki schien ihm eine „subjektive Teleologie" und „umgekehrte Kausalität". Er stützte sich auf Theorien des französischen Positivismus über die selbsttätige Evolution der „idées-forces". Für politische Aktivisten der Volkstümler-Bewegung, die im Lande geblieben waren, musste Robertys These wie der Zynismus eines adligen Großgrundbesitzers wirken, der im Ausland die Evolution in Ruhe abwartete. Es wurde mit Häme vermerkt, dass Roberty aus Paris erst 1904 zurückkehrte, als die Konfiskation seiner Liegenschaften drohte. Er wurde nun sehr sparsam politisch im Umkreis der liberalen Kadetten tätig. 1915 wurde er aus nicht ganz geklärten Motiven von einem Arbeiter seines Gutes erschossen.

In Fortwirkung der Narodniki-Ideologie hat jedoch die Intelligenz sich weiterhin eine führende Rolle im politischen Prozess zugeschrieben. Wer nicht mitmachte, wurde wie bei *Razumnik Vasil'evič Ivanov-Razumnik* (:I: 7), einem Epigonen der Narodniki-Soziologie, als „Kleinbürgertum" (meščanstvo) eingeordnet. Zu der positiven Aufgabe der Aufklärung des Volkes trat die negative Aufgabe des Kampfes gegen das Kleinbürgertum (1910). Mit diesem Schimpfwort wurden von Tkačëv (S I: 173f) bis Lenin die politischen Gegner vielfach verunglimpft. Die begriffliche Kreation der Narodniki-Denker fiel in der leninistischen Polemik auf sie selbst zurück. Michajlovskij hatte noch Sorge gehabt, dass die Intelligenz sich durch Akkumulation von Sachwissen gegenüber dem Volk verselbständigen könnte. Reste einer adligen Gentry-Konzeption, die volksnah geblieben ist, waren in seinen Äußerungen zu spüren. Gelegentlich wurde jedoch eher der „common man" dem „gentleman" gegenüber gestellt - eine Denkfigur, die in den USA im 19. Jahrhundert durchaus ihr populistisches Pendant besaß.

Die Narodniki wurden vielfach als erste moderne Parteibewegung Russlands betrachtet. Aber sie waren nicht einheitlich organisiert. Nur der terroristische Flügel setzte sich für eine straffe Organisation ein. Die Vordenker Lavrov und Michajlovskij hätten ihre politische Volksaufklärung am liebsten ohne Parteiapparat durchgeführt. In Lavrovs Staatsutopie von 1875/76 umriss er zwar den Plan einer sozialrevolutionären Partei, aber es kam nicht zum Konsens zwischen Partei und Volk, den er voluntaristisch gefordert hatte. Tkačëv, der diesen Konsens mit gewalttätiger Manipulation herstellen wollte, hatte nicht das Vertrauen der Narodniki-Philosophen.

Michajlovskij wurde von der Autokratie als eine Art Parteiführer angesehen, der er nicht war. Immerhin hat er mit dem Innenminister Pleve einen „Dialog mit dem Tyrannen" geführt; dieser empfahl ihm, Petersburg für eine Weile zu verlassen (Vosp: 28). Den Anhängern Michajlovskijs ging es in der Vorgeschichte der Sozialrevolutionären Partei ähnlich wie den Proudhonisten Frankreichs in der sozialistischen Bewegung Frankreichs. Sie wurden im „Commune-Aufstand" 1870/71 durch die gewalttätigen „Blanquisten" verdrängt. Erst spät setzten sich die antitotalitären Sozialisten in der Bewegung durch. Der Terror der „Narodnaja-Volja-Bewegung" überlagerte in Russland für eine Weile die gemäßigten Ansichten der Narodniki-Philosophen. Der Terror konnte sich nicht auf Michajlovskij berufen. Der Boykott der Wahlen von 1906 durch Sozialrevolutionäre war vermutlich ebenfalls nicht im Sinne des großen Narodnik-Philosophen. Immerhin zogen noch 94 „inoffizielle" Sozialrevolutionäre als Trudoviki-Fraktionen in die Duma ein - ohne Rückhalt in der Partei im Lande. In den Wahlen zur zweiten Duma hatte sich die Partei bereits auf den Boden des Parlamentarismus gestellt, und 1917 wurden sie für eine Weile die Regierungspartei. Sozialwissenschaftler wie Černov oder Sorokin wirkten an führender Stelle in dieser Partei, bis der Führer der Gruppe, Kerenskij, die Kontrolle über die Politik an die bolschewistischen Revolutionäre verlor.

2.   Varianten des Anarchismus

Quellen:

P. Avrich (Hrsg): The Anarchists in the Russian Revolution. Ithaca, Cornell University Press, 1973.
N. K. Karataev (Red): Narodničeskaja ekonomičeskaja literatura. Moskau, Soceklit, 1958.
E. Oberländer (Hrsg): Der Anarchismus. Olten, Walter, 1972.

Literatur:

P. Avrich: Russian Anarchists. Princeton. Princeton University Press, 1967.
Ja. A. Jakovlev: Russkij anarchizm v velikoj russkoj revoljucii. New York, Iskry 1922.

E. Jaroslavski: L'anarchisme en Russie. Paris, Bureau d'Éditions 1937.

S. Kanev: Kak partija preodelela anarcho-sindikalističeskij uklon. Moskau, Gosizdat političeskoj literatury 1958.

M. Nettlau: Der Anarchismus von Proudhon zu Kropotkin. Berlin, Der Syndikalist, 1927.

G. V. Plechanov: Anarchismus und Sozialismus. Berlin, Verlag Buchhandlung Vorwärts Paul Singer 1911

J. V. Stalin: Anarchismus oder Sozialismus. In: Stalin: Werke. Berlin, Dietz, Bd.1 1953: 257-342.

A. Thun: Geschichte der revolutionären Bewegungen in Russland. Leipzig, 1883

F. Venturi: Roots of Revolution. London, Weidenfeld & Nicolson, 1960.

A. Vol'skij (Pseudonym für: A. V. Sokolov): Teorija i praktika anarchizma. Moskau, 1919, 3. Aufl.

Michail Aleksandrovič Bakunin (1814-1876)

Quellen:

Bakunin: Sobranie sočinenij i pisem 1828-1876. (Hrsg: Ju. M. Steklov) . Moskau, Izdatel'stvo vsesojuznogo obščestva politkatoržan. 1934-1936, 4 Bde. unvollständig. (zit:SSP)

Archives Bakounine/Bakunin Archiv (Hrsg. A. Lehning u.a).Leiden, Brill, 1961-1981, 7 Bde (zit:AB).

Bakunin: Gosudarstvennost' i anarchija. In: Bd.2 : Polnoe sobranie sočinenij. Moskau, Balasova, o.J. (zit: PSS).

Bakunin: Staatlichkeit und Anarchie und andere Schriften (Hrsg.: H. Stuke). Frankfurt, Ullstein 1972 (zit: SuA).

Bakunin: Federalizm, socializm i antiteologizm. Moskau, Golos truda, 1920, Bd. 3 von : Izbrannye sočinenija. Bd.2: Gosudarstvennost' i anarchija, 1919.

Bakunin: Dieu et l'état. Paris, La brochure mensuelle, 1882 (Originalausgabe).

Bakunin : Gesammelte Werke. Berlin, Der Syndikalist, 1921-1924. Nachdruck: Berlin, Karin Kramer, 1975, 3 Bde. (zit: GW).

Bakunin: Philosophie der Tat. Auswahl aus seinem Werk (Hrsg: R. Beer). Köln, Hegner, 1968 (zit: PdT).

Bakunins Beichte (Hrsg: K. Kersten). Frankfurt, Insel, 1973.

Bakunin: Sozialpolitischer Briefwechsel (Hrsg: M. Dragomanov). Berlin, Karin Kramer, 1977 (zit: Briefw.).

Bakunin: Frühschriften (Hrsg: R. Beer). Köln, Hegner, 1973.

Bakunin: Gott und der Staat und andere Schriften (Hrsg: S. Hillmann). Reinbek, Rowohlt, 1969, 1995.

A. Herzen: Mein Leben. Berlin, Aufbau-Verlag, 1962, 3 Bde (russ. Ausgabe zit: BD, dt. Ausgabe: ML).

K. Marx / F. Engels : Ein Komplott gegen die Internationale Arbeiterassoziation. Im Auftrag des Haager Kongresses verfasster Bericht über das Treiben Bakunins und der

Allianz der sozialistischen Demokratie (1874). In: Marx / Engels: Werke. Berlin.
Dietz, 1969, Bd. 18: 327- 471.
K. Marx: Konspekt von Bakunins „Staat und Anarchie" (1874/75). MEW Bd.18: 599-642.
N. V. Stankevič: Perepiska. Moskau, Mamontov, 1914.
R. Wagner: Mein Leben (Hrsg: M. Gregor-Dellin). München, List, 1963.

Literatur:

J. Barrué: Bakounine et Nechaev. Paris, Spartacus 1971.
I. Berlin: Herzen und Bakunin über die Freiheit des Einzelnen. In: Ders: Russische Den-
ker. Frankfurt, EVA. 1981: 124-163.
U. Bermbach : Der Wahn des Gesamtkunstwerks. Richard Wagners politisch-ästhetische
Utopie. Frankfurt, Fischer, 1994.
F. Brupbacher: Marx und Bakunin (1913). Berlin, Kramer, 1976.
E. H. Carr: Michael Bakunin. London, Macmillan. 1937, New York. Vintage Book. 1961.
C. Crowder: Classical Anarchism. The Political Thought of Godwin. Proudhon, Bakunin
and Kropotkin. Oxford, Clarendon, 1991.
E. van Dooren: Bakunin zur Einführung. Hamburg, Junius 1985
M. Grawitz: Bakunin. Ein Leben für die Freiheit. Hamburg, Nautilus 1999.
A. Kelly: Mikhail Bakunin. A Study in the Psychology and Politics of Utopianism. Ox-
ford, Clarendon, 1982.
A. Masters: Bakunin, the Father of Anarchism. New York, Saturday Review Press, 1974.
G. P. Maximoff: The Political Philosophy of Bakunin (1953). London, Collier-Macmillan.
1964.
A. P. Mendel: Michael Bakunin. Roots of Apocalypse. New York, Praeger 1981.
V. Polonskij: Bakunin. Moskau, Gosizdat, 1922, Bd.1
E. Pyziur: The Doctrine of Anarchism of M. A. Bakunin. Milwaukee, The Marquette
University Press, 1955.
R. B. Saltman: The Social and Political Thought of Michail Bakunin. Westport/Conn..
Greenwood Press 1983.
P. Scheibert: Von Bakunin zu Lenin. Bd. 1. Leiden, Brill. 1956, Reprint 1970.
F. Solms: Ich will nicht ich sein - ich will Wir sein. Die Geschichte des ersten Berufsre-
volutionärs M.A. Bakunin. In: H. Diefenbacher (Hrsg.): Anarchismus: zur Ge-
schichte und Idee der herrschaftsfreien Gesellschaft. Darmstadt: Primus-Verl., 1996.
F. J. Wittkop: Bakunin. Reinbek, Rowohlt, 1974, 1994.

Anarchisch wie sein Leben war Bakunins Werk. Viele Werke hat er immer wieder vernichtet. Kaum etwas wurde je fertig im Chaos seines Arbeitszimmers
zwischen Rauchgestank und schmuddeligen Teetassen. An seiner Wiege war
dieses Leben dem großen Revolutionär nicht gesungen worden. Als ältester Sohn
eines reichen Gutsbesitzers hätte er „die Liegenschaften" übernehmen können.
Aber der Gedanke langweilte ihn zutiefst. Nach den Bräuchen des Adels stand am

Anfang der Militärdienst. Es verschlug ihn in ein weißrussisches Dorf. Nach dem Bericht von Herzen (BD II: 36, ML I: 567) verwilderte er dort erstmals und wurde menschenscheu. Tagelang lag er im Schafspelz auf dem Bett. Als er seinen Abschied genommen hatte, ging er zum Studium nach Moskau. Stankevič, das Haupt eines liberalen Zirkels (vgl. Kap. Liberalismus), entdeckte Bakunins Talent und regte ihn an, deutsch zu lernen. 1835-40 studierte er in Moskau, 1840-42 in Berlin.

In der psychologisierenden Literatur (Kelly 1982) wurde Bakunins Entwicklung aus dem Ödipus-Komplex gedeutet. Der Hass auf den Vater und der Drang, seine Schwestern zu bevormunden (SSP I: 325ff), - bei letztlich tiefer Bindungslosigkeit - kennzeichnete sein Leben. Die exaltierte Suche nach Liebe kam in einem zum Teil deutsch geschriebenen Brief von Stankevič (1914: 625) zum Ausdruck, der sich später dem Ungestüm des Adepten entzog. Es gab „nur Persönliches" in Bakunins Leben (Scheibert 1956: 136) - mit pausenlosen theatralischen Zerwürfnissen und Wiederversöhnungen, gewürzt mit ständigem Betteln um Geld. Aufdringliche Liebesschwüre wechselten mit schnödem Verrat. Selbstbespiegelung und Selbstmitleid durchzogen alle literarischen Produkte dieser gespaltenen Persönlichkeit.

Am Anfang seiner Studien vertiefte Bakunin sich in Fichte. Etwas von dessen Pathos blieb im Werk Bakunins erhalten. Hegelstudien haben ihn nicht gleich zum Revolutionär werden lassen. Anfangs wurde er sogar eher rechtshegelianisch zu einer pseudohegelschen Begeisterung für die Monarchie verführt. Mit Herzens finanzieller Hilfe, den er um 5000 Rubel anging (Briefw: 1), reiste er aus. Herzen hat ihm immer wieder geholfen, obwohl er sich Bakunin rasch innerlich entfremdete. Er hielt ihn für klug - aber ohne moralische Substanz. Sein Abgang aus Moskau - nach Zerwürfnissen mit Katkov und Belinskij - war ruhmlos. Nicht einmal seine Brüder weinten ihm eine Träne nach. In Berlin wurde Turgenev zum geistigen und finanziellen Helfer. Diese Freundschaft und die Berliner Gesellschaft mit Besuchen bei Varnhagen und Bettina von Arnim gaben ihm neuen Lebensmut. Schellings Vorlesungen haben Bakunin anfangs enttäuscht. Der erwartete Angriff auf Hegel kam erst, als die meisten Hörer bereits abgesprungen waren.

1842 gab er den Gedanken an eine akademische Karriere auf und begab sich nach Dresden. Arnold Ruge, ein neuer Freund, publizierte von Bakunin (unter einem französischen Pseudonym „Jules Élysard") einen Beitrag über „Reaktion in Deutschland". Dieser Aufsatz soll zum Verbot der „Deutschen Jahrbücher" beigetragen haben. Die Revolution wurde angekündigt: „Die Lust der Zerstörung ist zugleich eine schaffende Lust" (PdT: 96). Noch blieb seine Philosophie eine Beschwörung von mythischen Schauern der kommenden Apokalypse: „in Russland selbst sammeln sich dunkle, Gewitter verkündende Wolken... und darum rufen wir unseren verblendeten Brüdern zu: tut Buße - Das Reich des Herrn ist nah". Die linken Junghegelianer hatten sich einiges revolutionäre Pathos angewöhnt. Hier aber schien ein Russe sie alle zu übertreffen.

Bakunin reiste mit seinem neuen Freund, dem Dichter Georg Herwegh, in die Schweiz. Dort traf er ein Mitglied des „Bundes der Gerechten", Wilhelm Weitling (1808-1871), den prominentesten deutschen Frühsozialisten. Er hatte sein Buch „Garantien der Harmonie und der Freiheit" gerade veröffentlicht. So kam Bakunin erstmals mit kommunistischen Theoretikern in einen direkten Kontakt. Weitling wurde kurz darauf von der Schweizer Regierung verhaftet. Der Staatsrechtler Johann Kaspar Bluntschli hatte einen Bericht über die „Affaire Weitling" für die Regierung verfasst, in dem im verschwörerischen Umfeld des „unerwünschten Deutschen" auch der Russe Bakunin erwähnt wurde. Der russische Botschafter begann sich für diesen Mann zu interessieren. Bakunin wurde aufgefordert, nach Russland zurückzukehren. Da er sich weigerte, hat man ihm die Bürgerrechte und den Adelstitel aberkannt.

Wieder wurde der Boden für Bakunin zu heiß. Er ging nach Paris und traf alte Bekannte wie Ruge und Herzen und lernte neue sozialistische Gesinnungsgenossen kennen wie Proudhon und Marx. Proudhon hat Bakunin lange als seinen Lehrmeister betrachtet. Immer hat er betont, dass dieser das Konzept der Freiheit wesentlich besser begriffen habe als Marx. Durch seinen Einfluss wurde Bakunin vom Idealisten zum Materialisten.

Problematischer entwickelten sich die Beziehungen zu Marx. In einem französisch geschriebenen „Rapport personnelles avec Marx" (GW III: 210) hat Bakunin über diese Begegnung von 1844 sehr positiv berichtet: „Wir waren ziemlich befreundet. Er war damals fortgeschrittener als ich, so wie er noch heute zwar nicht fortgeschrittener, aber unvergleichlich gelehrter ist als ich". Weltanschauliche Differenzen und zwei unleidliche Temperamente sorgten dafür, dass auch diese Freundschaft eine Episode blieb. Bakunin stieß sich zunehmend an der Bündnisstrategie, die noch im Kommunistischen Manifest propagiert wurde. Auch Marx war 1849 von den deutschen „Jakobinern" und „Demokraten" tief enttäuscht. Bakunin hat die demokratische Partei schon Mitte der 40er Jahre als „das vollkommen Negative" empfunden. Sie muss mit dem Gegner zugrunde gehen, um das Positive erstehen zu lassen. Herzen hat in dieser Phase die Ansichten Bakunins noch als den seinen verwandt empfunden. Er hat die intellektuelle Nähe jedoch überinterpretiert. Beide machten eine Rückwendung zum russischen Missionsgedanken durch. Aber bei Bakunin war dieser weit revolutionärer konzipiert als bei Herzen. Marx hat später Bakunin bis aufs Messer bekämpft und ihn verdächtigt, ein Spitzel der zaristischen Regierung zu sein. Bakunin schrieb einen Brief und verlangte Beweise (GW III: 212f), die Marx angeblich von der Schriftstellerin George Sand bekommen hatte. Marx musste sich später entschuldigen. Die Notiz war angeblich während seiner Abwesenheit in die „Neue Rheinische Zeitung" geraten - ein prominenter Fall in der Geschichte der Berichtigung von Pressemeldungen.

Die Revolution von 1848 und Bakunins „Beichte"

Die Revolution von 1848 überraschte Bakunin in Brüssel. Er bat die provisorische Regierung um 2000 Francs, um die Fackel der Revolution nach Polen tragen zu können. Diese stellte ihm zwei Pässe aus - sie war vermutlich nicht unglücklich, den Aufrührer los zu sein. Ein republikanischer Polizeipräsident soll über Bakunin geurteilt haben, dass er unschätzbar am ersten Tag einer Revolution sei, dass man ihn aber am zweiten Tag der Revolution erschießen müsse (zit: Wittkop 1994: 37). Als Bakunin sich der polnischen Grenze näherte, war der Aufstand bereits niedergeschlagen. Über Breslau eilte er nach Prag. Auf dem Slawenkongress versuchte er als einziger Russe - außer einem anwesenden altgläubigen Popen - der Debatte eine panslawistische Richtung zu geben. Dadurch geriet er rasch in Konflikt mit dem Präsidenten und Organisator des Kongresses, František Palacký, der ihm zu konservativ und zu willfährig gegenüber der Habsburger Monarchie schien. Bakunins „Aufruf an die Slawen", im Selbstverlag des Verfassers in Koethen 1848 erschienen (IS III: 47-63), war der Entwurf einer Resolution, die nicht angenommen wurde. Er forderte darin eine demokratische Konföderation aller slawischen Völker, die Abschaffung aller Klassenprivilegien und Solidarität mit den deutschen und ungarischen Revolutionären. Diese Mischung aus Panslawismus, Revolution und Sozialismus war für die gemäßigte Kongress-Mehrheit unannehmbar. Bakunins Begabung des Feindeschaffens kam hier schon voll zum Durchbruch. Es war mehr als ungeschickt, die Tschechen zu beargwöhnen und Russland als Führungsmacht zu empfehlen. In seiner Beichte an den Zaren (1973: 102f) hat Bakunin die Polemik verschärft und von einer „Art tschechischer Hegemonie" gesprochen. Er behauptete im Rückblick, dass die Slowaken, Polen und Schlesier sich aber mannhaft dagegen gewehrt hätten, sich den Tschechen zu unterwerfen.

Im Juni 1848 unternahmen die tschechischen Studenten einen Aufstand. Er hatte ihnen abgeraten, aber sein revolutionäres Temperament konnte keinem noch so aussichtslosen Putschversuch untätig zusehen. Als der Aufstand fehlschlug, musste er sich nach Preußen absetzen. In Berlin lernte er Max Stirner kennen und versteckte sich in der anhaltinischen Provinz - tief enttäuscht von den deutschen Revolutionären. Im März 1849 hat er sich noch einmal heimlich nach Prag begeben. Er lernte Richard Wagner in Dresden kennen, den er zu überreden versuchte, eine Prometheus-Oper zu komponieren. Wagner (1963: 451) fand Bakunins massige Gestalt „kolossal, mit einer auf primitive Frische deutenden Wucht". Doch diese Wucht hat ihn in Diskussionen, bei denen Bakunins Radikalität nicht zu übertreffen war, bald bedrückt. Ein dauerhafter direkter Einfluss Bakunins auf Wagner ist nicht nachzuweisen. Wagner blieb aber mit seiner „Liebeschiffre" als gesellschaftstheoretische Organisationsidee lebenslang ein Krypto-Anarchist, auch als er sich längst prima vista „reaktionären" Germanen-Mythen verschrieben hatte (Bermbach 1994: 92ff, 244). In den revolutionären Wirren, an denen Wagner, Bakunin, Semper und andere Prominente teilnahmen, brannte das Opernhaus ab. Wagner soll nicht ganz unschuldig daran gewesen sein. Bakunin ist nach Wagners Erinnerung im schwarzen Frack mit Zigarre durch Dresden gegangen und lamentierte über die laschen Vorbereitungen des Aufstandes (Wagner 1963: 462). Wieder konnte er nicht zusehen, und bot seine Dienste für die provisorische Regierung an. Bakunin ist unterstellt worden, er habe die Sixtinische Madonna gleichsam als Geisel nehmen und vor den Barrikaden aufstellen wollen, um die Kanonade der Konterrevolutionäre zu verhindern. Die Behauptung gehört wohl in das Reich der Legenden. Diese gediehen besonders in Dresden, weil ähnliche Vorfälle des Kunstschutzes sich nach 1919 wiederholten und eine „Kunstlump-Diskussion" mit Oskar Kokoschka auslösten. Immerhin ist Bakunin für die Sprengung des Rathauses eingetreten, als er sah, dass die revolutionäre Stadt nicht zu halten war. Im Rückblick behauptete er, man habe immer einen Unterschied zwischen „Gewalt gegen Menschen" und „Gewalt gegen Sachen" respektiert (Beichte: 156), eine spitzfindige Unterscheidung, die noch in der Studentenrebellion von 1968 wieder ausgegraben wurde. Einige Professoren, die mit Eiern und Tomaten beworfen worden sind, konnten bezeugen, dass diese angeblich sanfte Gewalt gegen Menschen genau so schmerzhaft sein kann, wie die „Gewalt gegen Sachen". Bakunin floh erneut. Im Erzgebirge wollte er mit tschechischer Hilfe einen „Volkskrieg" organisierten. In Chemnitz wurde er gefasst, vermutlich hatte sich jemand die russische Prämie von 10000 Silberrubeln verdienen wollen, die auf Bakunins Kopf ausgesetzt worden war.

Im Oktober 1851 wurde Bakunin nach Russland ausgeliefert. Der Zar schickte den Grafen Orlov in den Kerker der Peters-und-Paulskirche mit einer Botschaft seiner Majestät an den Revolutionär: Er solle an den Zaren schreiben, „wie ein geistlicher Sohn an einen geistlichen Vater". In einem Brief an Herzen aus der Verbannung in Irkutsk vom 8. Dezember 1860 hat Bakunin von seiner Beichte Kunde gegeben. Sie ist erst nach der Oktoberrevolution veröffentlicht worden, hat aber schon zuvor gelegentlich dazu gedient, Bakunin durch die russische Regierung zu erpressen, denn die Veröffentlichung des Textes hätte die schlimmsten Invektiven von Karl Marx und anderen Feinden bestätigt. In dem Brief nannte Bakunin seine Unterwerfung „entschieden und kühn" und fand, dass er keine seiner Positionen verraten habe. Aber schon der unterwürfig-winselnde

Ton der Beichte hätte seine Freunde vermutlich erschauern lassen. Die Beichte hat nichts genutzt. Bakunin blieb in Haft. Als Nikolaj starb, ist die Mutter zu Zar Alexander II gegangen und hat für ihren Sohn um Gnade gefleht. Die Antwort muss in der Originalsprache zitiert werden, um die Abgehobenheit der Oberschicht von ihrem russischen Volk zu dokumentieren: „Sachez, Madame, que tant que votre fils vivra, il ne pourra jamais être libre". Bakunin dachte an Gift (Briefw: 36). Diese Beichte ist von den Linken als „Verrat" und von den Rechten „als machiavellistisches Meisterwerk" dargestellt worden. Wirkliche Reue konnte der Zar in dem Bericht nicht erkennen, trotz der Unterwerfungsfloskeln. Bakunin distanzierte sich nicht von seinen Zielen, wohl aber vom politischen Mord. Brutus oder Ravaillac wären nie seine Helden gewesen, hat Bakunin nicht ganz wahrheitsgemäß behauptet (Beichte: 89). Das Wohlwollen des Autokraten versuchte der Revolutionär mit scharfen Ausfällen gegen die Deutschen und seinen slawophilen Einsprengseln russischen Nationalgefühls zu erlangen (Beichte: 116ff). Mit gemischten Gefühlen dürfte der Zar das Bekenntnis gelesen haben: „Ich glaube, dass in Russland mehr als irgendwo eine starke diktatorische Macht notwendig ist, die sich ausschließlich mit der Hebung und Aufklärung der Volksmassen befasst, einer ihrer Tendenz und ihrem Geiste nach freie Macht, aber ohne parlamentarische Formen, eine Macht, die Bücher freien Inhalts druckt, ohne die Druckfreiheit einzuführen" (Beichte: 129). Antiparlamentarismus und diktatorische Vollmachten - das konnte dem Zaren gefallen. Aber die Hebung der Volksmassen und der Glaube an die Macht der Bücher - trotz beschränkter Zensur - dürfte ihm eher suspekt erschienen sein. Bakunin beeilte sich, den Verdacht auszuräumen, er wolle der Regierung ihre Kompetenzen abjagen und für sich selbst diktatorische Vollmachten. Danton sei nicht sein Vorbild, hat Bakunin beteuert. Er gab auch seine Ungeeignetheit für ein solches Amt offen zu, weil seine Hauptfehler Unstetheit, Liebe zu unerhörten Abenteuern und grenzenlosen Horizonten sei. Einige Randbemerkungen des Zaren sind erhalten. Bei einem Hinweis, dass der russische Zar an der Spitze einer „Revolution der Slawen" stehen solle, stand die Notiz: „ich danke".

Der Lohn für den Kotau war gering. Alexander II strich Bakunins Namen eigenhändig aus der Liste derer, die amnestiert werden sollten. Immerhin kam es zu Hafterleichterungen und der Zar erlaubte die Verbannung nach Sibirien. Er kam nach Tomsk und später nach Irkutsk. Dort heiratete er eine Polin - wie er betonte: keine Katholikin und polnische Chauvinistin, sondern eine „slawische Patriotin". Es ist Bakunin unterstellt worden, dass diese Heirat mehr der Tarnung seiner Fluchtvorbereitungen diente als der Liebe, von der er in seinen Briefen schwärmte (Briefw: 37). Die Freunde waren von Anfang an skeptisch (Herzen ML III: 459). Die drei Kinder entstanden „in" dieser Verbindung, aber nicht „aus" dieser Verbindung. Bakunins Toleranz ist teils als konsequente Anwendung

der Doktrin der „freien Liebe" in der Gesellschaft der Zukunft, teils als verkappte
Homophilie gedeutet worden. Aber im Oktober 1861 konnte er wieder Bettelbrie-
fe verschicken - die Flucht war geglückt (Briefw: 39ff). Bei der Einreise in England soll er den Behörden auf Fragen nach dem Beruf geantwortet haben: „Revolutionär", vermutlich eine weitere Legende in diesem zur Legendenbildung so
geeigneten Leben.

Geheimbündelei und die „Affaire Nečaev"

In London entfaltete Bakunin sein altes Ungestüm und verärgerte seinen Gönner
Herzen mit dem Versuch, die Redaktion der Zeitschrift „Kolokol" zu revolutio-
nieren. Den Schriftsteller Turgenev, der ihn finanziell unterstützte, verprellte er
mit „Leichtsinn und Geschwätzigkeit". Mazzini lenkte in dieser Zeit seine Aufmerksamkeit von Russland ab - auf ein neues Betätigungsfeld: Italien. Seither hat
Bakunin mit seiner Liebe zu den romanischen Ländern ein positives Pendant zum
Hass auf Deutschland gefunden (AB I, Teil 2). Daneben blieben die slawischen
Länder jedoch ein wichtiger Fokus seiner revolutionären Aufmerksamkeit. Als
1863 in Polen der Aufstand ausbrach, versuchte Bakunin nach Polen zu gelangen.
Schon in Malmö kam es jedoch zum Zerwürfnis mit Herzens Sohn. Die Polen
waren über die unverlangte Hilfe nicht einmal besonders entzückt. Ihr Nationalismus begann sich auch gegen Bakunin zu richten. Das Scheitern dieser Expedi-
tion wurde von Bakunin wortreich als „Verrat" dargestellt. Bakunin begriff nicht,
dass die Polen ihre nationale Revolution weder als panslawistische Expansion
noch als soziale Bauernrevolution anstrebten. Er ging nach London zurück. Revolution war für ihn nicht nur Askese. Er soll Herzen als erstes gefragt haben:
„gibt es hier Austern?" (Herzen ML III: 468ff).

Ab Januar 1864 war Bakunin in Italien. Ein Geheimbund „Allianz der sozialen Demokratie" oder „Internationale Bruderschaft" wurde gegründet. Im
gleichen Jahr entstand die „Internationale Arbeiter-Assoziation", die erste Internationale. Marxens Adresse wurde von Bakunin ins Italienische übersetzt. Die
Polemik gegen Mazzini begann, weil Bakunin glaubte, den Sozialismus gegen
Mazzinis religiösen und politischen Dogmatismus verteidigen zu müssen. Herzen
und Ogarëv haben das muntere revolutionäre Treiben mit Ermahnungen begleitet.
Im Juli 1866 versuchte Bakunin (Briefw: 116ff) seine Aktivitäten zu rechtfertigen. Er sei nicht untätig gewesen, wisse aber, dass die Gründung einer sozialistischen Geheimgesellschaft den Freunden nicht gefallen hätte - aufgrund „ihres
Temperaments" und „ihrer jetzigen Richtung". Bakunin wusste, dass Herzen
Geheimbündelei verachtete. Es folgten die üblichen Anklagen gegen die Konkurrenz. Diesmal waren es Mazzini und Garibaldi und deren „abscheulichste patrio-

tische Bourgeoisie-Rhetorik". Bakunin rühmte sich erster organisatorischer Erfolge, vor allem in Süditalien. Nach der Verteidigung ging er zum Angriff über: Er distanzierte sich von der „moralisch bankrotten Mehrzahl der Schüler Belinskijs, Granovskijs" und „Deiner Schüler, Herzen, der Mehrzahl der alten human-ästhetisierenden Bruderschaften, deren Bücheridealismus, ach! dem Andrang der schmutzigen offiziellen Wirklichkeit nicht stand" (Briefw: 119). Alle wurden ungerechterweise in einen liberalen Topf geworfen. Bakunin sah jedoch etwas richtiges: Viele der Radikalen wie Belinskij, Dobroljubov oder Černyševskij, die er als „halbgebildet" bezeichnete, haben sich nicht nur aus Gründen der Umgehung der Zensur auf ästhetische Betrachtungen geworfen (Kap. Liberalismus). Bakunin sprach seinem Freund Herzen Güte und Verstand nicht ab, fand aber, dass er zu schwach gewesen sei. Er warf den Freunden vor, eine soziale Umwälzung anzustreben ohne die politische Umwälzung zu akzeptieren. Ein wichtiger Punkt des Dissenses wurde die Einschätzung der Dorfgemeinde, die angeblich für Herzen und seine Gruppe zum „mystischen Sanktuarium" geworden sei. Zu ihrer Erhaltung seien sie bereit, dem autokratischen Staat alles zu verzeihen. Erster Programmpunkt aber müsse die Zerstörung des russischen Reiches sein.

Im September 1867 wurde in Genf ein Kongress der „Liga für Frieden und Freiheit" einberufen. Bakunin hat sein Programm eingebracht und wurde in den „Generalrat" gewählt (Briefw, Appendix: 310). Er wies noch auf die Internationale Arbeiterassoziation hin, obwohl Marx seine Teilnahme an dem Liga-Kongress abgelehnt hatte. 1868 trat Bakunin auch der Internationalen bei. Der zweite Kongress der Liga fand in Bern im September 1868 statt. Bakunin entpuppte sich als Hasser des „Kommunismus". Seine eigene anti-etatistische Position nannte er „kollektivistisch". Bakunins Antrag fiel durch und er trat mit einer Minderheit aus der Liga für Frieden und Freiheit wieder aus. Die Gruppe gründete eine „Alliance internationale de la démocratie sociale", die kurzlebig blieb.

Ab 1868 wohnte Bakunin in Genf. Er gewann einige Proselyten im Schweizer Jura, wo er als „l'ami Michel" einige Popularität erlangte. Mit zunehmendem revolutionären Aufwind wurde sein Ton gegen Freund Herzen schärfer. Er verteidigte nun die „ungewaschenen Seminaristen und Nihilisten", deren Treiben Herzen mit ziemlichem Unmut verfolgte (Briefw: 116ff).

Im März 1869 meldete sich bei Bakunin in Genf ein angeblicher Delegierter des Moskauer Komitees einer großen russischen Geheimgesellschaft, welche die Revolution vorbereitete. *Sergej Genadievič Nečaev* (1847-1880) begann Bakunin zu faszinieren. Nečaev hatte mit *Pëtr Tkačëv* (1844-1886) ein Aktionsprogramm verfasst. Er verfocht jedoch im Gegensatz zu Bakunins proudhonistischen Ansichten einen harten Zentralismus und einen offen elitären Standpunkt. Nečaev ließ im Januar 1869 das Gerücht ausstreuen, er sei verhaftet worden, aber entkommen und ins Ausland gegangen, um die Polizei von der Verbreitung seiner Pamphlete abzulenken. In Wirklichkeit wurden einige Freunde verhaftet, darunter auch *Vera Sasulič*, die 1876 durch ihr Attentat auf den Petersburger Polizeipräsidenten berühmt wurde. Sie wurde geradezu zur revolutionären Ikone, als die Richter sie freisprachen. In Genf publizierte Nečaev einige Pamphlete, die angeblich in Russland gedruckt wurden wie „Das Prinzip der Revolution". Nečaevs „Propaganda der Tat" entwickelte eine Unbedenklichkeit hinsichtlich der Radikalität der Mittel, die selbst Bakunin zu weit ging. Da er aber zu lange duldsam war, hat man ihm die Mitschuld an den kriminellen Handlungen des jungen Freundes gegeben. Marx und Engels (MEW, Bd. 18: 407) urteilten über die Flugschriften: „Der absolute Mangel an Ideen drückt sich in einem so schwülstigen Galimathias aus, dass es unmöglich ist, denselben in einer westlichen Sprache wiederzugeben, ohne das Groteske abzuschwächen. Diese Sprache selbst ist nicht einmal russisch, sie ist tartarisch, dafür hat sie ein Russe erklärt". Seitenweise zitierten Marx und Engels aus dem „Revolutionskatechismus: „Der Revolutionär ist ein geweihter Mensch". Kommentar: „Solch ein Meisterwerk kritisiert man nicht...Man nähme auch diesen amorphischen All-Zerstörer viel zu ernst" (ebd: 431).

Der Fall Nečaev wurde zur Affaire, als herauskam, dass dieser in kleinen russischen Revolutionszirkeln einen angeblichen Spitzel liquidieren ließ. Bakunin hat er über die Vorfälle nicht unterrichtet. Stattdessen beschwatzte Nečaev Bakunin, die angefangene Übersetzung von Marxens „Kapital" ins Russische abzubrechen, und bedrohte den Verleger, um ihn zur Lösung des Vertrags zu bewegen. Der Brief kam Marx in die Hände. Bakunin hat seinen windigen Freund anfangs noch in dem Pamphlet „Die Bären von Bern und der Bär von St. Petersburg" in Schutz genommen. Ende Juli erbrachten jedoch Briefe den klaren Beweis, dass Bakunin laufend von Nečaev missbraucht worden war. Er empfahl nun seinen Getreuen, die Beziehungen zu Nečaev abzubrechen und ihm gestohlene Briefe und Dokumente wieder abzujagen (AB IV: 101ff ,Briefw: 221). Bei Bakunin und Ogarëv hatte er Papiere gestohlen, die ihre Urheber belasten konnten. In einem Brief an Talendier schilderte Bakunin, wie Nečaevs Politik auf „Machiavellismus" und „Jesuitismus" beruhte: „für den Körper nur die Gewalt, für die Seele die Lüge" (AB IV: 150, Briefw: 223).

Herzen hatte Nečaev schon vorher misstraut und sich geweigert, eine Summe auszuzahlen, die ein russischer Gönner der Revolution bei ihm deponiert hatte. Nečaev versuchte nach Herzens Tod, dessen Tochter Natalie zu umgarnen, um an Herzens stattliches Vermögen heranzukommen.

Im Sommer 1871 wurde in Petersburg der Nečaev-Gruppe der Prozess gemacht, der erstmals öffentlich war. Nečaev wurde im August 1872 verhaftet. Bakunins Gutmütigkeit ließ sich immer noch dazu bewegen, gegen die Auslieferung an Russland zu protestieren. Ogarëv schrieb er noch: „Er (Nečaev) wird als Held zu Grunde gehen und diesmal niemand und nichts verraten" (AB IV: 256ff, Briefw: 266). Nečaev wurde ausgeliefert und zu lebenslänglicher Haft in der Peters-und-Pauls-Festung verurteilt (AB IV: 277ff). Im Januar 1881 hatte er aus dem Gefängnis noch Kontakte zur terroristischen „Narodnaja-Volja"-Bewegung unterhalten. Als ein Attentat den Zaren tötete, wurden Nečaevs Haftbedingungen verschärft. Er starb in Ketten im November 1882. Bakunin (Briefw: 272) hatte seine Lektion endlich begriffen, und sagte sich vom Machiavellismus los.

Der Aufstand der Commune von Paris war nach den Niederlagen in Lyon, Marseille und Italien noch einmal ein revolutionärer Hoffnungsschimmer für Bakunin. Auch als sie in einem Blutbad untergegangen war, erklärte sich Bakunin als Anhänger der Commune, als „kühne Verneinung des Staates" (GW II: 270, GuSt: 191ff). Als Prinzipien hinter der Commune sah er den „revolutionären Sozialismus", Prinzipien, die gegen die Kommunisten verteidigt werden mussten, weil diese die Macht der Arbeiter mit Hilfe der bürgerlichen Radikalen organisierten wollten. Da sein Freund Varlin bei dem Aufstand zu Tode kam, wurde er sehr allergisch gegen Vorwürfe in der Linken, die Commune sei nicht sozialistisch genug gewesen. Die Bourgeois-Presse behauptete schließlich das Gegenteil (GW II: 273).

Die Kontroverse zwischen Marx und Bakunin

Die marxistische Orthodoxie hat diesen Konflikt als einen permanenten Dissens dargestellt. Er begann jedoch erst 1848. Im Index der Marxschen Werke wurde über Bakunin nur noch lapidar vermerkt: „wegen seiner zersetzenden Tätigkeit aus der 1. Internationale ausgeschlossen". Marx und Bakunin waren beide aus dem deutschen Idealismus hervorgegangen. Marx hat jedoch unter dem Einfluss der englischen Ökonomie einen objektivistischen Standpunkt entwickelt, während Bakunin auch als Materialist subjektivistisch blieb. Die ökonomische Analyse kam bei Bakunin grundsätzlich zu kurz. Der Subjektivismus Feuerbachs mit einem permanenten Kampf gegen die Religion hat Bakunin anhaltend beeinflusst. Marx und Engels hatten die Religion hingegen längst als „überholt" zu den Akten gelegt. Der Mangel an wirtschaftlicher Grundlagenforschung begünstigte die Radikalität von Bakunins Staatsfeindschaft. Marx hingegen sah aufgrund seines ökonomischen Determinismus die Formen des Überbaus als Hüllen an, die unterschiedlichen politischen Kräften dienen könnten. Marx setzte als Angehöriger einer hochentwickelten deutschen Region auf das Proletariat, der Gutsbesitzerssohn aus Russland hingegen glaubte an das revolutionäre Potential der Bauern, nicht zuletzt, weil er in den vorindustriellen Gebieten des Jura, Italiens und Spaniens seine treuesten Anhänger fand. Auch wenn Bakunin bei der Vorbereitung von Aufständen vielfach skeptisch blieb, hat er sich doch immer wieder zu einem blanquistischen Aufstandsdenken hinreißen lassen, bei dem die wissenschaftliche Analyse von einem Denken in Termini von „Strategie und Taktik" überwuchert wurde. Marx und Engels hatten sich von der 48er Revolution und der Commune auch hinreißen lassen, waren aber schnell enttäuscht. Immerhin hat Engels die Commune später die endlich gefundene Form der „Diktatur des Proletariats" genannt - während Bakunin gerade den antidiktatorischen Demokratismus an dieser Bewegung lobte (MEW, Bd. 17: 624). Marx vertrat den Kommunismus, Bakunin lehnte diesen Terminus ab, obwohl sein Kollektivismus sich davon nur in einigen Punkten unterschied. Der gewichtigste Unterschied war jedoch die Rolle des Staates in der Revolution. Bakunin polemisierte permanent gegen „Regierungsdemokratismus", und „roten Bürokratismus", die er ungerechterweise sogar seinem Freund Herzen unterstellte (Briefw: 120).

Trotz aller Deklamationen über die Abschaffung des Eigentums blieb die Lehre Bakunins vager als die Ausführungen im „Kommunistischen Manifest". Zunächst war nur von Abschaffung des Erbrechts die Rede. Es wurde behauptet, dass Bakunin erst unter dem Einfluss von Marx die Abschaffung des Individualeigentums akzeptierte (Pyziur 1955: 134). Vor dem Einfluss des Marxismus lag der Einfluss des Proudhonismus. Proudhon hatte sich aber von seiner Formel von 1840, nach der Eigentum Diebstahl sei, längst verabschiedet. Wer sollte Träger des kollektiven Eigentums sein? Bei Marx wurde die Verstaatlichung nahegelegt - Bakunin plädierte für die Übertragung des Eigentums an dezentrale Arbeiterassoziationen. Zum Kollektiveigentum rang Bakunin sich durch nicht zuletzt aufgrund seiner Hinwendung zur russischen Dorfgemeinde, obwohl diese russische Form des Kollektiveigentums kaum direkt auf eine sozialistische Gesellschaft übertragbar schien. Marx begünstigte den Großbetrieb, Bakunin den mittleren und kleinen Manufakturbetrieb.

Bakunin hat 1848 und später unter dem Einfluss von Nečaev gelegentlich von Diktatur gesprochen. Aber damit war keine organisierte leninistische Parteidiktatur anvisiert. Für Bakunin genügten kleine Zellen mit ca. hundert Militanten. Diktatorische Gelüste à la Garibaldi wies Bakunin zurück. Marx und Mazzini (letzterer weniger eigennützig) waren in seinen Augen politische Ehrgeizlinge, die dazu neigten, die Wissenschaft doktrinär einzusetzen und die Macht diktatorisch zu missbrauchen, um „die Massen nach ihrer eigenen Idee zu regieren, zu erziehen und zu organisieren" (GW III: 207).

Marx und Bakunin verdächtigten einander als Haupt einer Pan-Bewegung. Marx wurde als Pangermanist dargestellt, was er weniger war, als Bakunin ein Panslawist gewesen ist. Zum Hass gegen die Deutschen kam Bakunins Antisemitismus hinzu. Die Juden nannte er das „Blutegelvolk" und eine „ausbeuterische

Sekte". Letzteres zeigte, dass kein rassistischer, sondern ein antikapitalistischer Judenbegriff eingesetzt wurde. Diese Sekte werde entweder von Rothschild oder von Marx kommandiert (GW III: 209). Noch 1869 hatte Bakunin sich als Freund und Schüler von Marx ausgegeben. Marx eröffnete jedoch den Krieg um die Diktaturvorwürfe (MEW Bd. 32: 422). Die Mittel, die in dieser Kontroverse eingesetzt wurden, waren äußerst brutal. Bakunin wurde als russischer Spitzel denunziert. Marx hat das Gerücht ausgenutzt. Als er die Beweise in Form von Briefen der George Sand antreten sollte, machte er einen Rückzieher. Marx behauptete nun, der Spitzelvorwurf sei ohne sein Wissen in die „Neue Rheinische Zeitung" geraten.

Bakunins Mitgliedschaft in der Internationalen führte von Anfang an zu Konkurrenz zweier Exponenten, eine Konkurrenz, bei der Bakunin zunächst die stärkere Position zu haben schien. 1872 wurde eine Generalversammlung der Internationale in Den Haag einberufen. Marx wählte absichtlich ein Land im Norden Europas, um die Bakuninisten aus Südeuropa zu neutralisieren (Dok. in: AB II). Die Teilnehmer der Haager Konferenz waren manipuliert. Die Mehrzahl waren nicht Delegierte von Assoziationen sondern individuelle Teilnehmer, die als treue Marxianer galten. Bakunin und Guillaume wurden ausgeschlossen. Marx und Engels setzten eine Untersuchung gegen Bakunins „Allianz der sozialistischen Demokratie" durch, die sie eine „totgeborene Gesellschaft von Bourgeois-Republikanern" nannten (MEW Bd. 18: 335). Der Vorwurf gegen Bakunin lautete „Aufschneiderei" über die „sofortige Abschaffung des Staates". Die Gruppe Bakunin ging davon aus, dass Revolutionen niemals gemacht werden. Sie waren gleichsam autopoietische Vorgänge: „sie machen sich von selbst". Die hochtönenden Phrasen von Autonomie und freier Föderation wurden als Maskierung des wahren Zwecks hingestellt: die Internationale zu desorganisieren, sie „einer geheimgehaltenen Diktatur zu unterwerfen und ihr das Programm des Herren Bakunin aufzudrängen" (MEW Bd. 18: 440). Dieser Umgang mit Dissentern sollte später im Leninismus und Stalinismus ganze Heere von „Diversanten und Defaitisten" zu Tage fördern.

Bakunin nahm den Ausschluss relativ gelassen hin und betonte nur, dass es in der Internationale kein unfehlbares Dogma geben könnte. Im Gegensatz zu den Urteilen von Marx über Bakunin hat er nicht aufgehört, die überragenden Talente von Marx - trotz aller charakterlicher Mängel - anzuerkennen. Im Schweizer Jura kam es in Saint-Imier zu einem Gegenkongress der Bakuninisten. Die Haager Beschlüsse wurden angefochten. Marxens Manipulationen waren offensichtlich, als er den neuen Generalrat nach New York verlegte, um ihn dem Einfluss der Gegner zu entziehen. Dies entpuppte sich als Anfang vom Ende der Internationalen und hat zum raschen Erkalten des Interesses an dieser Form der internationalen Zusammenarbeit bei Marx beigetragen. Als auf einem späteren Kongress der

Internationalen der Generalrat mit einer libertären Mehrheit abgesetzt wurde, hat Bakunin sich aus der Politik zurückgezogen. In einer Abschiedsadresse vom Oktober 1873 an die Freunde der Jura-Föderation betonte er, dass die Zeit der Theorien vorbei sei. Es seien in der Internationale mehr Ideen entwickelt worden, als man zur Rettung der Welt brauche, wenn Ideen allein sie retten könnten (GW III: 266). Kurz zuvor hatte er das einzige Buch vorgelegt, das er auf russisch geschrieben hat, „Staatlichkeit und Anarchie", und das 1873 zunächst anonym in der Schweiz erschien. Nach Russland eingeschmuggelte Exemplare hatten nachhaltigen Einfluss auf die Narodniki.

Am Ende seiner Tage stellte ein Gönner, der Marchese Carlo Cafiero, Bakunin eine Villa in Locarno zur Verfügung. Bakunins Hang zu aristokratisch-verschwenderischen Allüren und die Zweckentfremdung der Mittel haben den Mäzen bald veranlasst, Bakunin vor die Tür zu setzen und ihm die Kredite zu streichen. Selbst die Freunde im Jura begannen sich von ihm zu distanzieren. Guillaume, der getreue Mitstreiter gegen Marx, entfremdete sich ihm. Noch einmal hat er den Aufstand zu proben versucht, als er heimlich bis Bologna vorstieß. Nach diesem vergeblichen Versuch hat er isoliert gelebt. Nur wenige, wie Reclus haben noch zu Bakunin gehalten. Was er und seine Anhänger einst Herzen angetan hatten, sollte Bakunin nun selbst widerfahren.

Werke zur politischen Theorie

Erst 1865/66 konnte man von Bakunin als einem Theoretiker der Politik sprechen. Sein „revolutionärer Katechismus", der die Ziele der „revolutionären Gesellschaft" darlegte, war beispiellos in seiner Radikalität. An den Anfang stellte er das atheistische Bekenntnis. Der Gotteskult sollte durch Achtung und Liebe der Menschheit ersetzt werden. Er erkannte nur ein absolutes Recht an: das Recht auf Freiheit. Dieses konnte jedoch nur durch die „Gleichheit aller verwirklicht werden" (PdT: 316). Freiheit des Nächsten zu achten, nannte Bakunin eine Pflicht, oder „die Tugend". Es gab für ihn keine einheitlichen Organisationsmuster für alle Nationen. Jede Autorität wurde abgelehnt, die Klassen sollten abgeschafft, die Republik und die Wahl aller öffentlichen Funktionäre und Richter sollten eingeführt werden. Das Recht der Propaganda sollte unbeschränkt sein. Das Wahlrecht umfasste auch das Recht der Frauen. Kooperative Arbeiterassoziationen bildeten die Infrastruktur der Verwaltung von „Sachen". Für die Verwaltungseinteilung gab es keine Vorschriften außer den Föderalismus. Zwischen Gemeinde und Staat sollte es eine Zwischeneinheit geben, die Departement, Region oder Provinz genannt wurden. Selbst das zentralistische Frankreich konnte dieser Forderung genügen. Schule sollte die Kirche ersetzen. „Gleichheit der

Mittel für Unterhalt, Erziehung und Unterricht" wurden angestrebt. Fortan sollte es keine Revolutionen mehr geben, sondern nur eine einzige universelle Revolution, sowie es auch nur eine europäische oder Weltreaktion in der Welt gebe (PdT: 356).

1867/68 wurden diese Ziele in der Schrift „Föderalismus, Sozialismus, Antitheologismus" ausgeführt (IS III: 121ff). Die Schrift war als Antrag für den Genfer Kongress gedacht gewesen. Daneben entwickelte Bakunin ein „Programm der russischen sozialistischen Demokratie".

Im deutsch-französischen Krieg nahm Bakunin Partei für Frankreich. Marx - sonst dem preußischen Militarismus nicht gewogen - hat den preußischen Sieg aus taktischen Gründen für seine Bewegung begrüßt: „Die Franzosen brauchen Prügel" schrieb er am 20. Juli 1870 an Engels: „Siegen die Preußen, so ist die Zentralisation der state power nützlich der Zentralisation der deutschen Arbeiterklasse. Das deutsche Übergewicht würde ferner den Schwerpunkt der westeuropäischen Arbeiterbewegung von Frankreich nach Deutschland verlegen. Ihr Übergewicht auf dem Welttheater über die französische wäre zugleich das Übergewicht unsrer Theorie über die Proudhons etc." (MEW Bd. 33:5). Dieser Opportunismus zugunsten der eigenen Theorie war beträchtlich. Bakunin hatte leichtes Spiel, diesen in einer Schrift zu brandmarken. Auf französisch schrieb er ein Pamphlet „La révolution sociale ou la dictature militaire". Später kam es unter dem Titel „Das knuto-germanische Reich oder die soziale Revolution" heraus. Bakunin beklagte, dass Frankreich aufgehört habe, ein Staat zu sein. Die Gründe der Niederlage zwangen den Libertären zur Anerkennung einer gewissen Disziplin, wenn auch nur einer „freiwilligen und durchdachten Disziplin" (GW I: 9). Befremdlicher Weise polemisierte er nun gegen das allgemeine Wahlrecht, weil es den Diktator Napoleon III an die Macht gebracht habe und den Interessen der Arbeitermassen stets zuwider laufe. Er rühmte sich - entgegen den Ansichten seines Lehrers Proudhon - schon in der zweiten Republik geschrieben zu haben: „Das allgemeine Wahlrecht ist die Gegenrevolution". Den Machtzuwachs des vereinten Deutschland sah er mit Grauen. Da Russland Deutschland unterstützt hatte, schien ein Streit um die baltischen Provinzen die einzige Hoffnung für Bakunin. Er plädierte übrigens für den Anschluss des Baltikums an Skandinavien. Die Esten wurden als „Finnen" behandelt (GW I: 57). Bakunin beklagte das Einvernehmen des „germanisierten Dschingis Khan" auf dem Zarenthron mit dem „Popanz-König, dem zukünftigen Kaiser Deutschlands". Letzte Hoffnung schien das deutsche revolutionäre Proletariat, das als einzige deutsche Kraft das reaktionäre Bündnis mit Russland verabscheue. Die zweite Lieferung dieser Schrift musste zu Bakunins Lebzeiten wegen Geldmangel ausgesetzt werden.

Das Hauptwerk zur politischen Theorie blieb Fragment. Reclus und Cafiero haben „Dieu et l'état" 1882 nach Bakunins Tod herausgegeben. Die Editoren räumten ein, dass dieses Werk wie die meisten Schriften Bakunins Fragment eines Briefes oder eines Berichts geblieben sei, mit den üblichen literarischen Mängel seiner Gattung und einem „manque de proportions" (1882: VI). Bakunin entwickelte in dieser Schrift (1882: 3) drei Grundprinzipien der historischen Entwicklung: die menschliche Animalität, das Denken und die Empörung. Sehr logisch war dieser Dreiklang von Prinzipien nicht, die auf ganz verschiedenen Ebenen angesiedelt schienen. Pendants der drei Prinzipien waren Wirtschaft, Wissenschaft und Freiheit. Gegen den Mythos der Bibel wurde erneut der Materialismus verteidigt. Problem war dabei, dass große Schriftsteller, wie Mazzini, Michelet oder Mill, Idealisten gewesen seien. Er hielt dem Idealismus entgegen, dass die Gottesidee die Abdankung der menschlichen Vernunft und der menschlichen Freiheit sei. Die Religionen verdummen die Menschen und entehren die menschliche Arbeit. Bakunin stellte sodann die Frage, ob er damit jede Autorität verneine. Er hat das bestritten. Jeder Fachspezialist war für ihn eine Autorität und er erkannte die „unbedingte Autorität der Wissenschaft" an, aber er wies Unfehlbarkeitsansprüche der Wissenschaft zurück. Zugleich strebte er nach einer absoluten universellen Wissenschaft, die alle Naturgesetze ideal wiedergebe. Comtesche Einflüsse waren in diesen Ansichten nicht zu verkennen. Den Idealisten hingegen unterstellte Bakunin einem „metaphysischen Pietismus" (GW I: 114). Die Kirche der Zukunft werde „Schule" heißen. Der Staat werde in eine Republik transformiert. Parlamente lehnte er ab, sie waren in seinen Augen nur die Legalisierung der Sklaverei des Volkes (GW I: 168).

In der Schrift „Staatlichkeit und Anarchie" hat Bakunin auf russisch zum Gegenschlag gegen Marx ausgeholt (1872). Zwischen Staatlichkeit und revolutionärer Diktatur bestand für ihn nur ein gradueller Unterschied. Bismarck - Marx - Lassalle - alle deutschen Positionen wurden in panischer Pangermanismus-Furcht gleichgesetzt. Es war ein konfuses Buch. Der wissenschaftliche Anspruch bei Marx wurde fehlgedeutet. Der Ausdruck „wissenschaftlicher Sozialismus" hatte sich gegen den „utopischen Sozialismus" gerichtet. Dennoch wurde aus dem bloßen Terminus schon ein Herrschaftsanspruch abgeleitet, den der Marxismus zur Errichtung einer revolutionären Staatsdiktatur angeblich einsetzen wolle.

„Staat und Anarchie" war zugleich ein umfassender Traktat zur vergleichenden Betrachtung der Regime und Bewegungen in Europa und der internationalen Politik jener Epoche. Unter dem Eindruck eines eingebildeten Sieges über Marx und die Internationale glaubte Bakunin, dass die Revolution nirgends so nah sei wie in Italien und Spanien. Der Wunsch war der Vater des Gedankens, denn dort hatte Bakunin seine Hauptanhängerschaft (AB III: 206). Deutschland war für ihn ein machiavellistisch geeinter Staat. Frankreich war unterdrückt und hat durch die „Verräter von Versailles" unter Thiers die Commune liquidiert - die letzte Hoffnung des Landes. Wer konnte das Deutsche Reich noch in Schach halten? Nicht einmal England, da es keinen Staat im modernen Sinne darstelle, sondern nur eine „Föderation von privilegierten Interessen" sei (AB III: 222). Auch in England sah er revolutionäre Tendenzen. In Österreich würden 7 Millionen Deutsche - die Juden eingeschlossen - elfeinhalb Millionen Slawen unterdrücken. Die ungarische Seite des Reiches sei in der Slawenunterdrückung trotz einer liberaleren Verfassung nicht besser. Immerhin hatten sie sich einmal revolutionär erhoben. Polen als revolutionäre Hoffnung sei ausgeschaltet worden. Kein Zar würde für den Panslawismus Krieg mit Deutschland riskieren. Das Kriegsziel Konstantinopel - offenbar nicht strikt verworfen - würde alle Mächte gegen Russland aufbringen, Frankreich und England eingeschlossen. Deutschland sah er als umso gefährlicher an, als es „durch eine Art Wunder" in der Literatur seit Lessing, Goethe, Schiller, Kant, Fichte und Hegel führend geworden sei (AB III: 287). Die deutsche Arbeiterbewegung sah Bakunin als nicht weniger aggressiv an als die preußisch-deutsche Regierung. Seit Weitling, Marx und den Junghegelianern hätten die Deutschen versucht, auch die Arbeiterbewegung unter die „knuto-germanische" Gewalt zubringen. Lassalle - „zu jüdisch, um sich im Volk wohlzufühlen" (AB III: 348) - wurde zum Nationalisten und Zentralisten. Die deutschen Arbeiter hätten keinerlei Solidarität mit den französischen Arbeitern gezeigt. Das pangermanistische Banner trage die Inschrift, die für alle Ebenen der Gesellschaft gelte: „Stärkung des Staates um jeden Preis". Diese Schrift wurde durch einen Appendix, der stärker auf Russland einging, einflussreich in der revolutionären Bewegung des Landes.

Die russischen „Deformateure des Volkes" - die Narodniki - wurden kaum weniger hart kritisiert als die deutschen Gegner in der internationalen Arbeiterbewegung. Den Narodniki versuchte Bakunin klarzumachen, dass der russische Staat die Dorfgemeinde bereits vernichtet habe. Daher musste die Intelligenz ins Volk gehen - was auf der Linie der Narodniki lag (AB III: 374). Er versuchte sogar eine soziale Analyse der Intelligenz, die den Gang ins Volk antrat: Die Intellektuellen hatten keine andere Wahl, sie seien in einer sozial-revolutionären Lage (social'no-revoljucionnoe položenie) (AB III: 179, 378). Aber Bakunin beklagte die Konfusion zwischen den Narodniki-Propagandisten und den Aufständlern (buntari).

Karl Marx hat Bakunins „Staatlichkeit und Anarchie" exzerpiert und kommentiert. „Konspekt" nannte er diese Literaturgattung, die in den russischen Sprachgebrauch eingehen sollte. Er sparte nicht mit Invektiven wie „schülerhafte Eselei", „politische Faselei" oder „Blödsinn" - zum Beispiel bei Bakunins Herumreiten auf Liebknechts „Volksstaat". Marx sah richtig, dass Bakunin die Erfolgsaussichten der Revolution nach Sympathie und Gefolgschaft - aber nicht nach objektiven Kriterien - einschätzte: „Er versteht absolut nichts von sozialer Revolution, nur die politischen Phrasen davon; die ökonomischen Bedingungen derselben existieren nicht für ihn" (MEW Bd. 18: 633). Der Vorwurf war berechtigt. Bakunin hat radikale Revolutionen überall für möglich gehalten, selbst in slawischen Agrargesellschaften und bei Hirtenvölkern. Erneut wurde der Dissens hinsichtlich der Benutzung von Überbauformen deutlich. Marx ging davon aus, dass die politischen Formen der vorangegangenen Gesellschaft der Bewegung dienen könnten. Er kam daher zum Schluss, dass Bakunin auf eine Art „jüngstes Gericht" warte, in dem alles oder gar nichts erledigt werden müsse (ebd: 636). Für Marx war die politische Theorie Bakunins nichts als „die Proudhonsche und Stirnersche Anarchie ins wüst Tartarische übersetzt". Bakunin hingegen ging davon aus, dass Bismarck und Lassalle natürliche Verbündete durch ihre Staatsvergottung seien.

Zentrale Begriffe der politischen Theorie Bakunins

Freiheit war Bakunins Zentralbegriff. Aber er war eher ein rhetorischer Denker, „einfach, seicht und klar" sagte Isaisah Berlin (1981: 157). Das trifft zu bis auf die Klarheit. Es gab keine stringenten Definitionen bei Bakunin und auch der Freiheitsbegriff wurde ganz schillernd gebraucht. Daher haben die Interpretationen von Bakunins Freiheitsbegriff in der Literatur stark variiert - von „impotenter Romantizismus" als Kompensation für ein verkorkstes Leben (Mendel 1981), oder schrankenloser Individualismus in der Nachfolge Stirners (Carr 1961) - bis zu „rationale Anwendung der Naturgesetze" und Freiheitsgewinn durch Verbreitung von Wissen (Maximoff 1964: 265) oder Freiheit als „moralische Selbststeuerung" (Crowder 1991: 129). Der Freiheitsdrang ist aus Bakunins Leben abgeleitet worden. Im Vergleich zu Herzen konnten einige Kritiker (Berlin 1981: 160) jedoch wenig Originalität und noch weniger Freiheitlichkeit im Werk von Bakunin entdecken. Die Relativierung des Freiheitsbegriffs im Hinblick auf die verschiedenen Nationen war äußerst irreführend. Oft gewinnt man den Eindruck, der Freiheitsdrang sei doch nicht universalistisch in jedem Menschen angelegt. Die krude Völkerpsychologie Bakunins (AB III: 358) ging davon aus, dass ein Engländer oder Amerikaner, der stolz auf sein Land sei, impliziere: „Ich bin ein freier Mensch". Verfassungspatriotismus würde das heute genannt. Ein Deutscher aber sage gleichsam: „Ich bin Sklave, aber andererseits ist mein Kaiser mächtiger als alle anderen Souveräne". Das Urteil über die Völker schlug auf ihren Urheber zurück. In der Evaluation seiner Freiheitstheorie waren deutsche und jüdische Autoren unnachsichtiger als angelsächsische Interpreten. Jüdische Publizisten konnten zudem den Antisemitismus Bakunins nicht verwinden.

Der Begriff der Revolution bei Bakunin war ebenfalls umstritten. Er wurde im „Programm und Ziel der Revolutionären Organisation der Internationalen

Brüder" zusammengefasst. Staat und Eigentum sind zu zerstören. Trotz einer radikalen Revolution, solle man „den Menschen gegenüber menschlich ... sein, ohne die Revolution zu gefährden". Was bedeutete die Einschränkung im zweiten Teil des Satzes? Der Schluss bleibt unklar: Man müsse den „Verhältnissen und Dingen gegenüber ohne Mitleid sein" (Briefw: 464). Das ist nicht klarer als die Differenzierung von Gewalt gegen Menschen und Gewalt gegen Sachen, die er in seiner Beichte gemacht hatte. Blutbäder sollten vermieden werden. Jakobiner und Blanquisten neigten in Bakunins Augen dazu, dieses nicht zu akzeptieren. Daher wurde ihnen unterstellt, dass sie eigentlich keine Sozialisten seien und den Sozialismus nur übernommen hätten, um ihre Diktatur zu verschleiern. Die natürlichen Feinde der Revolutionäre, die „zukünftigen Diktatoren, Reglementierer und Bevormunder der Revolution" erkennt man an ihrer Haltung zum Staat. Sie strebten einen neuen Staat an - so zentralistisch wie der alte, den sie zerstört hätten. Um diese Zeit waren die Blanquisten noch stärker kritisiert worden als die Marxisten. Das sollte sich bald ändern. Blanqui hatte immerhin auf Seiten der Commune gestanden. Bakunin bekannte sich zur Anarchie. Diese wurde auch nicht eben klar als „vollkommene Offenbarung der entfesselten Volkskräfte" definiert. Die oberste Führung der Revolution sollte beim Volk bleiben. Wie das organisatorisch aussehen sollte, blieb gleichfalls unklar. Hatte er nicht selbst mangelnde Disziplin an der Commune beklagt?

Soziale und politische Revolution mussten für Bakunin Hand in Hand gehen. In einigen Fällen konnte noch eine nationale Revolution hinzutreten - wie in Polen. Eine Freiheit des Willens hat der späte Bakunin geleugnet. Es wurde vermutet, dass dies ein Trick war, um jedes Strafrecht ablehnen zu können (Masaryk II: 18). Die Rolle der Intelligenz wurde im Gegensatz zu den Narodniki negativ beurteilt. Hier war Bakunin Tkačev näher als Lavrov. Vorübergehend hat er jedoch auch den „Machiavellismus" einer revolutionären Führungselite gebilligt.

Die Organisationsfrage konnte auch der Anarchismus nicht vermeiden. Die Existenz eines Zentralkomitees ließ nichts Gutes ahnen. Die Geheimbündelei, der Bakunin zum Kummer Herzens verfallen war, drohte ebenfalls, autoritäre Tendenzen zu stärken. Immerhin kam der Voluntarismus des Revolutionärs auch bei der Abwägung des persönlichen Risikos zum Vorschein. Während Marx 1848 offene Aktionen vermied, um nicht aus Preußen ausgewiesen zu werden, hat Bakunin selbst bei geringen Erfolgsaussichten der Erhebung sein Leben in die Schanze geschlagen. Bakunins Voluntarismus ist häufig Aristokratismus unterstellt worden: Das Volk wird zum Revolutionssklaven degradiert (Masaryk II: 23). Einst hat Bakunin dem Subjektivismus des deutschen Idealismus vorgeworfen, dass er eigentlich als letzten Ausweg nur den Selbstmord nahe lege. Bakunins revolutionärer Subjektivismus schloss den politischen Selbstmord im Scheitern der Revolution nicht aus. Aber auch der politische Mord an anderen wurde

nicht mit der nötigen Schärfe ausgeschlossen. Die larmoyante Erklärung in seiner
Beichte an den Zaren reicht für eine gegenteilige Hypothese nicht aus. Er schrieb
damals aus dem Gefängnis: „Ich bin ein Verbrecher vor Ihnen und vor dem Gesetz, ich kenne die Größe meiner Verbrechen, aber ich weiß, dass meine Seele
niemals einer Freveltat oder einer Schuftigkeit fähig war. Mein politischer Fana-
tismus, der mehr meiner Phantasie als meinem Herzen entsprang, hatte gleichfalls
genau bestimmte Grenzen: Brutus, Ravaillac und Alibo waren nie meine Helden"
(Beichte: 89). Was war der Unterschied zwischen Verbrechen und Freveltat?
Später hat Bakunin das Bekenntnis zum Machiavellismus in einem Brief wenigstens verbal widerrufen. Er schrieb 1874 an Ogarëv: „Begreife doch endlich, dass
man auf jesuitische Spitzbüberei nichts Lebendiges und Festes aufbauen kann,
dass die revolutionäre Tätigkeit zum Erfolg der Sache selbst nicht in niederträch-
tigen oder niedrigen Leidenschaften ihre Stütze zu suchen hat, und dass ohne
höhere selbstverständlich menschliche Ideale keine Revolution zum Siege gelangen kann". Der Herausgeber von Bakunins Briefen hat darin eine Bekehrung
gesehen, aber was ist diese wert, nach all den blutrünstigen Proklamationen, mit
denen er - aus Sibirien entflohen - seiner Beichte an den Zaren durch die Tat
widersprach? Zudem ist der Anlass dieser angeblichen Bekehrung verdächtig,
denn in dem Brief wird Cafiero, sein einstiger Gönner, angeschwärzt. Das Bekenntnis wirkt zu sehr als captatio benevolentiae beim Spinnen einer neuen Intri-
ge.
        Nicht immer hatte Bakunin die Gewalt propagiert. Sein Beitrag „Volkssa-
che", der 1862 in London erschien, hatte friedlichere Töne angeschlagen. Aber
wieder lag diesem Gesinnungswandel ein zweifelhaftes Manöver zugrunde. Bakunin behauptete plötzlich er würde lieber einem Volkszaren Alexander als ir-
gendeinem Rebellen à la Pugačëv oder Pestel' folgen (Briefw, Appendix: 308).
Es handelte sich seiner Ansicht nicht mehr darum, die Revolution abzuwenden,
sondern zu entscheiden, ob sie einen friedlichen Ausgang nehme, d.h. ob der Zar
sich an die Spitze einer Volksbewegung stelle oder in seiner Verblendung reaktionär handele oder bei alten Maßregeln stehen bleibe (ebd: 304f). Der vehemente
Parlamentarismus-Verächter forderte nun einen „allgemeinen Reichstag". Solche
Äußerungen waren so wenig glaubhaft wie bei Marx, als er auf dem Haager Kongress der Internationale 1872 in einigen Ländern - England, USA, eventuell Nie-
derlande - einen friedlich-parlamentarischen Weg für möglich hielt (MEW Bd.18:
160). Von der Revolution rückte Bakunin in dieser Einlassung nicht ab und
schloss den Gedanken mit Drohungen, weil er sein optimistisches Szenario selbst
für recht unwahrscheinlich hielt. Bakunin setzte in einem worst-case-scenario auf
die „revolutionäre Jugend", die begriffen habe, dass die „westeuropäischen Abstraktionen konservativer, bourgeois-liberaler oder sogar demokratischer Natur
auf unsere russische Bewegung nicht anwendbar sind" (Briefw: 306). Die an-

schließenden Forderungen war so radikal gehalten, dass jeder Appell an den guten Willen des Zaren illusorisch erscheinen musste:

- Grund und Boden sollte Eigentum des Volkes werden,
- Selbstverwaltung des Volkes,
- freie Föderation der einzelnen Gebiete,
- völlige Unabhängigkeit für Polen, Litauen, Finnland, Kaukasus, Lettland und sogar für die Ukraine,
- ein Bund als brüderliche Vereinigung der slawischen Völker gegen die deutsche Bedrohung,
- Hilfe für alle slawischen Brüder unter dem Joch Österreichs, Preußens und der Türkei,
- ein enges Bündnis mit Italien, Rumänien und Griechenland.

Immerhin wurde die Revolution vom „Urinstinkt" des Volkes zu einer rationalen
Entscheidung gemildert, die nur noch im Notfall getroffen werden müsse, falls
die Dummheit der Herrschenden obsiege. Ein Rest von Hoffnung auf den Volkszaren ist ihm in der Bewegung übel genommen worden. Aber dieser Rückfall
schien nicht gravierender als Proudhons zeitweilige Hoffnungen auf Louis Bon-
aparte.

Immer wieder kam bei Bakunin, der dem Volk dienen wollte, ein urtümli-
cher Aristokratismus durch, wenn er glaubte, der Macht nahe zu sein. Der antibourgeoise Affekt, den er mit dem frühen Herzen und anderen „reuigen russischen Edelmännern" teilte, hat immer wieder gezeigt, dass ein geheimer Standes-
dünkel nicht überwunden war. Eine Allianz der intellektuellen Teile der Aristokratie mit dem bäuerlichen Volk sollte Dämme gegen die kapitalistische Flut
bauen. Bakunin hat auch im Persönlichen diese adlige „Kollusion" durchaus
genutzt; als er die familiären Beziehungen zum Gouverneur in Sibirien für seine
Flucht ausnutzte, war dies nicht nur Schlamperei der Administration, sondern
auch Gefälligkeiten einer aufgeklärten Staatsdienerkaste selbst für die gefallenen
Söhne ihrer Klasse.

Der Antitheologismus wurde neben dem Föderalismus und dem Sozialismus das dritte Prinzip im Programm für den Genfer Friedenskongress (1867). Die
Schrift „Föderalismus, Sozialismus, Antitheologismus" war als Resolutionsent-
wurf (motivirovannoe predloženie) für das Zentralkomitee der „Liga des Friedens
und der Freiheit" vorgelegt worden (IS III: 122). Der Atheismus - für Marx längst
ein Nebenkriegsschauplatz - wurde zum zentralen Anliegen der Befreiung. Solange Gott existiert, ist der Mensch Sklave (IS III: 150ff). Erst wenn die Autorität
der Kirche gebrochen ist, fällt auch die Autorität des Staates. Kirche und Staat hat
Bakunin einmal die „schwarzen Tiere" genannt. Sie wurden so zu apokalypti-

schen Ungeheuern, die wie Leviathan und Behemoth aus der Tiefe die Menschheit bedrohten. In einer Kombination von Materialismus und Positivismus Comtescher Prägung wurde die Psychologie, die das geistige Geschehen untersucht, auf die Biologie reduziert. Der Terminus Soziologie wurde von Comte übernommen (IS III: 155). Der Dreiklang der Prinzipien zeigte auch noch Anklänge an die Hegelsche Triade, obwohl er sich von Hegel gelöst zu haben glaubte. In seinem Konflikt mit Marx hat er dem Gegner gleich einen dreifachen Autoritarismus angehängt, der Marx als Deutscher, als Jude und als Hegelianer verfallen sei. Trotzdem konstruierte er eine Triade: die Staatlichkeit war die These, die Anarchie die Antithese. Die Synthese wurde im Geist Proudhons konzipiert, sie lautete „Föderalismus".

Die Totalzerstörung des Systems wurde partialisiert. Je slawophiler Bakunin wurde, umso weniger hat er in seinen taktischen Anweisungen für Russland den Atheismus betont, um die Gefühle der bäuerlichen Massen nicht zu verletzen. Wie Herzen wurde Bakunin in der Emigration vom theoretisch sublimierten Heimweh erfasst, der Slawophilie. Er vertrat aber keinen großrussischen Chauvinismus. Immer hat er - wie auch Herzen - die polnische Eigenständigkeit verteidigt. Der slawophile Messianismus schien in den Augen slawischer Intepreten (Masaryk II: 25) nicht nationalistischer als Marxens Predigt einer deutsch-polnisch-ungarischen Verbindung gegen den Rest des Slawentums (MEW, Bd.6: 286). Aber dass Polen in dieser Allianz auftauchte, zeigte schon, dass Marx sich nicht gegen die Slawen schlechthin richtete. Er vertrat einen Anti-Russismus: „Russenhass ist die erste revolutionäre Leidenschaft bei den Deutschen" - eine missverständliche Formulierung, obwohl sie nur auf das autokratische System des damaligen reaktionären „Weltpolizisten" gemünzt war. Polen hat Marx nicht weniger geliebt als Bakunin - wie diese Liebe teilten sie auch ihre liberalen Gegner. Marxens Lehre schien jedoch in einem Punkt chauvinistischer als die Bakunins, und daran war nun wirklich sein Hegelianismus schuld: Er glaubte nicht an eine Zukunft kleiner Volkssplitter, während Bakunin auch den kleinsten slawischen Völkern zur Unabhängigkeit verhelfen wollte. Andererseits hat Marx Volk und Staat sehr viel konsequenter geschieden als Bakunin, bei dem seltsame Pauschalurteile in die Werke eingestreut wurden, wie „Die Deutschen sind ein lächerliches, aber gutmütiges Volk". Von dieser Gutmütigkeit nahm er schon Anfang der 50er Jahre aber die deutschen kommunistischen Literaten ausdrücklich aus (Beichte: 95). Die Trennung von Volk und Staat verteidigte Marx auch gegen Bakunin und verübelte ihm, dass er das Liebknechtsche Geschwätz über den „Volksstaat" nachbetete. Bakunin blieb auch unkritischer gegenüber der Dorfgemeinde als Marx, der diese nur vorübergehend als lebensfähige Organisationsform der Zukunft anerkannt hatte. In der innerrussischen Debatte hat Bakunin freilich auch die Dorfgemeinde äußerst kritisch betrachtet. In Briefen an Herzen

(Briefw: 122f) mokierte er sich über das „mystische Sanktuarium": „Ihr stolpert über die russische Bauernhütte, die selbst stolperte und mit ihrem Recht auf Grund und Boden seit Jahrhunderten in ihrer chinesischen Unbeweglichkeit steht". Bakunin hatte die historische Debatte um Haxthausens Thesen (Kap. Konservatismus) offenbar nicht verfolgt und glaubte an die Statik der Dorfgemeinde. Aber er sah auf der normativen Ebene immerhin richtig, dass die Dorfgemeinde die Unterdrückung der Frauen, die Konservierung patriarchalischer Sitten und die Unterwerfungsbereitschaft der Menschen in einer Gemeinde, „jede Möglichkeit einer individuellen Initiative unterdrückt".

Bakunin war kein reaktionärer Panslawist, der die Föderationsträume zur Verschleierung einer russischen Hegemonie benutzte. Sein Ruf nach der Führungsrolle des „Volkszaren" in der Schrift „Volkssache" von 1862 hat jedoch eine andere Interpretation nahe gelegt. Daher hat Bakunin sich in einem späteren Brief an die Freunde Herzen und Ogarëv (Briefw: 121) von 1866 sehr gewunden, warum er diesen Appell an die Monarchie gerichtet und die Illusion genährt habe, den Zaren und die revolutionäre Organisation „Land und Freiheit" versöhnen zu können. Er bekannte, dies gegen den Willen seiner Freunde getan zu haben. Er habe es aber getan, um zu beweisen, dass der Versöhnungsgedanke zu nichts führe - und habe nie an seinen Erfolg geglaubt. Ein wenig glaubhaftes Manöver! Selbst, wenn man an die Ernsthaftigkeit von Bakunins Motiven glauben möchte, musste man sehen, dass diese Strategie kompromittierend war. In der Geschichte der Revolutionen waren solche Manöver jedoch kein Novum, man denke nur an Mazzinis offenen Brief an König Carlo Alberto.

Marx und Engels haben Bakunins Slawophilie immer als Spaltungsabsicht in der Internationalen gedeutet. Schon 1848 haben sie gegen den „demokratischen Panslawismus" gewettert (MEW Bd. 6: 283). Bakunin hatte sich jedoch die Organisation der slawischen und der romanischen Nationen durchaus im Rahmen einer internationalen Föderation vorgestellt. Nur wie sollte eine vom Zaren geführte Slawenföderation sich in eine republikanische Konföderation einbringen? Man sieht, die Konzepte, die Bakunin jeweils ad hoc entwickelte, waren wenig aufeinander abgestimmt.

Bakunin hat die große Aufmerksamkeit, die ihm im Rahmen einer Geschichte der politischen Theorien zu Teil geworden ist, eher durch sein unkonventionelles Leben und die Radikalität seiner Programme als durch eine stringente Theorieentwicklung erlangt. Bakunin blieb ein gut inszeniertes Gesamtkunstwerk als Einheit von Leben und Theorie. Darin war er Wagner vergleichbar, der kurze Zeit, 1848, sein Kampfgefährte gewesen ist. Wagner hat sein Lebenskunstwerk ästhetisch inszeniert, Bakunin hingegen durch seine revolutionäre Organisationsarbeit. Diese Parallele ist keineswegs eine weither geholte Analogie im Sinne neuerer Reinterpretationen von Wagners Werk (Bermbach 1994), sondern wurde auch von Zeitgenossen schon so empfunden: Georg Herwegh (zit: Scheibert 1956: 279) schrieb nach dem Tode Bakunins an Feuerbach: „Seit mein Freund Bakunin tot ist, kenne ich keinen Menschen mehr, der ein wirklich revolutionäres Naturell hat, nach der Gefühls- wie nach der Verstandesseite hin, als Dich und Wagner".

Pëtr Nikitič Tkačëv (1844-1886)

Quellen:

Tkačëv: Izbrannye sočinenija na social'no-političeskie temy v četyrëch tomach. Moskau. Izdatel'stvo svesojuznogo obščestva politkatoržan, 1932-1935, 4 Bde. (zit: IS).

Tkačëv: Ibranny proizvedenija na social'no-političeskie temy. Moskau, Izdatel'stvo vsesojuznogo obščestva politkatoržan, 1932-1937, 7 Bände geplant, Bd. I-VI.

Tkačëv: Ljudy buduščego e geroj meščanstva. Moskau, Sovremennik, 1986.

Tkačëv: Sočinenija. Moskau, Mysl 1975-76, 2 Bde.

F. Engels: Flüchtlingsliteratur IV und V. MEW, Bd. 18: 546-567.

E. Bernstein (Hrsg.): Die Briefe von Friedrich Engels an Eduard Bernstein. Berlin, Dietz, 1925.

Literatur:

B. P. Koz'min: Tkačëv i revoljucionnoe dviženie 1860-ch godov. Moskau, Novyj mir, 1922, Reprint: Den Haag, Mouton, 1969.

E. L. Rudnickaja: Russkij blankizm. Pëtr Tkačëv. Moskau, Nauka, 1992.

B. M. Šachmatov: P. N. Tkačëv. Etjudy k tvorčeskomu portretu. Moskau, Mysl', 1981.

F. Venturi: Pëtr Tkačëv. In: Ders.: Il populismo russo. Turin, Einaudi, 1952, Bd. 2: 635-698.

Tkačëv stammte aus dem niederen Adel. Sein Vater hatte nur einen kleinen Besitz. Als Student der Rechtswissenschaften war er in der Studentenbewegung engagiert und wurde enger Mitarbeiter von Nečaev (vgl. Kap. Bakunin). Nach dem Zeugnis seiner Schwester war Tkačëv in seiner Jugend so radikal, dass er es für die Erneuerung des Landes für unvermeidlich hielt, dass alle Personen über fünfundzwanzig Jahren vernichtet werden müssten (IS I: 14) - eine Art Pol-Pot-Ideologie. Als Mitarbeiter verschiedener radikaler Zeitschriften wurde er 1862 (zusammen mit Pisarev) und 1869 (wegen der Nečaev-Affaire) in der Peter-und-Pauls-Festung eingesperrt. 1873 gelang es ihm, nach Zürich zu fliehen. Er wurde Mitarbeiter von Lavrovs Zeitschrift „Vperëd" (Vorwärts) und später Redakteur der Zeitschrift „Nabat" (Alarm) in Genf. In einem Pamphlet über „Was ist die Partei des Fortschritts?" (IS II: 166ff) hat er mit Lavrov gebrochen. Lavrov sah mit Entsetzen, dass Utopien in Russland aufkamen, die zum Morden und Plündern am Vorabend eines paradiesischen Lebens einluden. Engels (Bernstein 1925: 132f) hat 1883 in einem Brief an Bernstein nicht ohne Schadenfreude beschrieben, wie die „Jungen Wilden" dem Altmeister der Narodniki-Philosophie zusetzten: „Freund Lawroff muss es allerdings hart angekommen sein zu unterschreiben, dass er und seine Russen jetzt definitiv mit ihren anarchistischen Traditionen gebrochen haben. Nicht, dass er viel darauf gab, aber es war doch etwas apart ‚Russisches'. Übrigens ist er ein sehr braver alter Kerl, der aber immer die Henne ist, die in ihrer russischen Jugend Enteneier ausbrütet und die Entchen zum Entsetzen auf das horrible Wasser gehen sieht. Das ist ihm jetzt zum x-ten Male passiert."

1880 stieß Tkačëv zu der Gruppe um Blanquis Zeitschrift „Ni dieu ni maître" in Paris. 1882 wurde er geisteskrank und starb nach einigen Jahren in einem psychiatrischen Krankenhaus.

Tkačëv entwickelte seinen eigenen Standpunkt - wie so viele jener Generation - in der Polemik gegen andere. Gegen die einflussreichen „Historischen Briefe" Lavrovs (vgl. Kap. Lavrov) hat Tkačëv eingewandt, dass der subjektive Ansatz in die Irre führe. Wenn alle Ideale notwendigerweise subjektiv seien, so könne jede Gruppe sich „progressiv" nennen und sei von reaktionären Ansichten nicht mehr zu unterscheiden. Tkačëv setzte gegen die Narodniki-Methode seinen objektivistischen Standpunkt. Es gab für ihn einige universelle selbstevidente Wahrheiten: „Der Begriff des Fortschritts ist überhaupt nicht subjektiv: in ihm ist etwas objektives, für alle verbindliches" (IS II: 174). Fortschritt erforderte in Tkačëvs Augen drei Elemente: Bewegung, Richtung und Ziel. Nur die „Richtung" sei im Gegensatz zu biologischen Vorgängen im sozialen Bereich nicht immer eindeutig auszumachen. Im organischen Bereich lasse sich nicht von „progressiv" und „regressiv" sprechen. Das richtete sich vor allem gegen die Soziologie Herbert Spencers (vgl. Kap. Liberalismus). Obwohl Tkačëv im Organisationsbereich der Bewegung extrem elitär dachte, polemisierte er gegen den Elitismus der aufgeklärten Minderheiten, die sich für das Salz der Erde hielten, welche den Fortschritt vorantreiben (IS II: 218f). Er wandte bereits einen Trick der Diffamierung von Gegnern an, den Lenin später zur Perfektion trieb: Seine Gegner, die sich für aufgeklärte Intelligencija hielten, titulierte er als Kleinbürgertum (IS I: 173ff, 1986). „Meščanstvo" wurde später in der marxistischen Debatte zu einem allgemeinen Schimpfwort, das vor allem für Positionen angewandt wurde, die links von den Bolschewiki zu stehen glaubten, falls sie nicht gleich als „lumpenproletarisch" eingeordnet worden sind. In der Schrift „Menschen der Zukunft und Helden des Kleinbürgertums" arbeitete er eine elitäre Moral heraus: Menschen hatten für ihn das Recht, sich zu den Vorschriften der Moral kritisch und nicht dogmatisch zu verhalten.

Die „kritisch denkenden Persönlichkeiten" bei Lavrov hatten sich nach Tkačëvs Überzeugung nur auf Kosten der Massen entwickelt, und konnten daher nicht als fortschrittlich eingestuft werden. Lavrov schien noch Spencerianer, soweit er einer Differenzierungstheorie anhing. Tkačëv hingegen wollte keine weitere Individualisierung in der Gesellschaft dulden. Kriterium des historischen Fortschritts war für ihn die Angleichung der Individuen und nicht ihre Individualisierung: „Alles, was die Gesellschaft diesem Ziel näher bringt, ist fortschrittlich, alles was sie von diesem Ziel entfernt, ist regressiv" (IS II: 207). Diese Gleichheit verstand er nicht als politische, rechtliche oder ökonomische Gleichheit, sondern als „organische physiologische Gleichheit". Sie war auf gleiche Erziehung und identische Lebensumstände gegründet. Tkačëvs „pursuit of happiness" - das Glück war noch eine zentrale Kategorie in seinem Denken - war die Befriedigung der Bedürfnisse aller. Diese aber mussten den gegebenen Bedingungen der Arbeitsproduktivität angepasst werden. Tkačëv sah in seiner Uniformisierungspolitik nur die Beschleunigung, was als sozialer Prozess ohnehin geschah: „Der Staat, Handel, Industrie ... alle streben danach ... die Menschen in eine einförmige Masse zu verwandeln" (IS III: 405ff). In der bestehenden Ungleichheit der Bedürfnisse mussten die Individuen mit größeren Bedürfnissen sich an ein mittleres Niveau anpassen, damit sie nicht unglücklich werden. Darin lag eine Abwendung vom Persönlichkeitsprinzip, das von Herzen bis Lavrov in der Narodniki-Bewegung dominant gewesen ist und das von Tkačëv als „bourgeois" denunziert wurde. Dostoevskij hat in den Dämonen das „System Šigalev" als Anspielung auf Tkačëvs Nivellierungsphilosophie eingefügt (Koz'min 1922: 207f). So skurril die Anschauungen Tkačëvs auch wirkten, er hat einen Widerspruch bei den Narodniki gesehen: Das Individualitätsprinzip für die Intelligencija und das kollektivistische Gemeindeprinzip passten nicht recht zusammen. Tkačëv durchschlug den gordischen Knoten und optierte zugunsten einer radikalen Egalität. Sie war jedoch nicht auf ein Frugalitätsprinzip gegründet. Die Entwicklung der Produktivkräfte lagen ihm - unter dem Einfluss der Marxschen Ökonomie - durchaus am Herzen.

Tkačëv hat sich einmal als den ersten wirklichen Marx-Schüler in Russland bezeichnet. Von Marx übernahm er aber nur einen vergröberten wirtschaftlichen Determinismus, der die diffizile Debatte um Rückwirkungen des Überbaus auf die Basis nicht mehr nachvollzog. Mit Marx war Tkačëv der Ansicht, dass die Änderung der Gesellschaft nur möglich wird, wenn die Produktionsverhältnisse dafür reif sind. In diesem Punkt war es ungerecht, dass Engels Tkačëv schlicht als Bakuninisten abstempelte. Vom orthodoxen Marxismus trennte Tkačëv die Ansicht, dass Russland nicht die kapitalistische Entwicklung abwarten müsse, wie später Plechanov lehrte. Tkačёv erwies sich in seiner revolutionären Ungeduld als verspäteter Babeuf-Schüler. Die Beschleunigung des Fortschrittsprozesses schien möglich durch Maßnahmen der Egalisierung und der Organisation des Aufstandes. In dieser Frage kam es zum Konflikt mit den Hütern der marxistischen Orthodoxie.

Tkačёv hat in einem „Offenen Brief" von 1874 Friedrich Engels angegriffen. Engels hatte im „Volksstaat" die „Flüchtlingsliteratur" äußerst kritisch rezensiert und Tkačёv als einen „grünen Gymnasiasten von seltener Unreife, sozusagen als das Karlchen Mißnick der russischen revolutionären Jugend" bezeichnet (MEW Bd. 18: 546). Engels unterstellte Tkačёv eine Mitschuld an den Umtrieben der Bakuninisten, die er durch seine Liaison mit Nečaev durchaus trug. Tkačёv (IS III: 91) behauptete, dass Engels mit seinen Angriffen die gesamte revolutionäre Intelligenz, die „revolutionäre Partei der Intellektuellen" (intelligentskaja revoljucionnaja partija) beleidigt habe. Er gab zu, dass sie noch klein sei, aber umso bedeutsamer, als Adel, Klerus und Bürgertum keine wirkliche Rolle im russischen Volk spielten. Was Engels als unreife Geheimbündelei ansah, rechtfertigte Tkačёv mit dem Hinweis, dass in einem autokratischen System wie dem Russlands weder offene Propaganda noch offene Organisation möglich sei (IS III: 93). Engels kanzelte den unreifen Gymnasiasten wie einen Schuljungen ab und bestritt ihm das Recht, für die russische revolutionäre Jugend zu sprechen. Er bescheinigte dieser Jugend, dass sie im revolutionären Bewusstsein weit über der deutschen Jugend stehe - selbst als diese ihre beste Zeit in den 1830er Jahren erlebte. Tkačёv - in seinen Invektiven niemals zimperlich - reagierte wie eine Mimose auf den ironischen Ton des Kontrahenten. Engels konterte: „Wir Deutschen stehen stark im Geruch der Langweiligkeit und haben ihn sicher auch oft genug verdient. Aber das legt uns doch nicht die Verpflichtung auf, unter allen Umständen ebenso langweilig und feierlich zu sein wie die Bakuninisten" (MEW Bd.18: 548). Die Kontroverse war auf beiden Seiten kein Glanzstück einer intellektuellen Auseinandersetzung. Die Machtgruppenbildung überwucherte die inhaltlich-theoretischen Gegensätze. Tkačёv verdächtigte Engels des Legalismus in der Revolutionstheorie und warf ihm Defaitismus hinsichtlich der revolutionären Möglichkeiten in wenig entwickelten Ländern vor. Tkačёv legte Wert auf die Feststellung, dass Russland und Deutschland nichts gemein hätten - auch darin blieb er im Dunstkreis der „Volkstümler" (IS III: 89).

Tkačёvs Theorien waren der Ausdruck der revolutionären Ungeduld, nachdem der Gang ins Volk durch die reuigen Edelmänner keine großen Erfolge gezeitigt hatte. Die terroristische Strategie strandete aber ebenfalls kurz darauf, spätestens als die Ermordung von Zar Alexander keinen revolutionären Durchbruch nach sich zog. Die Narodnaja-Volja-Bewegung, die sich 1879 formierte, hat einige Ideen Tkačëvs übernommen - einschließlich der antidemokratischen Komponente, die wenig zu den Grundansichten über die Gesellschaft passte (Rudnickaja 1992: 205ff). Es gab jedoch durchaus einen gewichtigen Unterschied zu Tkačëvs Ansichten: Dieser war strikt gegen jeden individuellen Terror.

Engels hat sich mit beträchtlicher Sachkenntnis einem Streitpunkt der Debatte gewidmet, der erneut aufbrach: der Frage nach der revolutionären Rolle des Gemeindeeigentums. Engels fühlte sich gut genug im Russischen, Tkačëv sogar Übersetzungsfehler zu unterstellen: „Wenn also Herr Tkatschow von der Weltanschauung der russischen Bauern spricht, so hat er das russische ‚mir' offenbar falsch übersetzt", weil der Terminus sowohl „Welt" als auch „Versammlung der Bauerngemeinde" bedeuten könne. Das Gemeindeeigentum sah der sozialhistorisch breit interessierte Engels nicht als ein russisches Spezifikum an. Es sei bei allen indogermanischen Völkern von Irland bis Indien zu finden - und reiche durch indischen Einfluss bis nach Java. In Russland sah er keine progressive Rolle für die vollständig isolierten Gemeinden erwachsen. Er wertete sie eher als eine „naturwüchsige Grundlage für den orientalischen Despotismus" (MEW Bd. 18: 563). Das Gemeindeeigentum war für den „Westler" Engels als Anknüpfungspunkt für den Aufbau des Sozialismus wenig wert, da es seine Blütezeit längst überschritten habe und sich in voller Auflösung befinde. Das revolutionäre Potential der russischen Bauern dünkte ihn gering. Zwar gab es immer wieder russische Bauernaufstände. Aber sie richteten sich nie gegen den Zaren, es sei denn, ein „falscher Zar" habe sich an die Spitze des Aufstands gestellt. Das bedeutete nicht, dass Engels eine Revolution in Russland nicht für möglich hielt. Im Gegenteil, er sah Russland sogar am Vorabend einer Revolution stehen auf Grund der Misswirtschaft, der Korruption und des Despotismus. Die russische Revolution werde sogar von herausragender Bedeutung sein, „weil sie die letzte, bisher intakte Reserve der gesamteuropäischen Reaktion mit einem Schlage vernichtet". Engels ging davon aus, dass eine proletarische Revolution in Westeuropa vorangehen müsse: „Es ist also reines Geflunker, wenn Herr Tkatschow sagt, die russischen Bauern, obwohl Eigentümer, stehen näher zum Sozialismus als die eigentumslosen Arbeiter Westeuropas. Ganz im Gegenteil. Wenn etwas noch das russische Gemeinde-Eigentum retten und ihm Gelegenheit geben kann, sich in eine neue, wirklich lebensfähige Form umzuwandeln, so ist es eine proletarische Revolution in Westeuropa" (MEW Bd. 18: 565). Engels sah richtig, dass Tkačëv im Hinblick auf die russische Gemeindeverfassung noch auf Narodniki-Positionen beharrte, wie sie Lavrov oder Bakunin vertraten. Dennoch gab es Differenzen zwischen den Fraktionen: Tkačëv sah in „Aufgaben der revolutionären Propaganda in Russland" (London, 1874, IS III:69) stärker die Zersetzungserscheinungen der obščina und die Herausbildung einer Dorfbourgeoisie, der „Kulaken" (von:

kulak = Faust). Aber dieser Zersetzungsprozess ermunterte in seiner Sicht den Drang zum Aktionismus: „Jetzt oder sehr spät - vielleicht nie" war auch seine Devise (IS III: 70). Den Lavrovisten hielt er den Spiegel vor: „Eure Revolution ist nichts als der utopische Weg des friedlichen Fortschritts. Ihr betrügt Euch und Eure Leser, indem ihr das Wort Fortschritt an die Stelle des Wortes Revolution setzt" (IS III: 64).

Tkačëvs Denken lag zwischen der Position des Propagandismus, wie sie Lavrov vertrat und dem aktivistischen Rebellionsgeist Bakunins. Als ob er sein kurzes Leben geahnt hätte, drängte er auf allen Ebenen auf Beschleunigung: „Der Revolutionär bereitet nicht vor - er macht". Bakunin wollte Leidenschaften entfesseln, die Narodniki setzten auf die Aktivitäten der mehr oder weniger friedlichen Massen. Tkačëvs neue Idee war die straff organisierte revolutionäre Partei. In der Schrift „Die Organisation der sozialrevolutionären Partei" (Nabat Nr. 6 u.7, 1876) räumte er mit den Illusionen einer volksumspannenden Solidarität auf. Die Organisation der Minderheit war gefordert, da Massen keine Revolution machen könnten: „Mit einem Wort, die nichtorganisierte Partei - das ist die unglückliche Penelope, die jede Nacht mit eigenen Händen vernichtet, was sie am Tag erarbeitet hatte" (IS III: 286).

Die erste Phase der Revolution heißt Kampf und damit Gewalt. Aber gewaltsame Machtergreifung ist noch keine Revolution, sondern nur ihr Präludium (IS III: 225). Welche Maßnahmen machten eine Revolution aus? In der Zeitschrift „Nabat" hat Tkačëv 1875 das Programm der Zeitschrift und zugleich das seiner Bewegung entwickelt. „Anarchie" als herrschaftsfreier Zustand wurde an den Anfang gestellt. Anarchie erforderte „absolute Gleichheit" (IS III: 223). Dazu waren erforderlich:

- Der revolutionäre Staat soll die bäuerliche Dorfgemeinde in eine zeitgemäße Kommune transformieren,
- schrittweise Expropriation der Produktionsmittel ist durchzuführen,
- schrittweise soll die physische, geistige und moralische Ungleichheit beseitigt werden,
- die herkömmliche Familie, insbesondere die Unterdrückung der Frau muss verschwinden,
- eine Selbstverwaltung der Gesellschaft ist zu entwickeln.

Der vielfache Einsatz von Termini wie „langsam" oder „schrittweise" kontrastierte nicht nur mit dem „Alles oder nichts-Prinzip" der Bakuninisten, sondern auch mit der revolutionären Ungeduld, die im Vorspann noch einmal gerechtfertigt wurde (IS III: 226). Die revolutionäre Gewalt bei Tkačëv trug einen Janus-

Kopf: Sie sollte von oben wie von unten ausgehen. Sie sollte einerseits zentralisieren, andererseits die Funktionen im revolutionären Staat dezentralisieren. Dem Missbrauch der Macht schienen Tor und Tür geöffnet. Tkačëv setzte sich von der utopischen föderativ-anarchistischen Variante der Revolutionstheorie ab. Dabei kam es zu einem weiteren Widerspruch: Die Anarchie wurde gepriesen, aber der landläufige Anarchismus wurde als „Desorganisation" kritisiert (IS III: 230). Aus Tkačëv sprach die Enttäuschung über die ewigen Fraktionskämpfe in der Internationalen aus. Diese könnten allenfalls dem russischen Geheimdienst, der „dritten Abteilung" dienen, mahnte er (IS III: 240). Er strebte nach einer Einheit der Bewegung, obwohl sich später herausstellen sollte, dass die Tkačëvisten die kleinste Gruppe der revolutionären Jugend darstellten. Daran war wohl in erster Linie der „Etatismus" von Tkačëvs Lehre schuld - während die meisten Revolutionäre die Staatsfeindschaft geerbt hatten, die selbst die konservativen Slawophilen nicht ganz aufgegeben haben. Alle Gruppen sollten ihre Kräfte vereinen, um den konservativen Staat zu vernichten, weil nur so auch der „Konservatismus des Volkes" vernichtet werden und das Volk aus seiner „sklavischen Passivität" herausgeführt werden könne (IS III: 244).

Während Tkačëv die Klüngelbildung in der Internationalen anprangerte und das Wort „krugovčina" (Fraktionsmacherei) zum Schimpfwort entwickelte, das Lenin außerordentlich gut gefiel, hat er gleichwohl zu ihr beigetragen, weil er die Polemik mit allen Gruppen aufnahm. Nach den Lavrovisten kamen die Bakuninisten an die Reihe. Bakunins „Staat und Anarchie" von 1872 hat Tkačëv in "Nabat" 1876 (IS III: 303ff) erbarmungslos aufs Korn genommen. Bakunin wurden zahlreiche Widersprüche nachgewiesen. Dass die südlichen und slawischen Ländern näher an der Revolution seien als Deutschland, war für ihn einmal falsch und zum zweiten politisch folgenlos. Er brandmarkte „die Anarchie der Gedanken" bei Bakunin, die alles mögliche Wissenswerte ausbreite, ohne es logisch zu verbinden und konkrete Schlüsse für die Revolution daraus zu ziehen. „Feuilleton" war Bakunins einflussreiches Buch für Tkačëv, und er missbilligte die weitschweifige Behandlung aller möglichen Bewegungen, um selbst letztlich im Unpolitischen zu enden.

Die Gegenkritik ließ nicht auf sich warten. Ein Gegner schrieb gegen Tkačëvs elitäres Minderheitskonzept 1875: „Was er will ist in Wirklichkeit eine Schweinerei: die politische Revolution, auch wenn sie sich in die Schleier einer sozialen Revolution hüllt" (zit: Venturi 1952: 694). Die Kritik machte mit Recht geltend, dass jede Macht verdirbt. Tkačëv setzte sich daher mit früheren Diktaturen von Cromwell bis Napoleon auseinander. Er warf seinen Feinden vor, die Geschichte schlecht zu kennen. Die historische Logik sei falsch konzipiert: post hoc - propter hoc sei die Argumentation. Weil die Diktatoren die Macht hatten, seien sie verdorben worden. Aber diese Leute waren ex tunc nicht volksnah gewesen und hatten ganz andere Ideen als die heutigen Revolutionäre. Die elitäre Minderheit sollte nicht nur aus einigen „reuigen Edelmännern" bestehen. „Was fürchtet ihr das Wort Staat?" rief Tkačëv seinen Widersachern zu: „Ist das nicht kindliche Gespensterfurcht?" Ein Umbau, bei ihm „pereustrojka" genannt, konnte nur durch die gewalttätige Einmischung der „entwickelten Minderheit" in die gesellschaftlichen und familiären Beziehungen der nicht entwickelten Mehrheit geschehen. Die zentralisierende Organisation der Bewegung musste gegen die desorganisierenden föderalistischen Klüngel der Anarchisten eingesetzt werden (IS III: 402f). Was Tkačëv selbst für diese geplante Revolution tun konnte, war wenig. Der Versuch, eine revolutionäre Druckerei nach Russland zu schmuggeln, scheiterte. Tkačëv hatte einigen Einfluß auf „Narodnaja volja", in der Lavrovs und Bakunins Anhänger zu finden waren. Nur die um „Nabat" gruppierten Tkačëvianer fehlten weitgehend. Aber der „bürgerliche" Jakobinismus stieß viele der Populisten ab, so dass sich nur wenige als Anhänger Tkačëvs bekannten (Dan 1968: 97). Tkačëvs Gesundheitszustand verschlechterte sich rapide und er starb in geistiger Umnachtung.

Viele Theoriehistoriker haben einen Einfluss Tkačëvs auf Lenins Denken unterstellt. Aber es liegen bei Lenin kaum direkte Bezüge zu Tkačëvs Werk vor. Wo sie vorkamen, verteidigte sich Lenin gegen den Vorwurf des Tkačëvismus durch die Menschewiki (LW Bd. 10: 350) oder er griff andere Fraktionen an, die angeblich Tkačëv kopierten (LW. Bd.5: 530f). Tkačëv endete als Blanquist. Der Vorwurf des Blanquismus wurde auch gegen Lenin geschleudert. Er hat ihn gelassen-ironisch abgewehrt, jedenfalls, sowie er die Macht in den Händen hatte.

Pëtr Alekseevič Kropotkin (1842-1921)

Quellen:

Kropotkin: Vzajmnaja pomošč kak faktor evoljucii. Char'kov, ohne Verlag, 1919.
Kropotkin: Gegenseitige Hilfe in der Entwicklung (Hrsg. G. Landauer). Leipzig, Theodor Thomas, 19o4, Nachdruck: Berlin, Karin Kramer, 1975.
Kropotkin: Chleb i volja (La conquête du pain). Moskau, Izdanie Moskovskoj federacij anarchističeskich grupp, 1918, 2 Aufl.
Kropotkin: Die Eroberung des Brotes und andere Schriften (Hrsg: H.G.Helms). München, Hanser, 1973.
Kropotkin: L'anarchie. Sa philosophie, son idéal. Paris, La Brochure mensuelle, 1896 (Originalausgabe).
Kropotkin : Zapiski revoljucionera. Sankt Petersburg, Sever, 1906 (zit: Zap)
Kropotkin : Memoiren eines Revolutionärs. Frankfurt, Insel, 1969, 1973 (zit: Mem).

Kropotkin: Ethik. Berlin, 1923, Nachdruck: Berlin, Karin Kramer, 1976.
R. N. Baldwin (Hrsg): Kropotkin's Revolutionary Pamphlets. New York, Dover, 1970.
Kropotkin: Collected Works. Montreal, Black Rose Books, 1993.

Literatur:

C. Cahm: Kropotkin and the rise of revolutionary anarchism. Cambridge, Cambridge University Press 1989.
G. Crowder: Classical Anarchism. The Political Thought of Godwin, Proudhon, Bakunin and Kropotkin. Oxford, Clarendon, 1991.
K. Diehl: Über Sozialismus, Kommunismus, Anarchismus. Jena, G. Fischer 1922/23, 5.Aufl.
M. Heinlein: Klassischer Anarchismus und Erziehung. Libertäre Pädagogik bei William Godwin, Michael Bakunin und Peter Kropotkin. Würzburg, Ergon Verlag, 1998.
H. Hug (Hrsg): Peter Kropotkin. Bibliographie. Grafenau, Trotzdem Verlag, 1994.
M. V. Konstantinov: Petr A. Kropotkin: gumanist, učennyj, revoljucioner. Čita, Izdatel'stvo Čitinskogo Pedagogičeskogo Instituta, 1992.
K. Martin: Men Against the State. De Kalb, Northern Illinois University Press, 1953.
M. A. Miller: Kropotkin. Chicago, University of Chicago Press, 1976.
M. Nettlau: Der Anarchismus von Proudhon zu Kropotkin. Berlin, 1927, Nachdruck: Münster, Thélème, 1993.
G. Woodcock: Peter Kropotkin. From Prince to Rebel. Montreal, Black Rose Books, 1990.
G. Woodcock/ I. Avakumovic: The Anarchist Principe. A biographical study of Peter Kropotkin. New York, Schocken, 1971.

Kropotkin ist ein „abgeklärter Bakunin" genannt worden (Masaryk II: 354). Bakunin hatte großen Einfluss auf ihn, obwohl sich die beiden größten anarchistischen Denker Russlands nie getroffen haben. Bernhard Shaw soll über ihn geurteilt haben, dass „er ans Heilige grenze". In den „Memoiren eines Revolutionärs" - an theoretischem Gehalt oft mit Herzens Memoiren verglichen, und doch nicht an sie heranreichend - hat Kropotkin seine Bekehrungsgeschichte beschrieben. Sein Weg nach links war weiter als der anderer „reuiger Edelmänner" von Herzen bis Bakunin: Mitglied aus einer der ersten Familien Russlands und erblicher Prinz, wurde er zum Höfling erzogen und diente als Page bei Alexander II. Schon dem Knaben machte die Erzählung seines französischen Hauslehrers Eindruck, dass Mirabeau in der Revolution seinen Titeln entsagt habe und zum Nachdruck ein Geschäft mit der Inschrift eröffnete: „Mirabeau, Schneider". Kropotkin behauptet, ihn habe der Gedanke gequält, welches Handwerk er lernen könne, um dermaleinst auf sein Schild schreiben zu können: „Kropotkin, der und der Handwerker" (Zap: 42, Mem: 58). Früh prägten den empfindsamen Knaben die Eindrücke des rüden Umgangs mit den Leibeigenen seines Vaters und die Grausamkeiten von der Auspeitschung bis zur Zerreißung von Familien durch Verkauf einzelner Familienmitglieder. Die Chance zu einer standesgemäßen militärischen Karriere schlug er aus. Er diente lieber im fernen Sibirien bei einer Kosacken-Einheit und widmete sich eher wissenschaftlichen Exkursionen als dem Militärdienst. Das bedeutete den Bruch mit seinem Vater. Wie viele Dissenter musste er sich durch Stundengeben ernähren (Zap: 138ff, Mem: 182ff). Politische Anteilnahme erfasste ihn, als sich 1863 die Polen erhoben und bis tief in die russische Oberschicht Sympathien mobilisieren konnten.

1872 machte Kropotkin seine erste Reise in den Westen. In den Dörfern der Schweizer Jura lernte er anarchistische Praxis kennen. Tief hat ihn beeindruckt, dass es keine Trennung zwischen Führern und Arbeitern gab (Zap: 252ff, Mem: 332). Nach nur 12 Tagen im Jura stand für Kropotkin fest: „ich war ein Anarchist". Bakunin, der den Jurassiern geholfen hatte, ihre Ideen zu klären, traf er zu seinem Leidwesen nicht. Diese Nichtbegegnung hat zu Spekulationen über theoretische Vorbehalte Kropotkins Anlass gegeben, da Bakunin sich damals in der Schweiz aufhielt. Kropotkin zeigte sich tief beeindruckt, dass im Jura selbst Bakunins Schriften nicht als unfehlbares Dogma galten, „wie es leider bei politischen Parteien oft der Fall ist". Nach seiner Rückkehr nach Russland schloss er sich dem radikalen Čajkovskij-Kreis an.

Als sein Vater starb und ihm ein beträchtliches Vermögen hinterließ, hat er eine Weile überlegt, ob er sich auf den Tambovschen Gütern niederlassen sollte. Man drängte ihn in eine Helfer- und Prediger-Rolle, wie sie Tolstoj - der Kropotkins Verachtung für das adlige Leben teilte - später in einer ähnlichen sozialen Lage angenommen hatte. Kropotkin gab alles auf und ging unter die Agitatoren bei den armen Webern. Dabei wurde er 1874 verhaftet. In der Peter-und-Pauls-Festung kam eine ähnliche Versuchung an ihn heran, wie sie einst Bakunin am gleichen Ort widerfuhr. Zar Alexander II schickte seinen Bruder, Großfürst Nikolaj, in die Zelle, um durch vertraulichen Umgang unter „Gleichen" ein Geständnis aus ihm herauszuholen. Kropotkin blieb hart - er war noch nicht durch die Gefängnisse mehrerer Staaten zermürbt wie einst Bakunin - und erklärte, dass er dem Untersuchungsbeamten alles nötige mitgeteilt habe (Zap: 328, Mem: 426f). Nach weiteren Gefängnisaufenthalten gelang ihm die Flucht nach Westeuropa. Bis zu seiner Inhaftierung durch die Franzosen stand er im Zentrum der anarchistischen Bewegung. Die meiste Zeit lebte er in England. Viele seiner Schriften kamen daher als erstes auf englisch oder französisch heraus, sodass die russischen Versionen nicht den gleichen Quellenwert besitzen, wie bei anderen Theoretikern der russischen Emigration. In England hat Kropotkin sich wieder stärker der Wissenschaft gewidmet.

1917 begrüßte er die Revolution, verstand sie aber als patriotische Erhebung und plädierte für die Fortführung des Krieges gegen die Deutschen, weil er den Sieg der Alliierten als Voraussetzung des Sturzes der russischen Autokratie wertete. Mitte 1917 konnte Kropotkin nach mehreren Jahrzehnten Exil erstmals wieder nach Russland zurückkehren. Die Regierung Kerenskij bereitete ihm einen „Staatsempfang", aber zu seinem Kummer wurde er von den Anarchisten ignoriert. Erst 1918, als die Verfolgung der Anarchisten durch die Bolschewiki begann, kam es zur Aussöhnung. Kropotkin als großer alter Mann blieb in der Anarchistenverfolgung unbehelligt. Er protestierte gegen die Diktatur und ging selbst zu Lenin, um die Čeka-Methoden anzuprangern. Nützlich war Kropotkin für das Regime allenfalls durch seine Gegnerschaft gegen die Intervention der Westmächte, aber damals nahm auch ein konservativ gewordener Denker wie Berdjaev in diesem Punkt die gleiche Haltung ein. Aufrufe an die Arbeiter anderer Länder, wie die Großbritanniens oder der Tschechoslowakei, die Kropotkin aus Russland 1920 herausschmuggelte, zeigten, dass seine revolutionären Hoffnungen von Lenin nicht erfüllt worden waren. Die Arbeiter Westeuropas wurden aufgerufen, nach „wirksameren Mitteln, ihr Ziel zu erreichen", zu suchen (1973: 292). 1921 starb Kropotkin hochbetagt. Seine Beerdigung unter schwarzen Fahnen wurde fast zu einer anti-roten Protestdemonstration.

Kropotkin hat die gängigen Evolutionstheorien seiner Zeit weiter entwickelt. Er war fasziniert von Darwins „Kampf ums Dasein", aber in der Schrift „Mutual Aid" (1897, 1904: 2ff) argumentierte er, dass der Darwinismus - richtig verstanden - der Stärkung jener mutualistischen Gesellschaftsform dienen konnte, die er propagierte. Kropotkin zeigte in seiner Darstellung der Evolution, dass gerade die Species, die sich der gegenseitigen Hilfe bedienten, besonders gut für den Kampf ums Dasein gerüstet seien. Die Ko-Evolutionstheorien der Postmoderne haben diesen Gedanken weiter getrieben und auch auf die Kooperation zwischen einzelnen Tiergattungen als Überlebenskonzept gesetzt. In „Fields, Factories and Workshops" (1901) demonstrierte Kropotkin, dass auch eine dezentralisierte Industrie effektiv sein und eine modernisierte Landwirtschaft genügend Nahrungsmittel produzieren könne. Im Vergleich zu Michajlovskijs „Kampf um Individualität" (1875) waren die Erwägungen Kropotkins schon aus der rein individuellen Sphäre der Intellektuellen herausgetreten und hatten sich kollektiven Prozessen einer gemäßigten Modernisierung zugewandt. Der überstaatliche Aspekt der Solidarität, den auch liberale Duma-Abgeordnete wie Kovalevskij und Petražickij hervorhoben, hatte seine staatsfeindliche Note verloren, nicht jedoch der Solidaritätsbegriff der Anarchisten. Der außenpolitische Pazifismus, der aus der Solidaritätsidee erwuchs, hatte bei Tolstoj und Kropotkin ein innenpolitisches Pendant. Da man die soziale Schichtung im russischen Volk als wenig ausgeprägt ansah, schien nicht plausibel, warum man aufgrund eines marxistischen Klassenkampf-Gedankens Teile seines Volkes mehr hassen sollte als andere Völker. Die

Ausbeuterschicht wurde als so klein angesehen, dass man sie als „quantité negligeable" wertete, die keiner ausgebauten Konflikttheorie bedurfte.

Mit der Wahl der „Solidarität" als Grundbegriff war Kropotkin nicht originell. Gerade in Russland war der Terminus unter dem Einfluss eines laizisierten religiösen Denkens sehr beliebt und wurde von den Narodniki bis zu Tolstoj benutzt. Auch empirische Soziologen adaptierten ihn, wie *Jakov Aleksandrovič Novikov* in seinem „Prozess der Altruisierung", Lev Petražickij und Pitirim Sorokin in ihrer „Rechtspolitik der Liebe". In Russland war der Gedanke beliebt, die emotionale und spirituelle Basis einer „Gemeinschaft" gegenüber der rationalen „Gesellschaft" der Moderne zu betonen. Tönnies wurde vielfach rezipiert. Der Solidaritätsbegriff war eine Reaktion auf den Wettbewerbskapitalismus und den bürokratischen Staat. Kropotkin stützte sich vor allem auf Huxleys „Struggle for existence and its bearings upon man" von 1888.

1896 hielt Kropotkin in Paris einen Grundsatzvortrag: „Die Anarchie, ihre Philosophie, ihr Ideal". Der Anarchismus war in dieser Konzeption gegen jede Autorität, förderte aber umso mehr den „Kern der geselligen Bräuche", ohne den keine menschliche oder tierische Gesellschaft exstieren könne (1896, 1973: 41). Die Organisation der künftigen Gesellschaft konnte nicht auf parlamentarischem Wege erfolgen. Sie sollte das Werk aller sein, „ein Produkt des konstruktiven Geistes der großen Masse" (1973: 45). Die Transformation der Gesellschaft klang im Gegensatz zu Bakunin weit friedlicher, aber auch weit vager. Nur wo ein Konflikt unvermeidlich sei, sollte ein Bürgerkrieg akzeptiert werden (Mem: 343); wer aber entschied über die Unvermeidlichkeit von Konflikten? Im Gegensatz zu Bakunin gab es keine Führung einer Geheimgesellschaft, der eine solche Entscheidung oblag. Die Umgestaltung der Gesellschaft war nicht ohne Enteignung der Produktionsmittel denkbar. Er begann mit einem „schlechten Witz" über Rothschild 1848. Dieser hatte zugegeben, dass er sein Vermögen auf Kosten anderer erworben habe. Aber unter Millionen Europäern aufgeteilt, würde die Rückerstattung nicht einmal einen Taler ausmachen. Er verpflichtete sich, jedem seinen Taler zurückzugeben, der es von ihm verlangte. Nur drei oder vier Passanten in Frankfurt haben von dieser Möglichkeit Gebrauch gemacht, wenn Rothschild spazieren ging. Kropotkin wollte mit dieser Anekdote demonstrieren, dass es nicht um eine gleichsam naturalwirtschaftliche Verteilung der Reichtümer ginge. Rothschilds Reichtümer würden künftig dazu dienen, die gemeinschaftliche Produktion besser zu organisieren, nicht nur Individuen zu entschädigen (1973: 107). Die Enteignung umfasste bei Kropotkin - im Gegensatz zu Henry George - auch die Industrie. Selbst eine für den Markt produzierende Kunst sollte es in der Zukunft nicht mehr geben.

Anarchismus war für Kropotkin mehr als ein Modus des Machterwerbs. Andere sozialistische Gruppierungen, vor allem die deutsche SPD, habe den

Machterwerb inzwischen sogar auf reine Wahlerwägungen reduziert, und das Interesse an den Massenstreiks verloren (Mem: 455). Drei Quellen des Sozialismus hatte Kropotkin ausgemacht: den Saint-Simonismus oder Staatssozialismus, den Anarchismus auf der Grundlage des Proudhonismus und den autonomistischen Trade-Unionismus und Munizipal-Sozialismus, der auf Robert Owen zurückging. In der Gegnerschaft gegen die Zentralisierung konnte der Anarchismus allenfalls mit dem Munizipal-Sozialismus koalieren. Kropotkins „Kommunismus" war auf eine neue Moral gegründet (1976). Die „natürliche Gesellschaftsordnung" nannte er in Anlehnung an Proudhon „Mutualismus". In der mangelnden Trennung von Sein und Sollen fußte seine Ethik noch stark auf positivistischen Gedanken. Die Ethik wurde gleichsam aus empirischen Beobachtungen über die guten Bräuche in noch unverdorbenen Gesellschaften abgeleitet und in Sollensvorschriften über die Richtung der Evolution umgesetzt. Im Gegensatz zu Bakunin wurde nicht die „Pan-Destruktion" betont, sondern der Aufbau. Dieser verlangte einen wissenschaftlichen Plan mit klaren Zweck-Mittel-Relationen. Die Minimierung der Opfer des Bürgerkriegs lagen Kropotkins friedfertigem Naturell am Herzen, und er vertrat eine anti-elitäre Konzeption der Revolution. Die Übereinstimmung von Führung und Masse sollte an die Stelle von Eliten in Geheimbünden treten.

In seinem Glauben an das Volk blieb Kropotkin weitgehend ein Narodnik. Im Gegensatz zu Bakunin hat er Lavrov immer respektiert, während Bakunin sich total mit dieser ersten Autorität der Bewegung überwarf. Kropotkin war ungeheuer sympathisch, aber kein stringenter Denker, sondern ein Eklektiker, der selbst Unvereinbares wie den Sozialdarwinismus und die Solidaritätstheorie, die Abschaffung der Arbeitsteilung bei einem Plädoyer für eine technisierte Wirtschaftsweise, zu versöhnen suchte. Im Gegensatz zu Bakunins rhetorischen Bekenntnissen zur Wissenschaft, war die Wissenschaft für Kropotkin ein wirkliches Anliegen. Der Begriff „Soziologie" spielte eine große Rolle. Kropotkin war kein Organisator, und hatte ungleich mehr gelesen als Bakunin. Er bekämpfte simplifizierte Faktorentheorien, wie sie vom Malthusianismus bis zum Vulgärmaterialismus damals auch in der Linken dominierten, und empfahl einen differenzierten sozialen Plan: „Ein richtiger sozialer Plan kann nur entworfen werden, wenn man die Tausende von Symptomen des neuen Lebens im Auge behält, dabei das nur Zufällige von dem organisch Wesentlichen scheidet und auf dieser Grundlage verallgemeinert" (Mem: 495). Sehr viel präzisere Anweisungen über die Transformation der Gesellschaft und das Funktionieren der künftigen Ordnung waren aus Kropotkins Werken nicht zu entnehmen.

Lev Nikolaevič Tolstoj (1828-1910)

Quellen:

Tolstoj: Polnoe sobranie sočinenij. Moskau, Chudožestvennaja literatura 1928-1958, 90 Bde (zit: PSS).
Tolstoj: Pis'ma. 1848-1910. Moskau, Kva Kniga 1910/1911.
Tolstoj: Sämtliche Werke. Serie I: Sozialethische Schriften. Leipzig, Raphael, 1901.
Tolstoj: Gesammelte Werke in 20 Bänden (Hrsg: E. Dieckmann/ G. Dudek). Berlin, Rütten & Loening1964ff.
Tolstoj: Schriften. München, Eugen Diederichs, 1990ff, 14 Bde.
Bd.1: Meine Beichte, 1990, Bd.2: Mein Glaube, 1990. Bd. 3 und 4: Was sollen wir tun? 1991, Bd. 5: Das Leben. 1992, Bd.6: Was ist Kunst? 1993.
Tolstoj: Tagebücher. 1847-1910. München, Winkler 1979.
G. V. Plechanov: Verwirrung der Begriffe. Die Lehre L.N. Tolstois u.a. Schriften. In: Ders: Kunst und Literatur. Berlin, Dietz, 1954: 752-837.

Literatur:

E. L. Axelrod: Tolstois Weltanschauung und Entwicklung. Stuttgart, Enke, 1902.
N.A. Berdjaev: Die Geister der russischen Revolution. Salzburg, Stifterbibliothek, 1972. Kap. III: Tolstoj und die russische Revolution: 58-70
I. Berlin: The Hedgedog and the Fox. An Essay on Tolstoy's view of history. London, Weidenfeld & Nicolson, 1967.
H. Gifford: Tolstoy. Oxford, Oxford University Press, 1982.
A.Goldschmidt: Leo Tolstois soziales Problem. Berlin, Seemann 1905.
M. E. Jones (Hrsg): New Essays on Tolstoy. Cambridge, Cambridge University Press, 1978.
J. Lavrin: Tostoi. Reinbek, Rowohlt, 1991, 11. Aufl.
H. Meyer-Benfey: Tolstois Weltanschauung. Hamburg, Deutscher Literaturverlag Melchert 1946.
E. Oberländer: Tolstoi und die revolutionäre Bewegung. München, Pustet, 1965.

Tolstoj war ungeheuer fruchtbar auf vielen Gebieten. In der Wissenschaft ist sein Schrifttum zur Pädagogik jedoch weit bedeutender als das zur politischen Theorie. Hier liegt sein Beitrag vor allem in der Zeitkritik gegen Krieg, Nationalismus, Staat, Todesstrafe, moderne Wissenschaft - Sozialwissenschaften erklärte Tolstoj (Beichte: 54) zu Halbwissenschaften - gegen Alkohol und für Vegetarismus. Tolstojs Theorien werden oft als „anarchistisch" bezeichnet, aber es handelt sich allenfalls um einen christlichen Anarchismus, der wenig mit dem revolutionären Anarchismus seiner Zeit zu tun hatte. Wo Lenin Bakunin und Kropotkin trotz ihrer „Irrtümer" noch gelten ließ, erklärte er Tolstoj letztlich für „reaktionär". Trotz seiner lobenswerten antiautokratischen und antikapitalistischen Ansichten,

habe er durch den „Verzicht auf Widerstand gegen das Böse" unpolitisch gewirkt
(LW, Bd. 16: 329). Plechanov (1954: 787) - der keinen Nachruf schrieb wie Lenin - polemisierte noch härter gegen den „Herrn Grafen", den er als den „reinsten
Metaphysiker" bezeichnete. Tolstojs Ablehnung der Revolution hat diese ungewöhnlich harte Ablehnung bei den Revolutionären provoziert, obwohl der Inhalt
seiner Lehren ihnen in einigen Punkten näher stand als den Theorien der Liberalen, die gegen Tolstoj weit toleranter auftraten.

Tolstoj hatte kurz die Universität Kazan besucht (1844-47) und in den
1850er Jahren an Militäraktionen im Kaukasus und auf der Krim teilgenommen.
1856 verließ er die Armee. Nach Erscheinen seiner bekanntesten Romane wie
„Krieg und Frieden" (1868/1869) und „Anna Karenina" (1875-77) kam es auf
dem Höhepunkt von Tolstojs literarischem Ruhm zu einer schweren persönlichen
Krise. Sie endete in der Rückwendung zur Religion (Beichte: 135, Glaube: 20f).
Literatur und Publizistik sind in diesem ungewöhnlichen Werk schwer zu entwir-
ren. Schon in „Krieg und Frieden" hatte Tolstoj von Proudhon - den er auf Emp-
fehlung Herzens traf - mehr entnommen, als nur den Titel von dessen Hauptwerk.
Die Rückwendung zur Religion führte nicht zum Frieden mit seiner Kirche - im
Gegenteil. Alle Deutungen der Religion lehnte Tolstoj als ritualistisch, obskuran-
tistisch, oder mythisch ab, und ließ nur seine Version gelten, die sich an die Duchobor-Sekte anlehnte. Der Heilige Synod, die oberste Behörde der Orthodoxen
Kirche, hat 1901 den Dichter exkommuniziert, was eine lebhafte Kontroverse
auch unter den konservativen Religionsphilosophen auslöste (vgl. Kap. Konservatismus). Die Anhänger der Duchobor-Sekte wurden zunehmend verfolgt. Tolstoj ließ man wegen seiner Berühmtheit unbehelligt. Vage Kommune-Ideen, die
Tolstoj mit dem Anarchismus teilte, waren nicht sehr wirkungsvoll. Am berühm-
testen wurde er durch die Theorie des gewaltfreien Widerstandes, vor allem durch
seinen Einfluss auf Gandhi, mit dem der Dichter korrespondierte.

1881 wurde Tolstoj politisch erstmals auffällig, als er an Zar Alexander III
appellierte, die Todesstrafe gegen die Mörder seines Vaters auszusetzen (PSS Bd.
63: 52). Seine politische Theorie stellte eine patriarchalische und archaisierende
Variante des Anarchismus dar. Tolstoj hätte sein Gut gern den Bauern übereignet.
Im Gegensatz zu Kropotkin verzichtete er jedoch auf diese revolutionäre Geste,
um seiner Familie nicht die Existenzgrundlage zu entziehen. Er schränkte lediglich seinen aristokratischen Lebensstil ein. In einem Verlag „Posrednik" produ-
zierte er Bücher für das Volk. Er organisierte Hungerhilfe für die verarmten Bauern nach der Missernte von 1891 und verteidigte die Duchobor-Sekte.

In Tolstojs sozialen Anschauungen war der Individualismus der Hauptfeind
seines Denkens. Wie Dostoevskij sah er das individualistische Prinzip vor allem
in Napoleon verkörpert. Die instinktive Wahrheit des einfachen Volkes war für
Tolstoj das Gegenprinzip. In seiner Beichte bekannte er diese Erkenntnisse erst

nach langen sündhaften Umwegen über Tötung, Duellieren, Saufen, Spielen und Libertinage gefunden zu haben. Schopenhauer hatte tiefen Einfluss auf sein pessimistisches Weltbild hinsichtlich alles Bestehenden (Beichte: 76f). Hegels Philosophie war hingegen für Tolstoj der Inbegriff eines rationalistischen „Turms zu Babel" (Was tun? I: 67). Die Orthodoxie konnte seiner Ansicht nach keine Antwort auf Lebensfragen geben, weil sie im leeren Ritualismus erstarrt sei. Gegen den herrschenden Positivismus von Comte und Spencer polemisierte Tolstoj. Wie bei vielen russischen Denkern von links bis rechts war die Arbeitsteilung ein Hauptübel der Moderne (Was tun? II: 74). Tolstoj lehnte jeden Staat ab. Aber seine Antipathie gegen die Arbeitsteilung erstreckte sich auch auf den liberalkonstitutionellen Staat. Die Gewaltenteilung sah Tolstoj nur als einen Trick an, um die Verantwortlichkeit für die Verbrechen des Staates im Unklaren zu lassen. Im Gegensatz zu Kropotkin war seine Verklärung einer undifferenzierten Gesellschaft stark rückwärtsgewandt. Die bestehende Ordnung hat Tolstoj zunehmend auf allen Ebenen in Frage gestellt und setzte sich für die Abschaffung aller sozialen Ungleichheit und der Geldwirtschaft ein. Tolstoj predigte gegen die bestehende Sklaverei eine „große Verweigerung" (Was tun? II: 276, 136) und proklamierte die alte Narodniki-Devise „dem Volke dienen".

Im Krieg gegen Japan und in der Revolution von 1905 protestierte Tolstoj gegen Gewalt nach innen wie nach außen. Das Oktobermanifest, das den Weg zum russischen Konstitutionalismus einleitete, war in seinen Augen eine rein etatistische Maßnahme, die er missbilligte. Selbst Kunst war für Tolstoj eitle Unterhaltung für privilegierte Klassen. Künstler wurden als „Profis" verdorben durch Kunstschulen und Kunstkritik. Die Kunst folgte dem Irrweg der Wissenschaft, mit der sie eng verbunden war. Selbst Goethe und Puschkin - seine Lieblingsdichter - sollten als „bedeutungslos" aufgegeben werden - zugunsten der Beobachtung der Kunst des Volkes beim Sprechen (Kunst: 181ff). Dennoch hoffte er auf eine erlösende Funktion der Kunst, die in der bürgerlichen Gesellschaft zum Religionsersatz geworden sei, weil sie in Verbindung mit der Religion gegen jede Gewalt eingesetzt werden könne (Kunst: 302).

Dostoevskij und Tolstoj wurden vielfach in einem Atemzug genannt. Beide waren leidenschaftliche politische Moralisten und riefen nach der totalen religiösen und moralischen Wiedergeburt. Dennoch bestanden erhebliche Unterschiede des Denkens bei den beiden großen Schriftstellern. Dostoevskij sah in der russischen Geschichte einen Weg zur Rettung. Tolstojs Denken war außerhalb jeder Geschichte angesiedelt - in den ewigen Wahrheiten der Bibel. Dostoevskij träumte von einem theokratischen System der Einheit von Staat und Kirche, Tolstoj war sogar gegen jede institutionalisierte Religion. Dostoevskij wurde nach seiner radikalen Phase romantischer Nationalist, Tolstoj wurde zum patriotismuskritischen Anarchisten, dessen Maximen weit über die der Narodniki hinausgingen. Inhaltlich war der christliche Anarchismus Tolstojs den Narodniki relativ nahe, dennoch witterten diese einen sozialen Abstand zu dem Aristokraten Tolstoj und fühlten sich eher zu Dostoevskij, dem Mann aus kleinen Verhältnissen, hingezogen. Selbst einige Exponenten des neuen religiösen Denkens, wie Berdjaev (1972: 67), die nicht Anstoß an seiner unorthodoxen Religiosität nahmen, gingen unnachsichtig mit dem Anarchisten Tolstoj ins Gericht: „Tolstoj ist einer der Schuldigen an der Zertrümmerung der russischen Kultur", weil er die Menschen kraftlos und zu kulturellem Wirken unfähig gemacht habe.

3. **Politische und ökonomische Theorie eines Entwicklungslandes: Die „legalen Populisten" (Šelgunov, Bervi-Flerovskij, Voroncov, Daniel'son) und die „legalen Marxisten" (Struve, Tugan-Baranovskij, Bulgakov)**

Quellen:

V. Bervi-Flerovskij: Izbrannye ekonomičeskie proizvedenija. Moskau, Soceklit, 1958.

S. N. Bulgakov: Avtobiografičeskie zametki. Paris, YMCA Press, 1946.

S. N. Bulgakov: Filosofija chozjajstva. Bd. 1: Mir kak chozjajstvo. Moskau, Put`, 1912.

S. N. Bulgakov: Ot marksizma k idealizmu. Sankt Petersburg, Obščestvennaja Pol'za, 1903.

S. N. Bulgakov: Zakon pričinnosti I svoboda čelovečeskich dejstvi. Novoe Slovo, Mai 1897: 183-199.

V. M. Černov: Zapiski social'no-revoljucionera. Berlin, Gržebin 1922.

N. G. Černyševskij: Kritika filosofskich prebuždenij protiv obščinnogo vladenija. In: Ders: Izbrannye filosofskie sočinenija. Moskau, Politizdat, 1951, Bd. 2: 449-493.

N. Daniel'son: Očerki našego poreformennego obščestvennogo chozjajstva (1893). In: N.K. Karataev (Red): Narodničeskaja ekonomičeska literatura. Moskau, Soceklit, 1958: 482-572.

G. Z. Eliseev: Plutokratija i eë osnovy. In: Karataev a.a.O: 125-159.

N. K. Karataev (Red): Narodničeskaja ekonomičeskaja literatura. Moskau, Soceklit, 1958.

V. I. Lenin: Der ökonomische Inhalt und die Kritik an ihr in dem Buch des Herrn Struve (1895). In: Lenin: Werke. Dietz, 1962, Bd.1: 339-549.

Perepiska K. Marksa i F. Engel'sa s russkimi političeskimi dejatel'jami. Moskau, Politizdat, 1951, 2. Aufl.

N. V. Šelgunov: Sočinenija. Sankt Petersburg, Skorochodov, 1895, 2 Bde.

N. V. Šelgunov/ M. L. Michajlov: K molodomu pokoleniju. In: Karataev, a.a.O.:83-98.

P. B. Struve: Kritičeskie zametki k voprosu ob ekonomičeskom razvitii Rossii. Sankt Petersburg, Skorochodov, 1894.

P. B. Struve: Die Marxsche Theorie der sozialen Entwicklung. Archiv für soziale Gesetzgebung und Statistik (Brauns Archiv). Berlin, 1899: 658-7o4.

P. B. Struve: Svoboda i istoričeskaja neobchodimost'. Voprosy filosofii i psichologii. Jan/Febr. 1897: 120-139.

P. B. Struve: Na raznye temy. Sbornik statej. Sankt Petersburg, Kolpinskij, 1902.

P. B. Struve: My Conflicts with Lenin. The Slavonic and East European Review, Bd. XIII, 1934. Nr. 35: 347-366.

M. I. Tugan-Baranovskij: Russkaja fabrika v prošlom i nastojaščem. Sankt Petersburg, 1898. Moskau, Socekizdat, 1938, 7.Aufl.

M. I. Tugan-Baranovskij: Statističeskie itogi promyšlennago razvitija Rossii. Trudy imperatorskogo ekonomiceskago obščestva. Jan. 1898: 1- 41.

M. I. Tugan-Baranovskij: Grundlagen des Marxismus. Leipzig, Duncker & Humblot 19o5.

M. I. Tugan-Baranovskij: Značenie ekonomičeskago faktora v istorii. Mir Božij. Dez. 1895: 1o1-1o8.

A.I. Volodin (Red.): Utopičeskij socialism v Rossii. Chrestomatija. Moskau, Politizdat 1985

V. V. Voroncov: Sud'by kapitalizma v Rossii. Sankt Petersburg 1882, Nachdruck in: Karataev, a.a.O.: 417-481 (gekürzt).

N. I. Ziber: Izbrannye ekonomičeskie proizvedenija. Moskau, Soceklit, 1969, 2 Bde.

Literatur:

S. H. Baron: Plekhanov. The Father of Russian Marxism. Stanford, Stanford University Press. 1963.

G. Ionescu: Eastern Europe. In: G. Ionescu/ E. Gellner (Hrsg): Populism. It's Meanings and National Characteristics. London, Weidenfeld & Nicolson, 1969: 97-121.

R. Kindersley: The First Russian Revisionists. A Study of Legal Marxism. Oxford, Clarendon. 1962.

A. P. Mendel: Dilemmas of Progress in Tsarist Russia. Legal Marxism and Legal Populism. Cambridge/Mass., Harvard University Press, 1961.

R. Pipes: Struve. Liberal on the Left. 187o-19o5. Cambridge/Mass., Harvard University Press. 197o.

Schon vor dem Höhepunkt der Terrorwelle Ende der 70er und Anfang der 1880er Jahre haben einzelne Narodniki-Theoretiker, wie *Nikolaj Vasil'evič Šelgunov* (1824-1889) und *Michail Larionovič Michajlov* (1829-1865) erstaunlich weitreichende Forderungen publizieren können, ohne von der Zensur behelligt zu werden. In einem Manifest „An die junge Generation" (1861, Text in: 1958: 83-98; Volodin 1985: 313-324) verlangten sie von der Autokratie die Ausübung der Macht im Interesse des Volkes, gemeinschaftlichen Landbesitz, gleiche Rechte für alle Russen, Besserstellung der befreiten Bauern und Beseitigung der Reste der Leibeigenschaft, Senkung der Staatsausgaben und der Zivilliste der Zarenfamilie, sowie die Abschaffung einer Reihe von Gesetzen. In der Hochstimmung der Bauernbefreiung war die Zensur offenbar duldsamer als später, als die revolutionäre Bewegung nicht etwa abflaute, sondern an Schärfe der Kritik und Härte der Taten noch zunahm.

Erst mit dem Misserfolg der terroristischen Strategien der „Narodnaja volja-Bewegung", die nach der Ermordung von Zar Alexander II 1881 offenbar wurde, hat sich die Theorie einiger Narodniki gewandelt. Sie wurden „legale Populisten". Noch hielten sie am Primat der sozialen über die rein politischen Ziele fest. Autoren wie Bervi-Flerovskij und Voroncov konnten umfangreiche ökonomische Traktate publizieren. Es kursierte für diese Gruppe auch der Terminus „liberale Narodniki", aber diese marxistische Erfindung wollte die irreführende Bezeichnung lancieren, um einige Gegner in das Lager des Liberalismus zu stellen, in das sie nicht gehörten. Der russische Liberalismus war vergleichsweise konservativ geworden, und auch legale Narodniki blieben daher Radikale (vgl. Kap. Liberalismus). Michajlovskij, das Haupt der Narodniki-Theoretiker, kooperierte zwar mit den Revolutionären, aber eigentlich war auch er ein hochrespektierter „legaler Narodnik". Die Liberalen bekämpfte er weiterhin, schloss aber ein Bündnis mit ihnen nicht aus, soweit sie der Narodniki-Bewegung nahestanden. Liberal war dieser Populismus schon deshalb nicht, weil die Mehrheit dieser Gruppe einen parlamentarisch-konstitutionellen Weg ablehnten, auf dem die Liberalen bestanden. Es wurde weiterhin an der befremdlichen Meinung festgehalten, dass es ein Glück sei, dass der russische Staat nicht in die Hände der Bourgeoisie geraten könne, und dieser daher in der Lage sei, die armen Bauern gegen die „Kulaken" und Plutokraten verteidigen zu können (Elizeev 1958: 135ff).

Vasilij Vasil'evič Bervi-Flerovskij (1829-1918) schrieb 1869 ein Buch über die „Stellung der arbeitenden Klasse in Russland". Auch er war mit revolutionären Gruppen verbunden, appellierte aber zugleich an den guten Willen der Regierung und der Gutsbesitzer (1958 I: 612f). Aber welcher Radikale jener Zeit hat nicht ähnliche Appelle verfasst - Herzen und Bakunin nicht ausgenommen! Neu war an der theoretischen Entwicklung die Übernahme positivistischer Entwicklungstheorien in Russland. Die prokapitalistischen Positionen der Liberalen und Marxisten wurden damit gestärkt, und die Narodniki, die glaubten, Russland könne den Kapitalismus überspringen, verfielen in zunehmenden Pessimismus. Die subjektivistische Methode der Klassiker des Narodničestvo, wie Lavrov und Michajlovskij, wurde von ihren marxistischen Gegnern als Ausflucht aus diesem Pessimismus gedeutet. Da die objektive Entwicklung gegen die Narodniki zu sprechen schien, mussten sie Zuflucht zu voluntaristischen Positionen nehmen, um ihre gewünschten Ziele weiter verfolgen zu können.

Vasilij Pavlovič Voroncov (1847-1918) schrieb 1882 ein Schlüsselwerk in diesem Dilemma: „Das Schicksal des Kapitalismus in Russland". Er versuchte die Charakteristika eines „anderen Kapitalismus" in Russland herauszuarbeiten. Noch schien Voronocov (1958: 418) die Entwicklung offen, und er warnte davor, einfach „die westeuropäische Schablone" an den russischen Entwicklungsweg anzulegen. Voroncov verwickelte sich jedoch in Widersprüche (1958: 422): einerseits rückte er ab von einer rein autarkie- und subsistenz-wirtschaftlich orientierten ökonomischen Lehre der älteren Narodniki. Hochentwickelte Schwerindustrie und eine mechanisierte Landwirtschaft wurden nicht mehr verketzert. Zugleich sollten sie dem russischen „byt", der Lebensweise der überwiegend ländlichen Bevölkerung angepasst werden. Die Industrialisierung sollte die Dorfgemeinde nicht zerstören, sondern nur die landlose Bauernbevölkerung mit Arbeit versorgen. Unreflektiert blieben die psychischen Mobilitätserwartungen und die Hoffnung, dass „Landluft freimache". Selbst die Bauern, die noch auf dem Lande leben konnten, drängten in die Städte, in der Hoffnung als Arbeiter ihr Leben zu verbessern. Die Verklärung der russischen Zurückgebliebenheit als „Segen" (1958: 430ff) war mit den übrigen Zielen wenig vereinbar. Zudem war der Topos nicht neu in der populistischen Literatur. Černyševskij (1950 II: 488ff) hatte ihn 1858 und Šelgunov/Michajlov hatten ihn 1861 (1958: 87ff) benutzt. Bei Voroncov kam es jedoch zu einer modernisierten Neuauflage dieser Illusion, durch seine Hoffnung, dass die hochtechnisierten Betriebe Inseln blieben und nicht zur dominanten Wirtschaftsform in Russland würden. Dafür sprach nach seiner Ansicht die Erfahrung, dass die russische Industrie noch nicht reif genug sei, sich Außenmärkte zu erschließen. Auch Voroncov vertrat wie Šelgunov und die ältere Generation der Narodniki eine harte Kritik an der Steuerpolitik der Regierung gegenüber den Landgemeinden. Ein Schritt der Annäherung an marxistische Positionen konnte in der Forderung gesehen werden, die großen Industriebetriebe in staatliche Regie zu nehmen, die kleinen hingegen nicht zu „nationalisieren", sondern zu „sozialisieren" und den „artel's" in Selbstverwaltung zu übertragen. Das Wort „Sozialismus" wurde bei den legalen Populisten meist vermieden (Walicki 1985: 431), um die Zensur nicht herauszufordern. Voroncov hatte sich auch zu einer weniger illusionistischen Ablehnung der Arbeitsteilung durchgerungen.

Noch stärkere Annäherungen an den Marxismus ließen sich beim Übersetzer von Marxens „Kapital", *Nikolaj Francevič Daniel'son* (1844-1918), feststellen. Er hatte mit Marx regen Briefkontakt gehabt (Perepiska 1951) und ein Buch über die „Sozialökonomie nach der Bauernbefreiung" geschrieben, zu dem Marx ihn ermutigt hatte. Daniel'son (1893, 1958: 497ff) hatte die kapitalistische Entwicklung Russlands bereits als unvermeidlich akzeptiert. Während Marx - und mehr noch der späte Engels - der Ansicht waren, dass die kapitalistische Entwicklung über die Kleinbetriebe hinweggehen werde, wie die Lokomotive über die Schubkarre, blieb Daniel'son Narodnik in seiner Apologie des Kleinbetriebs. Engels (MEW Bd. 38: 468) schrieb 1892 einen Brief an Daniel'son, und versuchte dessen Sorgen über die Konzentration des Kapitals und die damit verbundenen sozialen Wandlungen zu zerstreuen: „Noch etwas steht fest: wenn Russland nach dem Krimkrieg eine eigene grande industrie brauchte, so konnte es sie nur in einer Form bekommen, der kapitalistischen. Und damit musste es all die Folgen auf sich nehmen, die die kapitalistische grande industrie in allen Ländern mit sich bringt". Er sah keinen Unterschied zwischen Russland und dem Westen, außer dass die Entwicklung im Westen schon weiter sei. Das Anwachsen der lohnabhängigen Arbeiter schien für Engels unvermeidlich: „Woher sonst unsere ‚industrielle Reservearmee'"? Engels demonstrierte seine Kenntnisse des Russischen und endete mit dem Gedanken, dass die Revolutionierung der ländlichen Besitzverhältnisse den ‚pomeščik' (Gutsbesitzer) wie den ‚mušik' (Bauern) ruinieren werde und beide durch eine neue Klasse von Großgrundbesitzern ersetzt würden: die Dorf-Kulaken und die ‚Bourgeois-Spekulanten' der Städte (ebd: 470). Daniel'son hatte sich unter der Ermahnung der deutschen Marxisten immerhin von der „ökonomischen Romantik" verabschiedet. Aber den russischen Marxisten ging er nicht weit genug in seiner Annäherung. Plechanov schrieb an Engels (Perepiska 1951: 334) gegen die liberal-populistische Position, dass eine Illusion auch bei Daniel'son nicht überwunden sei; er wolle ökonomische Reformen durchführen, ohne die nötigen politischen Reformen vorangehen zu lassen. Der Schluss des „Vaters des russischen Marxismus": „Lieber die Pest als Reformen, die von solchen Reformern ausgehen. Sozialismus von russischen Polizisten (ispravniki) eingeführt - was für eine Chimäre!"

Der Kampf um den Entwicklungsweg eines unterentwickelten Landes brachte drei linke Positionen hervor: die orthodox-marxistische, die Position des legalen Marxismus und die der legalen Narodniki. Die marxistische Siegerpose, die gern Lenin als „Zerschmetterer" populistischer Illusionen feierte, übersah, dass die Frage einer sozialverträglichen Industrialisierung nicht dadurch theoretisch erledigt war, dass Lenin in der Entscheidung zwischen den Modellen „Schwarzwald" oder „Ruhrtal" - wie man das damals apostrophierte - für eine megalomane Entwicklung à la Ruhrtal optierte. In den 1890er Jahren war der Kampf der drei Positionen keineswegs entschieden. Die theoretisch eindrucksvollsten Beiträge wurden von den legalen Marxisten geleistet. Sie litten aber an dem Dilemma, dass die meisten von ihnen - mit Ausnahme von Tugan-Baranovskij - der politökonomischen Forschung bald entsagten und politisch nach rechts rückten. In den 1890er Jahren konnte daher der orthodoxe Marxismus einen intellektuellen Geländegewinn verbuchen. Die Narodniki-Soziologie mit ihrem Voluntarismus wurde geistig immer wehrloser. Aber nicht Lenin war der große „Zerschmetterer" ihrer Illusionen, sondern die legalen Marxisten. Der Marxist Plechanov übertraf die legalen Marxisten an nachhaltigem geistigen Einfluss auf die siegreiche Gruppierung, aber auch er konnte sich als Ökonom mit Struve und seinen Freunden nicht messen. Die „legalen Marxisten" bildeten nur kurze Zeit eine Einheit. Die meisten von ihnen entwickelten sich zu Beginn des 19.

Jahrhunderts vom Materialismus zum Idealismus. Die neuen Idealisten sammelten sich um zwei Programmschriften wie „Probleme des Idealismus" (1903) und „Vechi" (1909) (vgl. Kap. Konservatismus). Der Terminus „legale Marxisten" kam zunächst als Spottbezeichnung auf, da diese Gruppe im Gegensatz zur marxistischen Orthodoxie von der Zensur relativ unbehelligt blieb. Die wissenschaftliche Schwerblütigkeit ihrer Werke mag dazu beigetragen haben, dass die Zensur keine agitatorischen Aspekte in diesen Schriften witterte, die politisch gefährlich werden konnten. Die legalen Marxisten hatten in den Zyklen einer neuen Rezeptionswelle den kritiklosen Evolutionismus und Positivismus der älteren Generation überwunden und sich dem Neokantianismus zugewandt, der vor dem Ersten Weltkrieg fast eine hegemoniale Position erlangte (vgl. Kap. Liberalismus).

In den 1890er Jahren kam es zu einem Boom der „Entwicklungsökonomie" in Russland. Die Politik von Finanzminister Graf Witte begann Russland zu modernisieren - zum Entsetzen der Populisten. Die legalen Marxisten war keine Marxisten im dogmatischen Sinn. Man könnte sie eher „Marxianer" nennen. *Nikolaj Ivanovič Ziber* (1844-1919) war einer der ersten Ökonomen, die Marxens Wirtschaftslehre in Russland popularisierten. Er interpretierte Marx jedoch weitgehend durch die Brille Ricardos und „liberalisierte" seine Lehren. Zibers Akzeptanz eines unausweichlichen Kapitalismus in Russland soll dazu beigetragen haben, dass Plechanov seine frühen populistischen Thesen ablegte und zum Marxismus bekehrt wurde. Für Ziber (1959) war eine Gesellschaftsformation nicht frei wählbar, wie die Narodniki mit ihrer subjektiven Methode behaupteten, sondern Produkt einer notwendigen Entwicklung.

Der Revisionismus in der internationalen Arbeiterbewegung wurde auf Eduard Bernstein zurückgeführt. Aber eigentlich hatten russische Intellektuelle früher als die Deutschen mit der Revision des Marxismus begonnen. Die Tatsache wurde freilich durch die geringe Konstanz der Gruppe verdunkelt. Struve und seine Freunde waren - mit Ausnahme von Berdjaev - ab 1901 keine Sozialisten mehr. Dieser rasche Theoriewandel zwingt dazu, in einer Analyse der Theorien nach ideologischen Familien, Struve gleich dreimal zu behandeln. Dabei entsteht die unbefriedigende Lage, dass die chronologisch erste Stufe des Denkens von Pëtr Struve als letzte unter „Sozialismus" behandelt wird.

Pëtr Berngardovič Struve (1870-1944) wurde auch in den Augen der orthodoxen Marxisten zunächst das Verdienst zuerkannt, die scharfsinnigste Kritik der ökonomischen Theorien der Populisten geliefert zu haben. Im Gegensatz zu Tugan-Baranovskij, dessen Werke auch in der Sowjetunion wieder aufgelegt worden sind, wurde Struve jedoch als „Judas" außerordentlich negativ behandelt - unter Schmälerung seiner einst durchaus anerkannten Verdienste um die Bewegung. Der Revisionismus in Struves Werk richtete sich bald nicht nur gegen die Narodniki sondern auch gegen den Marxismus.

Den Anspruch auf Objektivität der Wissenschaft erhoben auch die dialektischen Materialisten in Russland. Diese machten für Struve jedoch den Fehler, die
Logik zur Ontologie zu erheben. Dialektik als Erkenntnismethode schien ihm
unbrauchbar (1899: 687). Sie hatte allenfalls didaktischen und propagandistischen
Wert für Gruppen, die sich in der politischen Auseinandersetzung befanden. Dass
Struve als Weggefährte der Marxisten wagte, die Dialektik herabzusetzen, legte
das Fundament für eine wachsende Entfremdung. Plechanov (IFP II: 542), der
damalige „Chefideologe" der Marxisten, versuchte Struve entgegen zu kommen,
indem er den dialektischen Schematismus als Hilfsvorstellung verharmloste, die
keineswegs immer zur Erkenntnis realer Einzelfälle geeignet sei. Wenigstens für
Engels traf diese Deutung jedoch kaum zu. Struves Neukantianismus betonte die
empirische Seite und wandte sich vor allem der Wirtschaft zu.

Struve griff in seinem Buch von 1894 vor allem die ökonomischen Theorien
der Narodniki an. Dabei ging er weit über die Thesen Čičerins hinaus. Struve
übersah nicht - wie Čičerin - die anfängliche Verelendung der Bauernmassen und
hatte nicht dessen übertriebene Meinung von der Anpassungsfähigkeit der Oberschichten an die neuen Produktionsverhältnisse. Auch er hielt die Durchsetzung
des Kapitalismus in Russland für unvermeidlich. Aber er teilte nicht die grimmi-
ge Schadenfreude, die Čičerin auf der liberalen und Lenin auf der ultra-linken
Seite gegenüber dem Zusammenbruch der alten Dorfgemeinschaft entwickelten.
Beide hatten eine Aversion, diesen Prozess der Auflösung mit politischen Mitteln
aufzuhalten. Struve (1899: 159) hat hingegen auf den langsamen Prozess zunehmender Ungleichheit hingewiesen. Der begann schon zu einer Zeit, in der die
Narodniki-Romantiker noch „Milch und Honig fließen sahen". Prima vista richtete sich die Kritik gegen die Narodniki. Aber sie enthielt auch eine Spitze gegen
die Marxisten, die einen schematischen Prozess von Akkumulation, Konzentration, Verelendung, Revolution konstruierten, der sie einst an die Macht bringen
sollte. Der Kapitalismus entstand für ihn nicht in einem unilinearen Prozess.
Selbst in Westeuropa gäbe es noch weite Bereiche halb naturalwirtschaftlicher
Produktion.

Für Lenin kam die Schrift einerseits wie gerufen in der Absetzung seines
Sozialismus vom Agrarkommunismus. Andererseits musste er sich auch sofort
von Struve distanzieren, dem er in der bekannten linkshegelianischen Manier mit
Invektiven zu Leibe rückte, wie „Phrasendrescherei" oder „Tiraden". Der metho-
dische Kern der Differenzen lag im Angriff gegen den marxistischen „Objektivismus" der Wissenschaftsauffassung: „Der Objektivist spricht von der Notwendigkeit des gegebenen historischen Prozesses, der Materialist trifft genaue Feststellungen über die gegebene sozioökonomische Formation und die von ihr er-
zeugten antagonistischen Verhältnisse". Der „Objektivist Struve" wurde in Lenins Augen (LW Bd 1:414) zum „Apologeten dieser Tatsachen", die er analy-

sierte. Hier zeigte sich ein strategisches Wissenschaftsverständnis. Objektive Erkenntnis ohne sofortige revolutionäre Anwendungsmöglichkeit war für Lenin überflüssig. Nur von 1888 bis 1890 akzeptierte Struve die grundlegenden Gedanken von Karl Marx. Er war – nach seinen eigenen Zeugnis (1934: 578) – Liberaler aus Passion und Überzeugung gewesen. Nun wurde er „nur aus Überzeugung" Sozialdemokrat. Die liberale Freiheitsidee blieb jedoch auch in dieser Phase dominant in seinen Schriften. Die Entwicklung zum Marxisten wurde durch die Hungerperiode 1891-92 in Russland mächtig befördert, weil Struve die Marxschen Prognosen bestätigt fand. Struve war ein glühender Bewunderer des Westens, seiner sozialen Disziplin und seines Wohlstandes. Kapitalismus war daher für ihn die notwendige Entwicklung auch in Russland. Die Narodniki, gegen die er mit mehr ökonomischem Sachverstand polemisierte als Lenin, haben sich daher nicht gescheut, auf seine deutsche Familie und seine westlichen Konnektionen anzuspielen. Dazu diente bereits die deutsche Schreibweise seines Namens, wenn die Gegner ihn „Herr von Struve" betitelten. Michajlovskij, Daniel'son und andere sprachen Struve das Recht ab, sich einen Sozialisten zu nennen und diskriminierten ihn als Ideologen der Plutokratie. Sein engster Gesinnungsgenosse war Potresov, der später ein führender Menschewik wurde.

Als Bernstein seine Thesen in der deutschen Sozialdemokratie gegen die Orthodoxie schleuderte, hatte Struve viel Sympathien für ihn. Plechanov und die Orthodoxie waren jedoch erbittert gegen Bernsteins Thesen. Struve glaubte ihm diese Opposition nicht und behauptete, dass Plechanov den Revisionismus aus bloßer politischer Taktik verworfen habe (Baron 1963: 175ff). „Intellektuelle Korruption" war ein häufiger Vorwurf, der aus den Fraktionskämpfen der internationalen Sozialdemokratie resultierte. Sie war in Russland besonders verbreitet, weil die Ideologie weit über konkrete Policy-Interessen gestellt wurde. Für die Reinheit der Ideologie schien immer wieder ein „sacrificium intellectus" erforderlich und wurde von der Parteiführung auch erbarmungslos eingefordert. Struves Verhältnis zu Lenin war nicht sehr herzlich. In der Zeit von Lenins Verbannung in Sibirien hat Struve ihm jedoch unschätzbare Dienste als eine Art „literarischer Agent" geleistet (Pipes 1970: 238). Er schätzte Struve als guten Publizisten, nicht aber als zuverlässigen Ideologen.

Struve gehörte in Russland zu der seltenen Spezies der Bernsteinianer. Reform und Fabrikgesetzgebung machten für ihn Revolutionen überflüssig. „Je revolutionärer die soziale Umgestaltung ist, desto weniger kann sie ‚revolutionär' sein. Die Kompliziertheit und der Reichtum des Inhalts schließen die Einfachheit der Methode aus" (1899: 674). Struve nannte die Theorie von Karl Marx eine „sublimiert idealistische Utopie". Sie setze voraus, dass der Leib des Kapitalismus immer sozialistischer werde, die Seele des Kapitalismus, die Bourgeoisie, jedoch immer kapitalistischer. Ähnliches gelte für das Proletariat: sein Leib wer-

de durch die technische Entwicklung immer „kapitalistischer", seine Seele aber
solle ein idealistisches Eigenleben führen und immer „klassenkämpferischer"
werden. Struve sagte Plechanov und den Marxisten nach, dass sie nur durch eine
Revolution und das „Wunder des politischen Schöpfungsaktes" in den Hafen der
aufgehobenen Widersprüche gelangen könnten (1899: 685).

Struves spektakulärster Beitrag zur sozialdemokratischen Diskussion war
der Entwurf des ersten Parteiprogramms der Sozialdemokraten auf dem Kongress
in Minsk (März 1898). Die Kiewer Gruppe hätte Plechanov bevorzugt, aber mit
Hilfe des „Jüdischen Bundes", der bestorganisierten Gruppe in der Sozialdemokratie, fiel die Entscheidung zugunsten von Struve. Struve (1934: 75) hat später
betont, dass das Programm nicht völlig seine Ansichten enthielt (Text in: Pipes
1970: 193-196). Immerhin war es der erste offizielle Text der Partei. Lenin,
Martov und andere lobten ihn. Es gab jedoch auch schon Kritik, weil die Freiheitsidee und der politische Kampf von Struve zu stark betont worden sei.

Der älteste der legalen Marxisten war *Michail Ivanovič Tugan-Baranovskij*
(1865-1919). Er stammte aus einer ukrainisch-tatarischen Familie und machte
zunächst eine ähnliche Karriere wie Struve als wissenschaftlicher Ökonom. Er
studierte in Char'kov und kam von der Mathematik zur Ökonomie. In Kontakt
mit Revolutionären - unter anderem mit Lenins Bruder - wurde er nach einer
Demonstration verhaftet und zeitweise aus Petersburg verbannt. Tugan-
Baranovskij hatte das Verdienst, die österreichische Grenznutzentheorie in Russland heimisch gemacht zu haben. In der wirtschaftswissenschaftlichen Krisen-
theorie beschritt er originelle Wege. Wie alle „legalen Marxisten" war er ein
Westler. Das marxistische System hat er immer nur als wissenschaftliches Netz-
werk von Hypothesen verstanden. Sein Stil blieb wissenschaftlich und frei von
der politischen Polemik jener Zeit, der auch Struve gelegentlich verfallen war.
Tugan-Baranovskijs Hauptwerk über die „russische Fabrik" wurde zu einem
Standardwerk, das auch in sowjetischer Zeit immer wieder aufgelegt worden ist
(1938, 7.Aufl.).

In seinem Werk „Theoretische Grundlagen des Marxismus" hat Tugan-
Baranovskij (1905: 236, 206, 129) bei aller Verehrung für Marx die Zusammen-
bruchstheorie und die Arbeitswertlehre mit hohem Sachverstand kritisiert, und für
die Grenzennutzenlehre plädiert. Wie Struve – der den Klassenkampfgedanken
wenigstens wie einen Sorelschen Mythos betrachtete – hat Tugan-Baranovskij die
Lehre vom Klassenkampf als „eine falsche Verallgemeinerung auf die gesamte
Menschengeschichte" verworfen.

Die marxistische Orthodoxie hat den legalen Marxismus gern mit der oppo-
sitionellen Strömung des „Ökonomismus" in Verbindung gebracht. Dieser lehnte
den Voluntarismus der leninistischen Eliten ab und setzte auf die Eigeninitiative

der Arbeiter. Struve oder Berdjaevs Kritik der Intelligencija (vgl. Kap. Liberalismus und Konservatismus) richtete sich aber weniger gegen politische Führungsansprüche und Taktiken, sondern war eher grundsätzlicher Art. Die legalen Marxisten standen der organisierten Arbeiterbewegung und ihrer Streiktätigkeit nicht ablehnend gegenüber, weil sie hoffen konnten, dass davon Reformimpulse ausgingen. Struves Bekenntnis auf deutsch - Fichte zitierend - „man muss nicht nur kämpfen sondern auch siegen wollen" (1897: 139) ist von den Orthodoxen als syndikalistischer Voluntarismus gebrandmarkt worden. Aber Struve hatte ansonsten wenig mit dem Vulgärmaterialismus einiger „Ökonomisten" gemein. Die legalen Marxisten waren keine ideologischen „Syndikalisten". Sie schrieben nicht aus der Ferne in der Emigration, wie Plechanov oder Lenin, und behielten einen klareren Blick für die sozialen Verhältnisse der Arbeiter vor Ort.

Weihnachten 1900 versuchte Struve - mit Vera Zasulič und Potresov zusammen - zu einer Einigung mit dem Lenin-Flügel in der Partei zu kommen. Struve war vor allem gegen die Orthodoxie der Zeitschriften „Iskra" und „Zarja" um Plechanov eingestellt. Die Einigung kam nicht zustande. 1901 hat Struve dann seine neue liberale Position publizistisch untermauert (1902: 528-555) und Lenin startete seine Polemik gegen den „Judas". Alle legalen Marxisten - selbst Berdjaev, der sich eher als Sozialist denn als Liberaler fühlte - sind Struve in die „Sojuz Osvoboždenija" (Befreiungsunion) gefolgt, die 1903 gebildet wurde. Selbst Tugan-Baranovskij hat sich später der liberalen Kadettenpartei angeschlossen (Kindersley 1962: 217). Es war von Anfang an deutlich, dass für die legalen Marxisten der Sozialismus ein formales methodologisch-heuristisches Prinzip war, und dass sie von undifferenzierten Klassenkampftheorien nichts hielten. Mit Ausnahme von Tugan-Baranovskij wandten sie sich der Religion wieder zu, sodass sie nicht einmal „liberal" blieben. Aber sie blieben Westler, die ihre Hoffnungen auf die Arbeiterschaft und nicht auf die Bauern setzten.

Mit den orthodoxen Marxisten hatten die legalen Marxisten die Ansicht gemein, dass die sozialen Leiden des Volkes unvermeidliche Folge der Durchsetzung des Kapitalismus sei. Für sie hatte die Steigerung der Produktivität der russischen Wirtschaft Vorrang vor der sozialen Verteilung des erwirtschafteten Mehrprodukts. Die legalen Marxisten standen bei der Konzeption ihres Entwicklungsweges etwa in der Mitte zwischen den Narodniki und den Leninisten, die nicht nur die Devise „je schlimmer - desto besser" - besser für das Wachstum der revolutionären Bewegung - vertraten, sondern auch für die Industrialisierung Russlands dem Volk die größten Opfer aufzuerlegen bereit waren (Mendel 1961: 144ff). Die legalen Marxisten hielten den Urbanisierungsprozess für unaufhaltsam und standen damit an der Seite der Marxisten gegen die Populisten. Tugan-Baranovskij (1898: 25) ging davon aus, dass an der Wende des 20. Jahrhunderts schon acht Prozent der männlichen Arbeitskräfte in der großen Industrie des Landes beschäftigt seien. Die Populisten erboste vor allem, dass Tugan-Baranovskij argumentierte, dass selbst das kleine Handwerk - das diese verklärten - nicht die Frucht der traditionalen Gesellschaft, sondern eher die Folge der Großindustrie sei, weil kleine Zulieferbetriebe um die Großindustrie herum entstanden (1938: 369ff). Aufgrund der Ressourcen an Territorium und Bevölkerung schien Russland in der Lage schneller die nachholende Entwicklung zu absolvieren als andere Entwicklungsländer (Struve 1894: 259). Autarkiegedanken à la Friedrich List wurden diskutiert, um die „Nationalökonomie" Russlands zu fördern. Aus der Not mangelnder Konkurrenzfähigkeit auf dem Weltmarkt wurde die Tugend einer Produktion für einen starken Binnenmarkt gemacht (Struve 1894: 149ff). Lenin hatte an dieser These bereits Zweifel, weil er aufgrund der Pauperisierung der Massen keinen starken Binnenmarkt entstehen sah. In diesem Punkt stand er der populistischen Kritik am legalen Marxismus nahe. Die legalen Marxisten haben mehr als die legalen Populisten die politische Reformarbeit als Voraussetzung der Reform von Wirtschaft und Gesellschaft akzeptiert - während die Leninisten zur politischen Reform ein eher taktisches Verhältnis hatten, sodass sie mal am „Parlamentieren" teilnahmen, und ein andermal scharf antiparlamentarisch argumentierten.

Die Streikbewegung, die in Russland wuchs, nahmen die legalen Marxisten weniger als Vorboten einer bevorstehenden Revolution, denn als Verschiebung im Gleichgewicht der Klassenkräfte wahr. Die Kapitalisten gerieten in eine schwächere Position. Die Regierung musste den Arbeitern entgegen kommen. Eine sozialistische politische Revolution lehnten die legalen Marxisten ab, weil sie mit Recht befürchteten, dass dies in die Diktatur führen müsse. Die orthodoxen Marxisten erbosten sie mit der Ansicht, dass die Verelendungstheorie eine neue Form des Idealismus sei, die empirisch unhaltbar geworden war. Die Dialektik hielten diese Neukantianer als eine Umgehung der normalen wissenschaftlichen Logik eher für einen Mythos, denn für ein brauchbares heuristisches Konzept (Struve 1899: 698). Aber selbst Struve hatte sich Bernstein nicht soweit angeschlossen, dass er diesen Mythos schlicht zu verabschieden empfahl. Zu propagandistischen Zwecken blieb dieser Mythos weiterhin wichtig, um die psychologische Unterstützungsbereitschaft bei den Massen zu stärken. Die deutschen Sozialdemokraten waren nicht glücklich über die Einschätzung Struves über Marx und vor allem über die These, dass Marx von Lorenz von Stein beeinflusst worden sei. Franz Mehring hat in der „Neuen Zeit" gegen diese These Stellung genommen. Um 1900 reduzierte sich Struves Marxismus auf einen Trade-Unionismus. Lassalles Staatssozialismus wurde gelobt, obwohl Struve das eherne Lohngesetz bei Lassalle für Unsinn hielt. Es kam zu einer Wiederannäherung an den ethischen Voluntarismus der legalen Populisten durch die Hinwendung zum neukantianischen Idealismus. Kontroversen gab es um die Alternative Industrialisierung und Kapitalismus. Einige der legalen Marxisten wollten die beiden Begriffe voneinander trennen. Aber der ökonomische Sachverstand der meisten förderte die Einsicht, dass Industrialisierung ohne Kapitalismus nicht zu erreichen war - ähnlich wie Engels das an Daniel'son bekräftigt hatte. Aber die legalen Marxisten traten für ein balancierteres Wachstum ein als die Leninisten, die sich in die „contradictio in adiecto" eines „voluntaristischen Determinismus" verrannt hatten. Mit der Akzeptanz von Parlamentarismus und Reformgesetzgebung waren die legalen Marxisten Vorläufer des Revisionismus, auch wenn der Menschewismus, der ab 1903 durch die Spaltung der Partei in zwei Flügel entstand, auf diese Vorläufer kaum rekurrierte, weil sie inzwischen im feindlichen liberalen Lager standen.

4. Der Marxismus-Leninismus

Quellen:

H. Dahm /F. Kool (Hrsg.): Die Technik der Macht. Dokumente der Weltrevolution. Bd.5, Olten, Walter, 1974

R. V. Daniels (Hrsg.): A Documentary History of Communism. Hanover, New Hampshire, University Press of New England 1984, 2 Bde.

F. Kool (Hrsg.): Arbeiterdemokratie oder Parteidiktatur? Dokumente der Weltrevolution. Olten, Walter, 1967.

P. Scheibert (Hrsg.): Die russischen politischen Parteien 19o5-1917. Ein Dokumentationsband. Darmstadt, Wissenschaftliche Buchgesellschaft 1972.

Literatur:

K. Anderson: Lenin, Hegel and Western Marxismus. Urbana/Ill., University of Illinois Press, 1995.

A. Ascher: Pavel Axelrod and the Development of Menshevism. Cambridge/Mass, Harvard University Press 1972.

A. Ascher (Hrsg.): The Mensheviks in the Russian Revolution. London, Thames & Hudson 1976.

K. von Beyme: Ökonomie und Politik im Sozialismus. München, Piper, 1975, 1977.

Th. Dan: Der Ursprung des Bolschewismus. Hannover, Dietz, 1968.

R.V. Daniels: Das Gewissen der Revolution. Kommunistische Opposition in Sowjetrussland. Köln, Kiepenheuer & Witsch, 1962.

B. W. Eissenstat: Lenin and Lenism. State, Law, Society. Lexington, Heath, 1971.

P.M. Grujić: Čičerin, Plechanov und Lenin. Studien zur Geschichte des Hegelianismus in Russland. München, Fink, 1985

R. H. Haimson: The Russian Marxist and the Origins of Bolshevism. Cambridge/Mass.
Harvard University Press, 1955.

J. D. Keep: The Rise of Social Democracy in Russia. Oxford, Clarendon, 1963.

R. Kindersley: The First Russian Revisionists. Oxford, Clarendon, 1962.

L. Kolakowski: Die Hauptströmungen des Marxismus. München, Piper, 1978, Bd.2: 37off.

H.-J. Lieber: Die Philosophie des Bolschewismus in den Grundzügen ihrer Entwicklung.
Frankfurt, Diesterweg 1957.

P. Lübbe: Kommunismus und Sozialdemokratie. Berlin, Dietz, 1978.

J. Martov: Geschichte der russischen Sozialdemokratie. Berlin, Dietz, 1926. Erlangen.
Politladen 1973.

A. M. Meyer: Leninism. Cambridge/Mass., Harvard University Press, 1957.

P. Pomper: Lenin, Trotsky and Stalin. New York, Columbia University Press 199o.

L. Schapiro: Die Geschichte der Kommunistischen Partei der Sowjetunion. Frankfurt,
Fischer, 1962.

W. Schneider: Zur Geschichte der Theorie des wissenschaftlichen Kommunismus. Marx.
Engels und Lenin über das Wesen und die Phasen der Kommunistischen Gesellschaft. Berlin, Dietz, 1977.

R. Russell: Das bolschewistische Russland. In: Ders: Politische Schriften. München.
Nymphenburger, 1972: 117-156.

A. Ulam: Die Bolschewiki. Köln, Kiepenheuer & Witsch, 1967.

B. D. Wolfe: Lenin, Trotzki, Stalin. Drei, die eine Revolution machten. Frankfurt, Europäische Verlagsanstalt 1965.

Georgij Valentinovič Plechanov (1856-1918)

Quellen:

Plechanov: Sočinenija. Moskau, Gosizdat 1923-1927, 24 Bde (zit :Soc)

Plechanov: Izbrannye filosofskie proizvedenija v pjati tomach. Moskau, Politizdat, 1956-
1958, 5 Bde (zit : IFP).

Plechanov: O vojne. Paris, Union 1914.

Plechanov: God na rodine. Polnoe sobranie statej i rečej. 1917-1918. Paris, Povolozky
1921, 2 Bde (zit:Gnr).

Plechanov: Die materialistische Geschichtsauffassung. Berlin, Dietz, 1958, 2.Aufl.

Plechanov: Grundprobleme des Marxismus. Berlin, Dietz, 1958.

Plechanov: Kunst und Literatur. Berlin, Dietz, 1954.

Literatur:

S. H. Baron: Plekhanov. The Father of Russian Marxism. Stanford, Stanford University
Press, 1963, 1966.

G. M. Čičerin: Plechanov und Lenin. Studien zur Geschichte des Hegelianismus in Russland. München, Fink, 1985.

W. A. Fomina: Die philosophischen Anschauungen G. W. Plechanows. Berlin, Dietz, 1957.
R. Pipes: Struve. Liberal from the Left. Cambridge/Mass, Harvard University Press, 197o.
J. Plamenatz: German Marxism and Russian Communism. London, Longmans Green, 1954.
D. Rjazanov: "Gruppa Osvoboždenija Truda". Petrograd, Novij mir, 1906.
St. Tjutjugin: G. V. Plechanov: sud'ba russkogo Marksista. Moskau, ROSSPEN, 1997
J. Ch. Traut: Plechanov und das russische Volkstümlertum. München, Parvus, 1976.
G. Zinov'ev: G. V. Plechanov. Petrograd, 1918.

In den 1860er Jahren kam es zu einer Welle der Rezeption des Marxismus unter den Radikalen in Russland. Marx wurde jedoch sehr selektiv wahrgenommen. Im Zentrum standen seine ökonomischen Schriften. Soweit seine politischen Schriften zur Kenntnis genommen wurden, war Marx den radikalen „Aufständlern" (buntari) noch zu parlamentarisch (Pipes 1970: 45). Engels rächte sich für solche Einseitigkeiten des Urteils und machte die russischen Radikalen als „das auserwählte Volk des Sozialismus" lächerlich (MEW Bd.18). Plechanov galt als der „Vater des russischen Marxismus". Daran änderte auch der Versuch nichts, Struve als den zunächst bekannteren Theoretiker herauszustellen (Pipes 1970: 51). Pipes übertrieb, wenn er behauptete, dass mangels Detailkenntnissen Marx und Engels noch in den 1890er Jahren für zwei deutsche Ökonomen gehalten wurden, welche den russischen „mir" bewunderten und die Terror-Taktik guthießen. Beides traf bekanntlich nicht zu. Richtig an dieser Übertreibung war jedoch, dass Struve der originellere Ökonom im Vergleich zu Plechanov war. Struves Variante eines aufgeklärten „Marxianertums" ohne dogmatischen „Marxismus" war weit verbreitet. Marx wurde noch immer überwiegend als Ökonom in Russland gelesen. Plechanovs Werke waren in Russland vor 1895 relativ ungekannt. Die Zensur hat die Einfuhr radikaler Schriften von linken Emigranten ziemlich effektiv verhindert. Liberale oder „legale" Populisten, wie Daniel'son und Ziber haben vor Plechanov die Marxsche Theorie adaptiert. Zibers Werke sollen dazu beigetragen haben, dass Plechanov von seinen populistischen Positionen abrückte und sich dem Marxismus zuwandte. Ebenso einflussreich war Kovalevskijs Buch über den Zerfall der Dorfgemeinde (vgl. Kap. Liberalismus) (Fomina 1957: 27).

Die revolutionäre Karriere Plechanovs begann bereits im Alter von 19 Jahren. Fünf Jahre lang war er Organisator und Agitator, der mit einem Revolver unter dem Bett schlafen musste (Baron 1963: VIII). Plechanov entstammte einer Familie tatarischer Herkunft aus dem niederen Adel. Der Vater besaß nur 50 Seelen. Plechanov wandte sich dem Studium des Bergbaus zu, das eigentlich wenig zu seinen philosophischen und künstlerischen Interessen passte. In der revolutionären Organisation „Zemlja i volja" spielte Plechanov eine führende

Rolle. Als die Polizei ihn jagte, entwich er ins Ausland. Meist hielt er sich in Berlin auf, obwohl er den antirevolutionären Geist der deutschen Sozialdemokratie mit dem üblichen russischen Intelligenzler-Aristokratismus verachtete. „Zemlja i volja" begann sich ein Parteiprogramm zu geben. Die Organisation war von bakuninistischem Zuschnitt - elitär und geheimbündlerisch, ein Modell, dass nicht ohne Einfluss auf Lenin bleiben sollte. Mitte 1877 kam Plechanov nach Russland zurück. In seiner agitatorischen Arbeit war *Vera Ivanovna Zasulič* (1844-1919) seine engste Mitarbeiterin. Aus der Familie eines kleinen Grundbesitzers wie Plechanov machte sie sich schon früh als Nihilistin mit unkonventioneller Lebensweise einen Namen. 1878 hat sie auf den Polizeipräsidenten von Petersburg geschossen, der für seine Grausamkeit bekannt war. Das unerhörte geschah: Ein Gericht sprach sie frei. Wie Plechanov neigte sie später zu den Menschewiken.

Im Sommer 1879 war der „Gang ins Volk" als aussichtslos erkannt worden. Die Organisation der Narodniki „Land und Freiheit" (Zemlja i volja) spaltete sich in eine terroristische Organisation, die „Narodnaja volja" (Volkswille) und den „Černyj peredel" (Schwarze Umverteilung). Plechanov war in der zweiten Gruppierung, die praktische Arbeit vor Ort leistete. Nach der Ermordung des Zaren Alexander zeigte sich, dass auch die terroristische Taktik keinen Umsturz des Systems bewirken konnte, und das Narodničestvo geriet in eine Krise.

Die Attentate von 1878 und 1879 wurden von Leuten ausgeführt, die der Zemlja i volja-Bewegung nahe standen. Aber die Organisation hat diese spektakulären Aktionen nicht selbst geplant und sie wurden nicht in ihrem Namen verübt. Plechanov war damals nicht strikt gegen jeden Terror. Er blieb Lavrov-Anhänger in seiner Ablehnung von Morden. Vera Zasulič's Tat hat er noch als spontane Empörung des Volkes gebilligt, aber er wollte keine weiteren Attentate, vor allem keines gegen den Zaren. Seine Vorstellung von Terror war eher basisnah: Terror in Fabriken und auf dem Lande - ohne Morde. Diese Linie setzte sich in der Zeitschrift „Zemlja i volja" schließlich durch, sodass man Plechanov die programmatischen Grundsatzartikel zugeschrieben hat (Baron 1963: 35). 1880 musste Plechanov mit anderen führenden Mitgliedern der „Schwarzen Umverteilung" in den Westen fliehen. Das geschah im letzten Augenblick, denn kurz danach wurden die im Lande verbliebenen Mitglieder der Organisation verhaftet. Lavrov hat den mittellosen Plechanov im Exil zunächst auch finanziell unterstützt. Der Einfluss der russischen Behörden gegen den „Staatsfeind" Plechanov reichte immerhin so weit, dass man in Genf der Frau Plechanovs, einer Ärztin, keine Approbation gewährte.

Die Umorientierung der emigrierten „Kader" der Schwarzen Umverteilung vollzog sich schrittweise. Vera Zasulič vermochte mit weiblicher Hartnäckigkeit dem alten Marx kurz vor dem Tod noch ein Bekenntnis abzuringen, dass die

Narodniki gern benutzten. Marx schrieb am 8. März 1881 der „lieben Bürgerin"
auf französisch: „Die im 'Kapital' gegebene Analyse enthält also keinerlei Beweise - weder für noch gegen die Lebensfähigkeit der Dorfgemeinde, aber das
Spezialstudium, das ich darüber getrieben und wofür ich mir Material aus Origi-
nalquellen beschafft habe, hat mich davon überzeugt, dass diese Dorfgemeinde
der Stützpunkt der sozialen Wiedergeburt Russlands ist; damit sie aber in diesem
Sinne wirken kann, müsste man zuerst die zerstörenden Einflüsse, die von allen
Seiten auf sie einstürmen, beseitigen, und ihr sodann die normalen Bedingungen
einer natürlichen Entwicklung sichern" (MEW Bd. 19: 243). Genau diese Einschränkung im zweiten Satz suchten die Narodniki durch Beseitigung der „zerstörenden Einflüsse" zu ihren Gunsten zu wenden. Was unerörtert blieb war, was die
„natürliche Entwicklung" schließlich sein würde. Die Marxsche Theorie konnte
langfristig nur die Auflösung der Dorfgemeinde im Auge haben. Allenfalls vorübergehend schien die „obščina" als organisatorischer Anknüpfungspunkt für die
revolutionäre Bewegung geeignet. Die Narodniki haben solche Einschränkungen
und Differenzierungen jedoch schwerlich wahrgenommen und Marx dahingehend
missverstanden, dass er für die Möglichkeit eines Überspringen des kapitalistischen Stadiums in Russland eingetreten sei.

Im Westen entdeckte Plechanov, dass die Arbeiter weit eher für den Sozialismus zu gewinnen waren als die Bauern. In der ersten politischen Schrift „Sozialismus und politischer Kampf" (1883) rückte Plechanov von der bakuninisti-
schen Richtung ab und begann sich für den Kampf um Menschenrechte nach
westlichem Vorbild zu interessieren (IFP I: 99, 110). In der Schrift „Unsere Meinungsverschiedenheiten" kam es zu einer theoretischen Ablösung von Lavrov -
noch voller Respekt und ohne die wüste Polemik, die Plechanovs Spätstil vergif-
tete. Er setzte sich mit den Narodniki von Herzen bis Tkačëv auseinander und
erläuterte die Ziele der Gruppe „Osvoboždenie truda" (Befreiung der Arbeit), die
der erste russische marxistische Zirkel wurde (IFS I: 187). Typisch russisch war
diese Entwicklung: Die intellektuelle Befreiungsgruppe ging der Organisation der
Arbeiterbewegung im Lande voran. In dem Programm der Gruppe von 1884, das
im Ganzen eher aufklärerisch klang, kam der unbegreifliche Satz vor: „Die Gruppe Befreiung der Arbeit erkennt gleichzeitig die Notwendigkeit des terroristischen Kampfes gegen die absolute Herrschaft an und trennte sich von der Partei
„Narodnaja Volja" nur wegen der Frage um die sogenannte Machtergreifung der
revolutionären Partei" (IFP I: 375). Angesichts dieses Rückfalls war es verständlich, dass Engels die ersten schriftlichen Äußerungen Plechanovs im Westen eher
kühl aufnahm. Das zeigte ein Brief von Engels an Vera Zasulič: Er wollte sich
offenbar inhaltlich nicht äußern, weil er um das enge Verhältnis von Plechanov
und Zasulič wusste und schützte Zeitmangel vor - nicht ohne zu erwähnen, dass
er ziemlich mühelos Russisch lese (MEW Bd. 36: 303). Erst 1889 kam es zu

einer persönlichen Begegnung mit Engels und zu einem freundschaftlichen Ko-operationsverhältnis. Über den Rückfall Plechanovs in den Terrorismus ist viel gerätselt worden. Es scheint so, dass in der Emigration die Fraktionsdifferenzen sich optisch verkleinerten. Akselrod brachte die Nachricht aus Russland, beide Gruppen würden bald wieder fusionieren. Einzelne Emigranten wie Vera Zasulič und Dejč wurden von dem Phänomen der „klammheimlichen Freude" erfaßt, als die Nachricht eintraf, dass der Zar von Narodovolcen ermordet worden war.

Das zweite Programm der Gruppe, das auch aus Plechanovs Feder stammte, wurde bereits auf den Charakter einer Arbeiterpartei zugeschnitten. Es war von „russischen Sozialdemokraten" die Rede (IFP I: 377-381). Die populistische Betonung der Rolle der Intelligenz, die Engels am ersten Programm missfallen haben dürfte, war nun gemildert. Zwei Jahrzehnte widmete Plechanov in seinen politischen Schriften dem Kampf gegen die Narodniki. 1895 wurde in „Zur Frage der Entwicklung der monistischen Geschichtsauffassung" mit großem Aufwand an Literatur - einschließlich der westlichen staatsrechtlichen und soziologischen Literatur von Stammler bis Simmel - erneut die eigene Position herausgearbeitet. 1898 hat Plechanov in der Schrift „Zur Frage der Rolle der Persönlichkeit in der Geschichte" (IFP II:300-334) noch einmal die Geschichtsauffassung der Narodniki angegriffen. Der Ton wurde zunehmend schärfer: „Die Herren Subjektivisten sind gute Märchenerzähler ... aber das ist alles ... noch nie haben Märchen die historische Bewegung eines Volkes verändert". Die Rolle der Intelligenz und der großen Persönlichkeiten wurden von Plechanov herunter gespielt. Er fand, dass das „persönliche Element in der Geschichte absolut keine Bedeutung hat". Er kritisierte die Geschichtswissenschaft, welche die Masse als Akteur nicht kenne (1954: 844). Er beeilte sich freilich, den Marxismus gegen den Vorwurf in Schutz zu nehmen, dass er die Persönlichkeit vernachlässige. Er bestand aber darauf, dass nach der marxistischen Konzeption die Persönlichkeiten nur im Rahmen der Produktivkräfte und ihrer Klassen wirkten (1954: 441).

Plechanov war das Haupt der Marxisten in der Emigration. Aber er hatte wenig Anteil an der Entwicklung der Partei in Russland. 1898 wurde in Minsk ein Gründungskongress der Russischen Sozialdemokratischen Arbeiterpartei abgehalten. Die Führer der Bewegung wie Lenin, Martov oder Potresov waren im Exil in Sibirien. Die Emigranten konnten ebenfalls nicht wagen, für diesen Kongress anzureisen. Der Kongress trennte sich ohne Programm oder Statuten. Pëtr Struve hat nach dem Kongress ein Programm verfasst. Viele hätten diese Aufgabe lieber dem heimlichen „Chefideologen" Plechanov anvertraut, aber der Jüdische Bund, die mitgliederstärkste Unterorganisation, setzte Struve durch (vgl. Legale Marxisten).

Im Revisionismusstreit hat Kautsky Plechanov die erste Polemik gegen Bernstein anvertraut, als er selbst kritisiert wurde, weil er Bernsteins Thesen ohne

Kommentar in „Die Neue Zeit" abdruckte. Plechanov übernahm die Aufgabe nur zögernd. In einem Brief an Akselrod fand er Bernstein noch immer einen „verdienten Genossen". An Kautsky schrieb er, dass er sich nicht gern in die inneren Angelegenheiten der deutschen Sozialdemokratie einmische (Soc XI: 38). Trotz dieses Zögerns ging das polemische Temperament mit Plechanov durch. Die Replik fiel so scharf aus, dass Kautsky einige beleidigende Passagen strich. Plechanov wollte nun eine ganze Kampagne gegen den Revisionismus organisieren und beklagte, dass die „Zentristen" daran nicht interessiert seien, sodass selbst Kautsky - der eine Anti-Bernstein-Schrift verfasst hatte - schon als „Versöhnler" gebrandmarkt wurde (IFP II: 374ff). Nur Rosa Luxemburg und Franz Mehring haben damals ähnlich scharf Stellung genommen wie Plechanov. Als Verteidiger der Orthodoxie wehrte sich Plechanov gegen das Eindringen des Neukantianismus in die Theorie des Sozialismus. Seine Argumentation gegen Bernstein blieb auf der philosophischen Ebene. Dort, wo der Revisionismus für die Orthodoxie eigentlich gefährlich schien, in der ökonomischen Argumentation, hat Plechanov nichts wesentliches beigetragen.

Nach der Schärfe der Position gegen Bernstein erwartete man von Plechanov eine harte Verurteilung des russischen Frührevisionismus in den Thesen Pëtr Struves, zumal Plechanov persönlich durchaus verschnupft gewesen war, dass man Struve und nicht ihn mit der Verfassung eines Programms für die Partei betraut hatte. Die legalen Marxisten, vor allem Struve, hatten vielfach unter der Polemik von Plechanovs Emigrantenzeitschriften zu leiden gehabt. Plechanov hatte in 37 Jahren Emigration den Kontakt zur russischen Realität verloren und kompensierte die Information, welche die „Legalen" vor Ort hatten, durch orthodoxe Scherbengerichte im Namen der Theorien von Karl Marx. Struve galt ab 1901 als liberaler Verräter, aber gerade dieses stimmte Plechanov milde, da er zunehmend die Meinung entwickelte, dass man die Liberalen als möglichen Bündnispartner nicht verprellen dürfe. Plechanov und Akselrod haben die Schärfe der Leninschen Reaktion auf Struve noch abgemildert - wie scharf muss das Original gewesen sein, wo doch die gedruckte Version schon diffamierend genug klang?

1903 kam es zum Spaltungsparteitag in Brüssel und London. Noch stand Plechanov für kurze Zeit auf Lenins Seite, sowohl hinsichtlich des Zentralismus der Leitung als auch in der elitären Konzeption der Mitgliedschaft in einer Partei von Berufsrevolutionären. In einer Parteitagsrede hat er noch Abstriche von der innerparteilichen Demokratie befürwortet, wenn die Sache der Revolution dies erfordere (zit: Kolakowski II: 392). Plechanov blieb nicht lange Bolschewik. Sein Glaube an deterministische Gesetzmäßigkeiten der Entwicklung hat ihn rasch in Gegensatz zu den revolutionären Voluntaristen um Lenin gebracht. Plechanov versuchte anfangs noch zu vermitteln. Ein wenig geeigneter Vermittlungsversuch war der Rücktritt von der Herausgeberschaft der „Iskra" und die Niederlegung seiner Ämter in der Partei (Soc XIII: 226). Plechanov tendierte zu den Menschewiken und sprach den Bolschewiki die Fähigkeit zum dialektischen Denken ab. Die Schärfe der neuerlichen Polemik las sich wie eine Reprise des früheren Absetzmanövers von den Positionen der terroristischen „Narodnaja volja". Er schrieb damals: „Wenn Marx und Engels incognito zu einem Meeting kämen, das unsere Bolschewiken mit revolutionärer Eloquenz abhalten, würden sie für ihre Mäßigung kritisiert und als ‚Kadetten-artige-Marxisten' etikettiert werden" (Soc XIII: 251).

In der Revolution von 1905 hatte der über Fünfzigjährige tuberkulosekranke Plechanov nicht mehr den Schwung, konstruktiv und flexibel in die revolutionäre Debatte einzugreifen. Sein orthodoxer Determinismus ließ ihn überall „blanquistisches Abenteurertum" wittern. Die Rückkehr nach Russland wäre politisch möglich gewesen, aber Plechanovs Krankheit hat sie verhindert. Plechanov hat darunter stark gelitten, und fühlte sich, als ob er vom „Schlachtfeld desertiert" sei (Soc XIII: 192). Selbst die Menschewiki waren anfangs gegen seine harsche Verurteilung des Boykotts der Duma. Plechanov bekam den Beifall zunehmend vom „Klassenfeind", dem Liberalenführer Miljukov. In seinen Schriften hat er zunehmend den Intelligenzler-Aristokratismus, der sich als „Demiurg der Geschichte" fühle, gebrandmarkt (IFS IV: 325). Von den Leninisten wurde er daher in die Nähe des „Ökonomismus" gerückt, einer syndikalistischen Strömung, welche die Leitung der Bewegung durch die Arbeiter selbst propagierte.

Im ersten Weltkrieg wurde Plechanov (1914) zum glühenden Anhänger der Kriegführung gegen Deutschland. Streiks schienen dem „Vater der Revolution" unter Kriegsbedingungen nun schon als ein „Verbrechen". Nach dem Sturz des Zaren ließ sich Plechanov von der Heimkehr nach Russland nicht mehr abhalten, obwohl seine Gesundheit noch schlechter war als 1905. Die Alliierten haben diese Rückkehr aus egoistischen Motiven betrieben, wie die Deutschen Lenin die Rückkehr ermöglichten. Jede Seite versuchte die Propagandisten ihrer Sache einzuschleusen. Plechanov erhielt einen stürmischen Empfang. Aber seine ersten Stellungnahmen enttäuschten alle Fraktionen der Linken. Selbst die Landfrage wollte er nun der Konstituierenden Versammlung überlassen und nahm Stellung gegen überhöhte Forderungen an die Arbeitgeber. Politisch trat er für eine Art „union sacrée" einer Allparteienregierung ein (Gnr I: 90). 1917 hätte Plechanov am liebsten eine friedliche Machtübernahme des Proletariats gesehen (Gnr I: 246). Die Oktoberrevolution verurteilte er, weil sie nicht zum Sozialismus sondern zum Bürgerkrieg führen werde - keine ganz falsche Prognose. In seinem deterministischen Schema war zunächst nur eine bürgerliche Vorherrschaft vorgesehen. Er hielt es für ungerecht, „die Konterrevolution in den Taschen des Herrn Miljukov zu suchen" und bescheinigte den liberalen Kadetten, eine antirestaurative Partei darzustellen - obwohl Miljukov sich in der Staatsformfrage keineswegs als zuverlässig erwies (vgl. Kap. Liberalismus). Plechanov begann sich selbst mit den Menschewiki anzulegen, die er als „Semi-Leninisten" beschimpfte. Als sein Name als Arbeitsminister vorgeschlagen wurde, kam es zum Veto aus der Rätebewegung. Der ethische Sozialismus neukantianischer Prägung, den er im Revisionismus-Streit so hart verurteilt hatte, erfasste ihn nun selbst. Dass der Putschist Kornilov erwog, Plechanov in sein Kabinett aufzunehmen, war fast eine Beleidigung. In der Zeitschrift „Edinstvo" (Einheit) publizierte Plechanov flammende Aufrufe gegen die Oktoberrevolution. Kurz darauf wurde das Blatt verboten. Der Vater des Marxismus wurde totgeschwiegen. Einem ausländischen Besucher soll er im Anblick der Peter-und-Paulsfestung angedeutet haben, dass er wohl er nächste sei, der dort landen würde (Baron 1963: 352). Dieses Schicksal blieb ihm erspart. Als Rote Garden seine Wohnung durchsuchten, wurde ein Posten vor die Tür gestellt, um Plechanov zu schützen. Im Mai 1918 starb Plechanov und wurde neben seinem bewunderten Verwandten Belinskij begraben. Viele Arbeiter haben den Rat der Behörden, die Beerdigung zu boykottieren, nicht befolgt.

Plechanovs Werk war vor allem durch die Literatur- und Kunstkritik bedeutsam. Die Leninisten haben aber auch seine Rolle als Philosoph in der Frühzeit gelobt und seine Werke ediert. Er empfand sich wie eine Inkarnation des revolutionären Russland und hat die Zeitschrift „Iskra" wie sein Privateigentum dirigiert. Eine politische Theorie im engeren Sinn hat Plechanov nicht entwickelt. Seine formalistische Konzeption eines deterministischen historischen Materialismus hat ihn in der Politik unflexibel werden lassen. Die Leugnung des Unterschieds von Natur- und Sozialwissenschaften haben den Schematismus seiner Werke verstärkt. Die gewisse Trockenheit seiner philosophischen Abhandlungen wurde aufgelockert durch eine ins Kraut schießende Polemik, die Lenin auf die Spitze treiben sollte.

Vladimir Il'ič Lenin (Uljanov) (1870-1924)

Quellen:

Lenin: Polnoe sobranie sočinenij. Moskau, Institut Marksa, Engel'sa, Lenina, pri CK VKP (b), 1920-1927, 2o Bde.
Lenin: Sobranie sočinenij. Moskau, Gosizdat 1959-1965. 55 Bde, 5.Aufl.
Lenin: Sämtliche Werke. Moskau, Verlag Fremdsprachige Literatur, 1929-1940, 24 Bde.
Lenin: Werke: Berlin, Dietz, 1961-65, 40 Bde. 2 Registerbände (zit: LW).
Lenin: Ausgewählte Werke. Berlin, Dietz, 1966, 3 Bde (zit: LAW).
Lenin: Briefe. Berlin, Dietz, 1967-1976, 10 Bde.

G. Hillmann (Hrsg.): W. I. Lenin. Für und wider die Bürokratie. Schriften und Briefe. 1917-1923. Reinbek, Rowohlt, 1970.
N. Krupskaja: Erinnerungen an Lenin. Berlin, Dietz, 1960.

Literatur:

K. Anderson: Lenin, Hegel and Western Marxism. Urbana/Ill., University of Illinois Press, 1995.
A. Arndt: Lenin: Politik und Philosophie. Bochum, Germinal, 1982.
J. Becher u.a. (Hrsg.): Lenin und die Wissenschaft. Bd. 1 Lenin und die Gesellschaftswissenschaften. Berlin, VEB Verlag der Wissenschaften, 1970.
L. Fischer: Das Leben Lenins. Köln, Kiepenheuer & Witsch, 1965.
D. Geyer: Lenin und die russische Sozialdemokratie. Köln, Böhlau, 1962.
D. Grille: Lenins Rivale. Bogdanov und seine Philosophie. Köln, Wissenschaft und Politik, 1966.
W. Grottian: Lenins Anleitung zum Handeln. Theorie und Praxis sowjetischer Außenpolitik. Köln, Westdeutscher Verlag, 1962.
L. Gruppi: Il pensiero di Lenin. Rom, Editori riuniti, 1970.
T. T. Hammond: Lenin on Trade Unions and Revolution. New York, Columbia University Press 1957.
N. Harding: Lenin's Political Thought. London, Macmillan 1977-1981, 2 Bde.
H. W. Kettenbach: Lenins Theorie des Imperialismus. Köln, Wissenschaft und Politik, 1965, Bd.1.
D. Lecourt: Lenins philosophische Strategie. Frankfurt, Ullstein 1973
D. Lübbe: Kautsky gegen Lenin. Berlin, Dietz, 1981.
G. Lukács: Lenin. Studie über den Zusammenhang seiner Gedanken. Neuwied, Luchterhand, 1967.
A. G. Meyer: Leninism. Cambridge/Mass., Harvard University Press, 1957, 1962.
D. Noguez: Lenin dada. Zürich, Limmat Verlag, 1990.
A. Pannekoek: Lenin als Philosoph. Frankfurt, EVA, 1969.
Projekt Klassenanalyse: Leninismus - neue Stufe des wissenschaftlichen Sozialismus?. Berlin, VSA, 1972, 2 Bde.
S. T. Possony: Lenin. Köln, Verlag Wissenschaft und Politik, 1965.
B. Rabehl: Marx und Lenin. Widersprüche einer ideologischen Konstruktion des ‚Marxismus-Leninismus'. Berlin, VSA, 1973.
M. M. Rosental (Red): Lenin als Philosoph. Frankfurt, Verlag Marxistische Blätter, 1971.
V. Schklowski u.a.: Sprache und Stil Lenins. München, Hanser, 1970.
L. Trotzki: Über Lenin. Material für einen Biographen. Frankfurt, EVA, 1974.
D. W. Treadgold: Lenin and his Rivals. London, Methuen, 1955
H. Weber: Lenin. Reinbek, Rowohlt, 1970, 1998, 16. Aufl.
A. K. Wildman: Lenin. In: C. D. Kernig (Hrsg.): Sowjetsystem und Demokratische Gesellschaft. Freiburg, Herder, 1971, Bd. IV: 1-29.
W. Ziegenfuß: Lenin. Soziologie und revolutionäre Aktion im politischen Geschehen. Berlin, De Gruyter, 1948.

Lenin ist der einzige Praktiker der Politik, der an die Macht kam, der wahrscheinlich auch als Theoretiker behandelt worden wäre, wenn er nicht eine so herausragende politische Rolle gespielt hätte. Im Gegensatz zu Plechanov, der in der internationalen Arbeiterbewegung eine anerkannte Autorität in der Theoriebildung war, haben auch marxistische Lobredner des „Philosophen" Lenin zugegeben, dass er im Konflikt zwischen Theorie und Praxis immer der politischen Aktivität Priorität gab (Lukács 1967: 98, Pannekoek 1969: 110f). Lenin stammte aus einer mittelständischen Familie in Simbirsk. Der Vater hatte sich aus kleinen Verhältnissen bis in den unteren Adelsstand emporgearbeitet. Lenins älterer Bruder Aleksandr Ul'janov war an der Vorbereitung eines Attentats auf den Zaren beteiligt und wurde 1887 hingerichtet. Lenin ist als Student wegen einer unpolitischen Lappalie an der Universität Kazan relegiert worden. 1891 machte er in Petersburg seine juristische Prüfung mit Auszeichnung. Den Beruf hat er kaum ausgeübt. Von weniger als einem Dutzend Fällen, die er verteidigte, hat er fast alle Prozesse verloren. Aber es ging ihm bei seiner Anwaltstätigkeit nicht um Broterwerb, sondern um politische Demonstration von Ungerechtigkeit.

1895 kam Lenin im Ausland mit Plechanov und Kautsky zusammen. Im gleichen Jahr wurde der Kampfbund „Sojuz bor'by za osvoboždenie rabočego klassa" ausgehoben. Lenin wurde verhaftet und für drei Jahre nach Sibirien geschickt. *Nadežda Krupskaja* (1869-1939), seine Lebensgefährtin, folgte ihm in die Verbannung. 1899 trat er der Russischen Sozialdemokratischen Arbeiterpartei bei, die im März 1898 gegründet worden war. 1901 emigrierte Lenin nach Westeuropa. Mit Martov (1873-1923) und Potresov (1869-1934), Plechanov, Akselrod und Vera Zasulič gab er die Zeitschrift „Iskra" (1900-1903) heraus. Er organisierte vor allem das Agentennetz, das die Zeitschrift illegal in Russland vertrieb. 1903 zerbrach die Iskra-Gruppe an der Frage der Parteiorganisation. Durch Zufall erhielt Lenins Gefolgschaft die Mehrheit und nannte sich „Bolschewiki" (Mehrheitsgruppe). Die Gegner um Martov wurden als Minderheitsgruppe (Menschewiki) terminologisch verkleinert, obwohl sie im Lande weit mehr Anhänger besaßen. Plechanov hat Lenin nur kurze Zeit unterstützt. Nach seinem Abfall trat Lenin aus der Iskra-Redaktion aus. Der Zerfall der Partei wurde treffend aus der Zirkelpsychologie im Ghetto der Rechtgläubigkeit von emigrierten Literaten erklärt. Die Tiefe des Risses und die Schärfe der Polemik entsprach keineswegs der Grundsätzlichkeit von Meinungsverschiedenheiten zwischen den Fraktionen. Parvus schrieb, dass der Leninismus nicht nur in Lenin, sondern in allen stecke: „Jetzt habt Ihr Euch gar untereinander zerstritten und seid bereit, die historische Suppe zu verkleckern, die zu verspeisen Ihr ganz Russland längst aufgerufen habt" (zit: Geyer 1962: 410). Sogar die Hüter der Orthodoxie in der Internationalen - wie Kautsky - und selbst Rosa Luxemburg, eine Exponentin der Linken, nahmen Stellung gegen Lenin. Die Menschewiki gingen in das Revolutionsjahr

1905 in dem Hochgefühl, den Kampf um die Europäisierung wenigstens für ihre Gruppe bestanden zu haben.

Beim Ausbruch der Revolution von 1905 war Lenin im Ausland und bereitete einen Parteikongress vor. Obwohl er wieder eine Mehrheit bekam, wollten selbst seine Anhänger nicht völlig mit den Menschewiki brechen. Im ersten Weltkrieg lebte Lenin in der Schweiz. Die „Sozialverräter" der II. Internationale, die die Kriegführung ihrer Länder unterstützten, wurden erbarmungslos kritisiert. Auf zwei Konferenzen in Zimmerwald (1915) und Kienthal (1916) sammelte Lenin den revolutionären Flügel der internationalen Bewegung. Im Februar 1917 kehrte Lenin mit Hilfe der deutschen Regierung nach Russland zurück. Er agitierte gegen die Provisorische Regierung und zwang die Partei gegen eine zögernde Mehrheit im ZK zum bewaffneten Aufstand. *Lev Trockij* (1879-1940), der erst im August in die Partei aufgenommen worden war, hat ihn in diesem radikalen Kurs trotz seiner menschewistischen Vergangenheit unterstützt. Bei der Machtergreifung im Oktober 1917 wurde Lenin Vorsitzender des Rates der Volkskommissare. Aber praktisch war er mehr als ein Regierungschef; er war der Leiter der gesamten Politik und der Kommunistischen Internationale, obwohl G. E. Zinov'ev formal die Leitung inne hatte. 1921 setzte Lenin gegen starke Widerstände in der Partei einen Schwenk vom Kriegskommunismus zur „Neuen Ökonomischen Politik" (NEP) durch. Im Frühjahr 1922 erlitt er den ersten Schlaganfall und starb im Januar 1924. Lenin hat in allen Konflikten seit den Auseinandersetzungen mit Plechanov und Kautsky die politische Zweckmäßigkeit über die persönlichen Vorlieben gestellt. Als ebenbürtig hat er nur Trockij angesehen.

Theorie der Gesellschaftsformationen und ihrer Entwicklung

Als Theoretiker begann Lenin - wie Plechanov vor ihm - mit Pamphleten gegen die Narodniki. In der Schrift „Was sind die Volksfreunde?" (1893, LW, Bd.1: 119-338) argumentierte er, dass der Kapitalismus eine erhöhte Nachfrage nach Investitionsgütern schaffen werden. Die Widersprüche des Kapitalismus, welche die Radikalen erwarteten, sah er erst eintreten, wenn der Kapitalismus die dominierende Gesellschaftsformation in Russland geworden sei. Die Dorfgemeinde kam als Keimzelle des Sozialismus für Lenin nicht mehr in Frage.

1895 setzte Lenin sich mit Struves Kritik an den Narodniki (vgl. Kap. Legale Marxisten) in der Schrift „Der ökonomische Inhalt der Volkstümlerrichtung und die Kritik an ihr in dem Buch des Herrn Struve" auseinander. Struves Buch war 1894 erschienen. Lenin wurde irritiert durch Struves freien Umgang mit den Theorien von Marx und nahm Anstoß, dass Struve angab, „von Orthodoxie nicht befallen" zu sein. (LW Bd.1: 343). Viele Passagen im Buch Struves konnte Lenin nur unterschreiben. Aber ihn ärgerte, dass Struve so wenig vom Klassenkampf hielt und aus richtigen Analysen - so über die Folgen des technischen Fortschritts - falsche oder nebulöse Schlüsse zöge (LW Bd. 1: 499). Lenin warf sich zum Hüter der Orthodoxie auf und verteidigte Marx gegen die Behauptung der legalen Marxisten, dass durch das Bild einer harmonischen Warenzirkulation im Band 2 des „Kapital" ein Gegensatz zur Theorie der Widersprüche im dritten Band aufgebrochen sei. Obwohl Lenin mit Struve und Tugan-Baranovskij an Sachverstand in der Wirtschaftstheorie nicht konkurrieren konnte, hat er seinen Marx für politische Zwecke geschickt ausgeschlachtet, stimmig gemacht und den russischen Bedürfnissen angepasst.

Schon in dieser Frühschrift wurde deutlich, dass bei Lenin nicht nach Theorie um ihrer selbst willen gestrebt wurde. Er verpflichtete jeden Theoretiker auf „Parteilichkeit", und die verletzte man bereits, wenn man - wie Struve - zum „bürgerlichen Objektivismus" neigte. Auch in den anscheinend wissenschaftlichen Werken zeigte sich ein neuer Sprachstil. Knappheit, Wiederholung, schneidende Formulierungen ohne künstlerische Schnörkel wie sie die ältere russische Generation so liebte, wurden rhetorisch eingesetzt. Sprachwissenschaftler haben Parallelen zur revolutionären Lyrik der Zeit bei Majakovskij und Bednyj entdeckt (Schkowski u.a. 1970: 123, 22). Nur wenn man den missionarischen Impetus, der hinter dieser Stilfassade von Satz-Synkopen nicht ernst nahm, konnte man Lenin bei den Dadaisten einordnen. Angeblich hat er mit seinen russischen Ausrufen „da, da" (ja, ja!) in seiner Zürcher Zeit sogar das Stichwort für die Benennung der Bewegung durch Tzara gegeben (Noguez 1990: 58f, 107). Mit der Verherrlichung der Zerstörung und des Chaos scheiden sich jedoch die Parallelen auch inhaltlich. Lenin hatte ein Endziel - Dada hatte keines.

1899 erschien „Die Entwicklung des Kapitalismus in Russland", eine wissenschaftliche Leistung mit viel Statistiken, die sich mit den Schriften der professionellen Wissenschaftler durchaus messen konnte. Wieder ging es vor allem um die Fehler der Narodniki. Lenin beschrieb die Auflösung der Bauernschaft und den Übergang von der Fronwirtschaft zur kapitalistischen Wirtschaft in Russland. Seine Hoffnungen setzte er auf die Entstehung eines Binnenmarktes, den die Narodniki wegen der Verarmung der Bevölkerung für unmöglich hielten. Die Entwicklung des Kapitalismus in Russland ging für Lenin langsam vor sich - trotz der Beschleunigungspolitik Wittes - wenn man nur einen innerrussischen Vergleich anstellte, sie war jedoch rasant schnell im Vergleich von Nachzüglern und Vorreitern des Kapitalismus in Europa. Die Langsamkeit des Prozesses führte Lenin auf das Fortleben veralteter Institutionen in Russland zurück (LW, Bd. 3: 621). Lenin setzte eine schonungslose Analyse des Ist-Zustandes gegen die „moralisierenden Schlüsse" der Populisten, welche die soziale Lage in Russland zu beschönigen pflegten.

Unter den Schriften mit wissenschaftlichem Anspruch wurde „Der Imperialismus als höchstes Stadium des Kapitalismus" (LW Bd.22: 189-309, LAW I: 763-873), die Lenin 1916 in Zürich verfasste, einflussreich. Im Anschluss an Hobson und Hilferding zeigte Lenin die Gründe, warum der monopolistische Kapitalismus trotz der Stagnation der Wirtschaft nicht „programmgemäß" zusammenbrach. Hobson hatte den Imperialismus vor allem als Politikum eingeschätzt, das auf einem „jingoism" beruht, der nur durch Erziehung zu beseitigen war. Lenin hat dies für eine Fehleinschätzung gehalten und vor allem die ökonomischen Ursachen und Wirkungen des Imperialismus herausgearbeitet (Brahm 1965: 227). Die Ausbeutung der „Dritten Welt" und die Bestechung einer „Arbeiteraristokratie" durch höhere Löhne, stabilisierten den Kapitalismus länger als bei Marx einst prognostiziert. Wieder erwies sich Lenin als Ehrenretter der Orthodoxie und harmonisierte die neuere Entwicklung mit den Fehlprognosen bei Marx, während skrupulösere Theoretiker der II. Internationale wie Kautsky das undankbare Geschäft der „Revision" von Marxschen Lehrsätzen auf sich nahmen.

Revolutionstheorie

Entscheidender als die wissenschaftlichen Beiträge waren die Schriften zu Strategie und Taktik der Partei und zur Zielfindung im revolutionären Prozess. 1905 hat Lenin im Moskauer Aufstand der These von der „permanenten Revolution" bei Trockij nahegestanden. Er hatte aber wenig Hoffnung auf einen sofortigen revolutionären Durchbruch, und nahm als Kurzziel eine konstitutionelle Ordnung in Kauf, wie sie aus der Revolution von 1905 hervorging. Zugleich aber war von „Massenkampf" und „bewaffnetem Aufstand" die Rede (LAW I: 663f).

Im ersten Weltkrieg schienen die Aussichten auf eine revolutionäre Erhebung des Volkes realistischer zu werden. Der imperialistische Krieg sollte nun möglichst in einen Bürgerkrieg umgewandelt werden (LW Bd. 21: 348-351). In den „Aprilthesen" (1917) ging Lenin einen Schritt zurück. Der Sozialismus war nun nicht mehr das direkte Ziel der Revolution. Arbeiterkontrolle - nicht kollektives Eigentum wurde in dieser Phase angestrebt (LW Bd. 24: 1-8, LAW II: 39-44). Lenin behauptete, dass Russland unter allen kriegführenden Mächten jetzt das freieste Land der Welt sei, weil keine Gewalt mehr gegen die Massen eingesetzt würde. Er empfahl anzuerkennen, dass „unsere Partei" in den Räten meist in der Minderheit sei. Er kam den anarcho-syndikalistischen Räteideologen entgegen, in dem er die Verfügungsgewalt über den Boden in die Hände der örtlichen Sowjets zu legen empfahl. Gegen Plechanovs Vorwurf, Lenin leide an revolutionären Fieberphantasien, betonte er seinen Realismus. Er beteuerte sogar, für eine konstituierende Nationalversammlung eingetreten zu sein. Als er die Macht erlangte, hat Lenin diese brutal auseinander jagen lassen, nachdem die Bolschewiki bei den Novemberwahlen zur Konstituante nicht einmal ein Viertel der Stimmen gewonnen hatten.

Im Frühjahr 1917 fand sich Lenin vorübergehend mit der unklaren Lage einer „Doppelherrschaft" zwischen Staatsapparat und den Sowjets ab: „Wir sind keine Blanquisten, keine Anhänger der Machtergreifung durch eine Minderheit. Wir sind Marxisten ... gegen den kleinbürgerlichen Taumel" (LAW II: 47). Mehr als der Dualismus der Organisation schien angesichts der „klassenmäßigen Kräfteverhältnisse" im Frühjahr 1917 nicht möglich. Angesichts dieser taktischen Konzessionen in der Revolutionstheorie ließ sich die These vertreten, dass Lenin erneut - für die „erste Etappe" der Revolution - zu Trockijs Thesen von 1905 zurückgekehrt sei.

Im August/September 1917 - kurz vor der Oktoberrevolution - entstand Lenins Hauptwerk zur politischen Theorie: „Staat und Revolution" (LW Bd.25: 393-507, LAW II: 315-420). Der parlamentarischen Demokratie wurde eine Konzeption der „Diktatur des Proletariats" entgegengestellt. Ein bewaffneter Aufstand sollte ein Regime nach dem Vorbild der „Commune" 1871 herbeiführen. Die Verwaltung sollte in dem neuen Regime vereinfacht werden. Jeder Bürger könne verwalten, wenn er nur des Lesens und Schreibens kundig sei - die Vision von der „Köchin", die den Staat notfalls lenken könne, hatte hier ihren Ort. Noch immer war eine Übergangszeit zum Kommunismus anvisiert. Das bürgerliche Recht werde in dieser Periode erhalten bleiben und bekäme die Funktion, das sozialistische Eigentum zu schützen. Erst wenn die konterrevolutionären Gefahren gebannt seien, könne der Staat „absterben".

Der Föderalismus - den er nach der Machtergreifung zur Sammlung der Gebiete des früheren Zarenreiches in Ausführung seiner Selbstbestimmungstheorie von 1914 (LW Bd. 20: 395-461, LAW II: 681-741) geschickt einsetzte - hielt Lenin nicht für ein organisatorisches Grundprinzip wie die Anarchisten. In diesem Punkt war er Marxist. Marx hatte den Föderalismus nur für multiethnische Länder akzeptiert. Lenins vierstufiges Föderationsgebilde mit abgestuften Rechten der Staatlichkeit wäre zweifellos originell gewesen, wenn es mehr als das Recht der Ethnien, Volkstanzgruppen zu bilden, bewirkt hätte. Staatsformen - angeblich von den Sozialdemokraten als Götzen angebetet - waren für Lenin zweitrangig. In der Auseinandersetzung mit gegnerischen Positionen - von der „Vulgärökonomie" des legalen Marxisten Tugan-Baranovskij bis zur Orthodoxie Kautskys - ging er auch auf die Organisation der Verteilung im kommenden Sozialismus ein, blieb dabei aber so unbestimmt und vorsichtig, wie Engels es einst in der Auseinandersetzung mit Proudhon in der „Wohnungsfrage" vorexerziert hatte. Die Proklamation des Commune-Ideals in „Staat und Revolution" musste bald modifiziert werden. Aus taktischen Gründen schien die Doppelherrschaft vorbei und die Losung hieß: „Alle Macht den Räten" (LW Bd.25: 149f). Ab 1918 hat Lenin die Räte brutal entmachtet. Theoretisch wurden alle taktischen Schwenkungen mit dem Ausbleiben der europäischen Revolution gerechtfertigt. In einem Brief an das Zentralkomitee der Partei, der als „Marxismus und Aufstand" publiziert wurde, wehrte sich Lenin erneut gegen den Vorwurf des Blanquismus. Er gab zu, dass der Juli-Aufstand ein Fehler gewesen wäre, weil man die Macht politisch nicht hätte behaupten können. Erneut wurde klargestellt, dass „Aufstand" nicht auf Verschwörung und nicht nur auf einer Partei beruhe, sondern sich auf den „revolutionären Aufschwung des Volkes" zu stützen habe (LAW II: 424). Wann dieser Augenblick jedoch gegeben sei, konnten offenbar doch nur wieder die Parteieliten feststellen. Der Aufstand wurde als eine „Kunst" betrachtet (LW Bd. 26: 10, LAW II: 429). Was war der Unterschied zu Blanqui, der den Aufstand ebenfalls wie ein Kunstwerk behandelte? Immerhin ließ sich ein gewichtiger Unterschied feststellen. Blanquis „Instruktionen für den Aufstand" (Frankfurt, EVA, 1968: 169) verloren sich in technischen Details über die Größe von Pflastersteinen beim Barrikadenbau. Lenins Insurrektionswissenschaft oder Kunstlehre war eher politischer Art. Lenin ist vielfach in eine Reihe der Kontinuität von Bakunin bis Tkačëv gestellt worden. Aber er hat für die Revolutionsmechanik keine Vorbilder anerkannt. Sein eigenes Denken und Handeln war eher das Produkt der Kontinuität russischer Zustände, die immer wieder vergleichbare Typen von Revolutionären hervorbrachte: gesellschaftsfern, bindungslos und beseelt von missionarischem Eifer (Geyer 1962: 422).

Als Lenin die Macht ergriffen hatte, und im Frühjahr 1918 über „Die nächsten Aufgaben der Sowjetmacht" nachdachte (LW Bd. 27: 225-268, LAW II: 735-770), las er den „Jammerrevolutionären" die Leviten. Plötzlich war Verwalten doch nicht mehr so einfach wie noch in „Staat und Revolution". Mühsame Lernprozesse wurden angemahnt: „Rechnungsführung", das Taylor-System zur Steigerung der Arbeitsproduktivität und die Einmann-Leitung statt der kollektiven Führung. Wo die Staatsmacht nicht mehr die Aufgabe der militärischen Unterdrückung hat, sondern „Verwaltung" wird, ist die typische Form des Zwanges „nicht die Erschießung an Ort und Stelle, sondern das Gericht". Aber die Volksgerichte schienen Lenin unglaublich schwach, die Rätedeputierten verwandelten sich in Parlamentarier oder Bürokraten. Für ihn reichte es zum Revolutionär nicht, für den Kommunismus zu sein, sondern man musste die Fähigkeit entwickeln, „in jedem Augblick jenes besondere Kettenglied zu finden, das mit aller Kraft angepackt werden muss". Sein Lieblingswort war nach dem Zeugnis Trokkijs (1964: 100) auch außerhalb dieser Schrift der Vorwurf, dass die Diktatur mehr „einen Brei" als eine reale Macht darstelle.

Lenin wurde nach der Oktoberrevolution und der Überwindung des ersten Enthusiasmus in der Ära des Kriegskommunismus (1917-1920) vorsichtig in der

Frage, ob ein zurückgebliebenes Land wie Russland noch vor den westeuropäischen Systemen sozialistisch werden könne. In den Schriften von 1917 bis Anfang 1918 kam Lenin dem Standpunkt Trockijs von 1905 nahe (Wildman 1971: 6). Die Herrschaft des Proletariats in Russland konnte nur durch rasches Übergreifen der Revolution auf die fortgeschrittenen kapitalistischen Länder gesichert werden, weil sie sonst ökonomischen Widersprüchen zwischen der unentwickelten wirtschaftlichen Basis und dem System einer verfrühten politischen Revolution ausgesetzt wäre.

Lenins Theorien waren außerordentlich flexibel in der Anpassung an die Erfordernisse der Herrschaftssicherung. In der Schrift „Der linke Radikalismus, die Kinderkrankheit im Kommunismus" (LW Bd. 31: 1-105, LAW III: 389-485) musste Lenin sich gegen den Vorwurf der radikalen Dogmatiker zur Wehr setzten, dass er statt Sozialismus einen „Staatskapitalismus" geschaffen habe. Aus der Not wurde eine Tugend gemacht und notfalls mit demagogischen Sentenzen gearbeitet, wie der These, dass in der deutschen Kriegswirtschaft mehr Sozialismus als im kriegskommunistischen Staatskapitalismus bestanden habe. Er beanspruchte nicht, schon in eine sozialistische Phase eingetreten zu sein, sondern sprach von einer „Übergangsgesellschaft". In ihr musste die Kontrolle der Privatindustrie und die Kontrolle über die Verteilung ausreichen. Das hinderte nicht einen Schwenk zur Verstaatlichung im Sommer 1918, weil die Unternehmer angeblich die Abmachungen mit der Regierung gebrochen hätten, und weil die Verschärfung des Bürgerkrieges dies gebot. Der Aufbau einer zentralen Planung erwies sich jedoch in Zeiten des Bürgerkriegs als schwierig. Der erste Schritt in diese Richtung war das staatliche Elektrifizierungskomitee. Als Beispiel für simplifizierende Agitation ist kein Wort so häufig zitiert worden, wie Lenins Definition vor dem VIII. Gesamtrussischen Sowjetkongress 1920: „Kommunismus – das ist Sowjetmacht plus Elektrifizierung des ganzen Landes" (LW Bd. 31: 513).

Lenin hat als „Zentrist" den Linken und Syndikalisten nur ungern nachgegeben. 1920 ging Lenin davon aus, dass international der Opportunismus der Sozialdemokratie der Hauptfeind bleibe, im Inneren des Landes aber war der „wildgewordene Kleinbürger" mit seinem anarchistischen unbeständigen Revolutionarismus zur Herausforderung geworden (LAW III: 463). Den Linksradikalismus betrachtete Lenin als Reaktion und Strafe für vorangegangenen „Opportunismus". Er berief sich für seine Schwankungen in der Theorie auf Černyševskij - einen seiner Lieblingsautoren - der einmal von der politischen Tätigkeit gesagt hatte, dass sie kein „Trottoir des Nevskij Prospekt in Petersburg" darstelle, „sauber und gerade". Revolutionäre müssen Kompromisse schließen, lautete die Konklusion, und er zeigte, dass die Geschichte seiner Kompromisse bis zurück zu Struve sich für die Bewegung immer ausgezahlt hätten, da man das revolutionäre Ziel nie aus den Augen verlor (LAW III: 440f).

Die Schwenkung zur Neuen Ökonomischen Politik mit erneuter Duldung einer Gesellschaft der Warenproduktion wurde von den Linken als Verrat gebrandmarkt. Lenin gab zu, dass kleinbürgerliche Elemente sich auf dem Lande wieder ausbreiteten. Aber er bestand darauf, dass der Kriegskommunismus keine Dauerform des Sozialismus sein könne, und rechtfertigte die Mischung widersprüchlicher Systemelemente von Sozialismus und Kapitalismus noch für mindestens ein Jahrzehnt (LW Bd.32: 341-380, LAW III: 656), solange das revolutionäre System die „Kommandohöhen der Wirtschaft" besetzt halte. Stalin hat nicht so lange gewartet und mit der Zwangskollektivisierung bereits sieben Jahre nach dieser Prognose begonnen.

Strategie und Taktik der Parteiorganisation

Lenin hat theoretische Auseinandersetzungen fast immer aus gegebenem Anlass von Kontroversen in der Bewegung aufgegriffen. Seine späte Einmischung in Fragen der Philosophie - diesen Bereich überließ er Plechanov, solange dieser noch nicht im Gegenlager stand - zeigte sich in dem Buch „Materialismus und Empiriokritizismus" von 1909. Es richtete sich gegen die Lehre zweier österreichischer Philosophen, Mach und Avenarius, die über Bogdanov Einfluss auf die russische Bewegung gewann (Grille 1966). Die einflussreichsten Schriften waren aber seine Überlegungen zu Strategie und Taktik der Partei. Lenin hat planmäßig eine Art Theorie der Doppelvernunft entwickelt (LAW II: 425). Wissenschaft diente nach dieser Konzeption der Erkenntnis von Gesetzmäßigkeiten des Geschichtsprozesses. Die Kunstlehre von Strategie und Taktik wurde als ein Art praktischer Klugheitslehre an ihre Seite zur Anleitung des revolutionären Handelns gestellt. Blanquismus, der ihm vielfach vorgeworfen wurde, hatte in Lenins Auffassung nur diese Seite entwickelt und die Wissenschaft vernachlässigt. Der Kunstgriff, dass Wissenschaft und angewandte Wissenschaft als Kunst unterschieden werden müssten, war nicht neu. Er war nicht auf den Leninismus beschränkt. Aber keine politische Theorie, die mit wissenschaftlichem Anspruch auftrat, hat die wissenschaftliche Theorie so stark von Überlegungen zur Strategie und Taktik überwuchern lassen, wie der Leninismus. Im Rahmen der Kunstlehren wurde auch auf den Einsatz von Mythen nicht verzichtet, so sehr Lenin diese bei Sorel auch für kleinbürgerlichen Unsinn abtat. Neue Mythen wie die Vergottung der Technik (Sozialismus = Sowjetmacht plus Elektrifizierung), die Verdinglichung des Kollektivs (erst des Proletariats, dann der Partei und schließlich der Parteileitung) und der Personenkult (der vor allem nach Lenin eingesetzt wurde), mussten die Widersprüche in den wissenschaftlichen Teilen der Lehre einem widerstrebenden Volk verschleiern helfen.

Lenin wurde von seinen Gegnern unter den Menschewiki ständig als „Jakobiner", Blanquist oder Tkačëvist dargestellt. Gelegentlich wurden die Invektiven
aber zu Ehrentiteln umgemünzt. Lenin rechnete sich dann um 1903 den Ausdruck
„Jakobiner" zur Ehre an, und gab die Analogie an seine Gegner zurück, die er als
„Girondisten" beschimpfte (LW Bd. 7: 386). Seine Schwankungen hat Lenin
durch das Selbstimage eines linientreuen Marxisten gerechtfertigt. Marx wurde
dabei durchaus selektiv benutzt. Die vorübergehende Akzeptanz der Dorfgemeinde als Anknüpfungspunkt für den Sozialismus hat Lenin niemals ernst genommen. Für manche leninistische These war es zudem schwer, Verbindliches im
Werk der Altmeister zu finden. Durchgängig war bei Lenin die Abweichung von
Marx in der Betonung der Parteidisziplin. Lenin half sich mit der Ansicht, dass
Marx mit Ausnahme einer kurzen Periode nach 1849 keine eigene Partei des
Proletariats gebraucht habe. Aber die Zeiten hatten sich geändert, und „Marx
würde heute..." Mit Marx war jedenfalls nicht abzudecken, dass die Partei sich
früh an die Stelle der Klasse setzte, und nach der Revolution endgültig von der
Parteiführung als entscheidende Handlungseinheit abgelöst wurde.

Eine weitere Abweichung von Marx bestand in der Anpassung der Theorie
an die bäuerliche Gesellschaft Russlands. In der Schrift „Zwei Taktiken der Sozialdemokratie" von 1905 hat Lenin sich auf Marx um 1849 berufen (LAW I: 644).
Es galt, schöpferisch die Unterschiede der Lage von 1848 und 1905 zu interpre-
tieren. Wo die Gegner „entweder - oder" sagten, setzte Lenin ihnen ein „sowohl -
als auch" entgegen: „Die Aufgabe ist also klar: den konspirativen Apparat einst-
weilen beibehalten und einen neuen legalen aufbauen" (LAW I: 648). Wenn die
Ökonomisten forderten „Arbeiter statt Intellektuelle" an die Spitze, fand Lenin
wieder ein „sowohl - als auch": „Man kann ja das Verhältnis zwischen den Funktionen der Intellektuellen und der Proletarier (Arbeiter) ... ziemlich genau mit der
allgemeinen Formel ausdrücken: die Intellektuellen verstehen es gut, Fragen
‚prinzipiell' zu lösen ... die Arbeiter aber tun es, sie setzten die graue Theorie in
die lebendige Praxis um" (LAW I: 655).

International gesehen hatte Lenin als Theoretiker wohl den größten Einfluss
- bis in die extreme Rechte - mit seinen Schriften zur Parteiorganisation. In „Was
tun?" - der Titel war dem Roman seines Lieblingsschriftstellers Černyševskij
entnommen - hat Lenin 1902 (LW Bd.5: 355-551, LAW I: 139-314) den Arbeiter
nur eines trade-unionistischen Bewusstseins für fähig gehalten. Die Partei musste
den Arbeiter an die höheren Formen des revolutionären Bewusstseins heranfüh-
ren. Der Organisationsfetischismus Lenins berauschte sich vielfach an militärischen Metaphern - Engels konnte dabei als Vorbild dienen: „Diese Armee wird
ihre Reihen immer enger schließen, trotz allen Zickzackkursen ... trotz der selbst-
gefälligen Verherrlichung des rückständigen Zirkelwesens, trotz dem Flittergold
und Schaugebraus (sic!) des Intellektuellen-Anarchismus" (LW Bd. 7: 430, LAW

I: 512). Fraktionsmacherei (krugovščina) wurde seither zu einem Schimpfwort im Leninismus. Lenin hat die Theorie des demokratischen Zentralismus entwickelt. Als Organisationsmodell schloss sie breite Diskussionen in der Partei nicht aus. Wenn aber ein Beschluss gefasst war, gab es keine Möglichkeit für Minderheiten, diesen zu ändern und Mehrheiten für die Revision zu sammeln.

In der Schrift „Ein Schritt vorwärts, zwei Schritte zurück" (1904) (LW Bd.7: 197-430, LAW I: 315-521) wurde das Verdikt gegen die Fraktionsmacherei in der Abrechnung mit seinen Gegnern breit ausgeführt. Lenin skizzierte sogar eine Art „rational choice-Matrix" der Fraktionen. Ökonomismus und Anarchismus hatten bei aller Unterschiedlichkeit in den Augen Lenins eine Gemeinsamkeit: die „Anbetung der Spontaneität". Selbsternannte Avantgarden konnten künftig unliebsame Diskutanten des „chvostizm" (Schwänzlertum), der „Nachtrabspolitik", verdächtigen. Putschismus und „Handwerkelei" - Revolutionstätigkeiten ohne festen Plan - wurden angeklagt, zu sinnlosen Opfern der Bewegung gegen moderne Armeen des Staatsapparates zu führen. Der feste Plan war eine Schöpfung von Avantgarde. „Demokratismus" in der Partei, innerparteiliche Demokratie, erklärte Lenin angesichts der russischen Gendarmen in einer Geheimorganisation zu einer „leeren und schädlichen Spielerei" (LAW I: 266).

Lenins Organisationstheorie der Partei war der Reflex seiner Praxis. Lenin hat es verstanden, eine Mittelposition zwischen den Extremen einzunehmen und die Mehrheit jeweils auf seine Seite zu ziehen (Daniels 1962: 458ff). Die Oppositionen von links und rechts machten verhängnisvolle Fehler - vor allem Trockij nach Lenins Tod. Niemand konnte fortan Opposition machen, ohne sich auf Lenins Prinzipien zu berufen. Das Prinzip des demokratischen Zentralismus wurde unter Stalin zum Mechanismus der totalen Unterwerfung. Noch in den Moskauer Säuberungsprozessen hat der Einheitsmythos der Partei dazu geführt, dass die Oppositionen sich unterwarfen und sich der unglaublichsten Verbrechen selbst anklagten. Es klang wie jene Vorgänge, die man aus Inquisitionsprozessen kannte, bei denen unschuldige Mädchen behaupteten, mit dem Teufel auf der Kirchturmsspitze gebuhlt zu haben. Lenin selbst hat noch einige Opposition geduldet. Sein Prinzip hat gleichwohl die Stalinschen Missbräuche möglich gemacht, die zur Entdeckung ganzer Heere von „Diversanten und Defaitisten" führen sollten.

Lev Davidovič Trockij (Bronštejn) (1879-1940)

Quellen:

Trockij: Sočinenija. Moskau, Gosizdat, 1924-1927, 21 Bde. (einige Lücken).
Trockij: Schriften zur revolutionären Organisation. Reinbek, Rowohlt, 1970 (zit: Schr).

Trockij: Die verratene Revolution (1936). Zürich, Veritas, 1957 (zit: VR).
Trockij: Terrorismus und Kommunismus. Anti-Kautsky. Berlin, Prinkipo.1972 (zit: TuK).
Trockij: Mein Leben. Berlin, Fischer, 1930 (zit: ML).
Trockij: Kapitalismus oder Sozialismus? Berlin, Neuer Deutscher Verlag, 1925.
Trockij: Die permanente Revolution. Berlin, 1930, Nachdruck: Frankfurt, Neue Kritik, 1965 (zit: PR).
Trockij: Geschichte der russischen Revolution. Berlin, 1931-1933, 2 Bde. Frankfurt, Fischer, 1960.
Trockij: The Stalin School of Falsification. New York, Pioneer Press, 1937.
Trockij: Stalins Verbrechen. Zürich, Jean-Christophe-Verlag, 1937.
Trockij: Écrits. Paris, Rivière, 1955-1959, 3 Bde.
The Trockij Papers (Hrsg. J. M. Meijer). Den Haag 1964.
I. Howe (Hrsg.): The Basic Writings of Trotzky. New York, Random House, 1963.
K. Kautsky: Von der Demokratie zur Staatssklaverei. Eine Auseinandersetzung mit Trotzki. Berlin, Verlagsgenossenschaft Freiheit, 1921.

Literatur:

H. Abosch: Trotzki und der Bolschewismus. Basel, edition etcetera, 1975.
H. Brahm: Trotzkijs Kampf um die Nachfolge Lenins. Die ideologische Auseinandersetzung. 1923-1926. Köln, Wissenschaft und Politik, 1964.
H. Brahm: Trotzki, Trotzkismus. In: C. D. Kernig (Hrsg):Sowjetsystem und demokratische Gesellschaft. Freiburg, Herder, 1972, Bd. 6: 491-5o8.
R. Day: Leon Trotzky and the Politics of Economic Isolation. Cambridge, Cambridge University Press, 1973.
I. Deutscher: The Prophet Armed, The Prophet Unarmed, The Prophet Outcast. London, Oxford University Press, 1954, 1959, 1963, 3 Bde.
I. Deutscher u.a. (Hrsg): Leo Trotzki. Denkzettel. Politische Erfahrungen im Zeitalter der permanenten Revolution. Frankfurt, Suhrkamp, 1981.
V. Giusti: Il pensiero di Trotzky. Florenz, Le Monnier, 1949.
B. Knei-Paz: The Social and Political Thought of Leon Trotsky. Oxford, Oxford University Press, 1978.
Projekt Klassenanalyse: Leon Trotzki. Alternative zum Leninismus? Berlin, VSA, 1975.
H. Schurer: Die Permanente Revolution. In: L. Labedz (Hrsg): Revisionismus. Köln, Wissenschaft und Politik, 1965: 83-95.
A. N. Šmelëv: Leninizm i razgrom trockizma. Leningrad, 197o.
H. Wilde: Trotzki. Reinbek, Rowohlt, 1969.
D. A. Volkogonov: Trockij. Moskau, Novosti, 1994, 2 Bde.

Bei aller brillanten schriftstellerischen Begabung würde Trockij schwerlich Eingang in die Geschichte der politischen Theorien finden, hätte er nicht in der Politik eine prominente Rolle gespielt. Lev Davidovič Bronštejn wurde in der Familie eines nicht mehr orthodoxen jüdischen Gutsbesitzers geboren, der es zu einigem

Vermögen gebracht hatte. 1898 wurde Trockij wegen der Organisation einer Untergrundbewegung verhaftet und für vier Jahre in die Verbannung geschickt. Es gelang ihm die Flucht und er wurde in London Mitarbeiter der „Iskra". Beim Spaltungskongress der RSDAP 1903 stand Trockij auf Seiten Martovs, des späteren Führers der Menschewiki. In seinem Pamphlet „Unsere politischen Aufgaben" hat er 1904 in großer Schärfe mit Lenin abgerechnet, weil dieser die Parteimitglieder zu bloßen Befehlsempfängern degradieren wollte. 1904-1917 stand Trockij zwischen den Flügeln der Partei. 1905 wurde er während der Revolution Vorsitzender des Petersburger Sowjets der Arbeiter. 1906 wurde er erneut nach Sibirien verbannt. Nach einer abermaligen Flucht lebte er 1907-1914 in Wien und gab die „Pravda" heraus (1908-1912). Bei Kriegsausbruch ging Trockij in die Schweiz und später nach Paris. Er war in Zimmerwald zugegen. Die Meinungsverschiedenheiten mit Lenin waren aber noch immer unüberbrückbar. Nach seiner Ausweisung aus Frankreich ging Trockij 1917 über Spanien nach New York. 1917 traf er kurz nach Lenin in Russland ein und trat im Sommer der Partei der Bolschewiki bei, die sich seit Januar 1912 als eigenständige Partei konstituiert hatte. Als Lenin untertauchen musste, leitete Trockij die Partei und wurde Präsident des Exekutivkomitees des Petrograder Sowjets und zum wichtigsten Organisator der Oktoberrevolution. Im Sowjetregime wurde ihm das Volkskommissariat für Äußeres anvertraut und er verhandelte über den Frieden von Brest-Litovsk. Seine politische Linie wich von der Lenins wiederum ab und er favorisierte eine Politik „Weder Krieg noch Frieden". Nach dem Rücktritt vom Außenkommissariat übernahm er ihm März 1918 das Kriegskommissariat und baute die Rote Armee auf. In der Politik zur Maximierung des Erfolgs geriet er in seiner Eigenschaft als Volkskommissar für das Transportwesen 1920/21 in Konflikt mit Lenin, weil er die Gewerkschaften völlig entmachtete (ML: 449f). 1921 war er Gegner von Lenins „Neuer Ökonomischer Politik" (NEP) (ML: 445). Als Lenin erkrankte, zeigte sich, dass Trockij in der Partei ziemlich isoliert war. Im Januar 1925 wurde er als Kriegskommissar abgesetzt, 1926 in der Vereinten Opposition mit den alten Gegnern Zinov'ev und Kamenev kam es im Februar 1927 zum Ausschluss aus der Partei. Im Februar 1929 wurde er in die Türkei abgeschoben, wo er auf der Insel Prinkipo bis Juli 1933 lebte. Kein Land konnte noch für seine Sicherheit garantieren, nachdem er die Pamphlete gegen Stalin und das Erinnerungsbuch „Mein Leben" (1930) publiziert hatte. Im Januar 1937 kam er nach Mexiko, 1938 gründete er eine „Vierte Internationale" und wurde im August 1940 - vermutlich auf Geheiß Stalins - ermordet, obwohl sein Haus wie eine Festung bewacht worden war. Lenin (LW Bd.32: 92) hat ihn trotz seiner Verdienste kritisch beschrieben: „Trockijs Fehler sind Einseitigkeit, Sichhinreißenlassen, Übertreibung, Starrsinn". In seinem Testament erklärte er: „Persönlich ist er wohl der fähigste Mann im gegenwärtigen ZK, aber auch ein Mensch, der ein Übermaß von Selbstbewusstsein und eine übermäßige Vorliebe für rein administrative Maßnahmen hat" (LW Bd.36: 579).

Trockij hat im Vergleich mit dem asiatischen Despoten Stalin vielfach auch bei Nichtmarxisten eine positive Würdigung erfahren. Sein Habitus eines aufgeklärten Westlers stand westlichen Intellektuellen immer näher als der Apparatschik aus Georgien. Trockij hat freilich Stalins praktische Intelligenz lange unterschätzt. Nach seiner Entmachtung wirkte er an der Legende mit, dass ihm die Nachfolge Lenins zugestanden habe, die durch Stalins Intrigen vereitelt wurde. Tatsache ist aber, dass Trockij in der Nachfolgedebatte schwach vertreten war. Er hat sich dem Machtkampf auch politisch zu wenig gestellt. Er flüchtete Mitte der 20er Jahre häufig auf Nebenkriegsschauplätze oder in die Krankheit (Brahm 1964: 216). Trockij hat sich in der Partei wie eine Madonna geriert, der die Krone der Macht wie eine Bringschuld behandelte. Zuvor hatte er in der Gewerkschaftsdebatte, in der Frage des Friedensschlusses, in der Militärführung (gegen Vorošilov und Stalin) oder in der Nationalitätenpolitik die meisten führenden Genossen gründlich verprellt. Er war daher als Ideologe eines demokratischen Selbstverwaltungssozialismus nach seiner Entmachtung und im Exil intellektuell unglaubhaft.

Trockij konnte sich an organisatorischem Talent - nicht aber an theoretischer Begabung mit Lenin messen. Solange Trockij der „Bewaffnete Prophet" war, gab es keinen Trotzkismus. Lenin (LW Bd. 20: 333) sprach einmal vom „Trotzkismus" als einer „hohlen Phrase". Trotzkismus wurde in den Kämpfen um die Nachfolge Lenins vor allem von den Gegnern erfunden. Dabei wurde eine unzulässige Kontinuität zu Trockijs frühen Ansichten von 1904 gezogen. Damals hat er die These von der „permanenten Revolution" entwickelt, ein Begriff, der schon von Marx und Lenin als „Revolution in Permanenz" gelegentlich angewandt wurde. Die Unterentwicklung Russlands wurde von Trockij zum Vorteil umgedeutet, weil Russland so in der Weltrevolution eine führende Rolle spielen konnte. Die Bauern wurden als wenig revolutionär angesehen, die Bourgeoisie war unterentwickelt. So konnte es für Trockij zum Zweikampf zwischen Autokratie und Proletariat kommen. Auch Lenin hat damals diese Ansicht geteilt, dass das Bürgertum zu unreif sei, um für die Republik zu kämpfen. Die bürgerliche Revolution sollte daher durch die Diktatur des Proletariats zu Ende geführt werden - bürgerlich in den Aufgaben, proletarisch in den Methoden. Falls die revolutionäre Regierung zur Kollektivisierung übergehe, werde die Basis der Unterstützung schwinden. Daher blieb nur die Hoffnung auf eine Revolution auch im Westen: Die Revolution in Permanenz hieß Überführung der bürgerlichen Revolution in eine proletarische und die proletarische in eine internationale Revolution. Trockij (PR: 60) erklärte: „Die permanente Revolution ist nicht ein 'Sprung' des Proletariats, sondern die Umgestaltung der Nation unter der Leitung des Proletariats". Die Unterschiede zu Lenin lagen in der Frage des Klassenbündnisses. Trockij betonte weit weniger die Gleichberechtigung der revolutionären Klassen der Proletarier und der Bauern (PR: 71). Lenin wagte daher weniger von der marxistischen Periodisierung abzuweichen als Trockij. Erst durch Stalin wurde der alte Theoriestreit von 1904-1906 wieder hochgespielt, um Trockij als durchgehenden Abweichler brandmarken zu können und sich selbst als den wahren Erben Lenins auszuweisen (St.W. Bd.6: 91ff, 312ff). Trockij vertraute weit mehr als Lenin auf die Logik der Geschichte. Dies führte zu einer geringeren Bewertung der Rolle der Partei.

In der Schrift „Unsere taktischen Aufgaben" von 1904 kritisierte Trockij die „Substitution" des Proletariats durch die Partei: „Unsere Komitees, die das Proletariat substituieren, verwenden sich, statt das gesellschaftliche Bewusstsein des Proletariats für einen direkten Druck auf die gesellschaftliche Ideologie der Bourgeoisie zu organisieren, in ihren Proklamationen vor dieser bürgerlichen demokratischen Bewegung für ‚ihr' Proletariat...Das System der politischen Substitution geht ebenso wie das System der ökonomistischen Vereinfachung bewusst oder unbewusst aus einem falschen, sophistischen Verständnis des Verhältnisses der objektiven Interessen des Proletariats zu seinem Bewusstsein hervor" (Schr: 70). Der Iskra-Flügel der Partei war für ihn verantwortlich, dass es zu dieser politischen Substitution kam (Schr: 87). Die soziale Analyse, die diesem taktischen Streit zugrunde gelegt wurde, ging davon aus, dass die Vereinigung der revolutionären Intelligenz sich schneller vollzog als die Mobilisierung des Proletariats. Der Minderheit der Berufsrevolutionäre wurde vorgeworfen, das Tor zum Ökonomismus, Trade Unionismus, Chvostismus („Schwänzlertum", Nachtrabspolitik, von „chvost' = Schwanz) zu öffnen. Dem Genossen Lenin wurde „mangelnde Geschmeidigkeit des Denkens" vorgeworfen, sonst würde er wohl noch wunderlichere Dinge seiner anarchistischen Praxis der Minderheit begründen (Schr: 89). Den „Mystikern des Zentralismus" wurde nachgesagt, dass sie der Devise folgten: „Möge die Welt untergehen - hoch lebe die Disziplin" (Schr: 93). Lenin - mit seiner „Diktatur über das Proletariat" - wurde als „Maximilien Lenin" in Anlehnung an den Vornamen Robespierres apostrophiert. Den Vorwurf des Jakobinismus hat Lenin jedoch schlicht in einen Ehrentitel umfunktioniert. Seine Gegner konnten so als „Girondisten" abgewertet werden. Diese Invektiven gegen den „opportunistischen Blanquismus" wären theoretisch nicht erwähnenswert, wenn sie nicht zum Aufbau der trotzkistischen Legende gedient hätten, dass Trockij schon immer ein aufrechter Demokrat gewesen sei.

Man hat die Meinungsverschiedenheiten mit Lenin auf Trockijs Talent eines begnadeten Redners zurückgeführt, der jeder Zeit in der Lage schien, Massen für seine Position zu mobilisieren. Er war daher weniger auf den Parteiapparat als Lenin angewiesen. Die „volksnähere" Parteikonzeption Trockijs hatte jedoch ihre

Gefahren. Er übersah, dass seine Position überwiegend nicht weniger volksfern war als die Lenins. Trockijs Parteiideal war das einer Massenpartei, die sich auf das Volk stützt. Sowie er der „bewaffnete Prophet" wurde, hat er jedoch eigenständige Vorstellungen der Massen - wie sie im Kronstädter Aufstand geäußert wurden - mit brutaler Gewalt unterdrückt.

Die Führer der II. Internationale waren entsetzt. Kautsky schrieb schon 1919 eine Schrift über „Terrorismus und Kommunismus". 1921 äußerte er, dass angesichts der Hungerkatastrophe Russland eigentlich Hilfe und keine Kritik brauche. Aber Kritik sei leider notwendig, denn die Hungersnot stelle nicht nur das Produkt der Naturgewalten dar, sondern resultierte auch aus den Fehlern der von den Bolschewiki errichteten „Staatssklaverei" (Kautsky 1921: 5). Trockij (TuK: 153f) zog alle Register der Diffamierung über den Pedanten, den „sehr geehrten und natürlichen Vater und Lehrer einer quietistischen Kirche", und den am „meisten kompromittierten Bock seiner österreichischen Schule" - vulgärhistorisch und konservativ, Diener laufender Bedürfnisse des parlamentarischen und gewerkschaftlichen Opportunismus. Der „rote Terror", die Zerschlagung der Linken Sozialrevolutionäre, die in der ersten Phase mit den Bolschewiki eine Regierungskoalition gebildet hatten, und die Militarisierung der Arbeit wurden gerechtfertigt. Kautsky (TuK: 43, 88, 113) wurde eine einseitige sozialdemokratische Sicht vorgeworfen, welche die Gräuel der russischen Bourgeoisie übersehen habe. Selbst Apologeten Trockijs (Deutscher II: 446ff) hatten Mühe, diese Wendung in ultra-diktatorische Attitüden zu rechtfertigen. Im Nachhinein hat Trockij (ML: 445ff) seine Verbrechen mit dem unbegrenzten Vertrauen Lenins und den Gefahren einer militärischen Opposition begründet, die angeblich hinter den Kulissen bereits von Stalin gegen ihn organisiert wurde. Von einer sozialwissenschaftlichen Analyse fehlte jede Spur.

Mit Stalin kam es zum Konflikt in der Frage „Sozialismus in einem Lande". Stalin berief sich für diese These auf Lenin (LW Bd.21: 342ff), der sie jedoch nicht für das unterentwickelte Russland vertreten hatte. Trockij sah in dieser These eine neue Religion und einen Verrat an der Weltrevolution, die er schließlich sogar in die Nähe des Nationalsozialismus rückte. Den „Sowjetbonapartismus" erklärte er in der „Verratenen Revolution" (VR: 270) aus den gleichen Ursachen wie den Faschismus: Die verzögerte Formierung des Weltproletariats. Die neue Herrschaft der „bürokratischen Klasse" hatte die Weltrevolution in seinen Augen durch die Idee des Völkerbundes ersetzt. Die revolutionären „Errungenschaften" wurden - nach Trockijs Ansicht - in der Sowjetunion planmäßig abgeschafft. Die bürgerliche Familie, die Ersetzung der Miliz durch eine kasernierte Armee, die Wiedereinführung von Titeln und Orden und die Förderung der sozialen Ungleichheit schufen laut Trockij quasi-kapitalistische Zustände in Russland (VR: 264). Die Aufzählung der Mängel des Systems blieb erstaunlich an der Oberfläche. Erst in den 30er Jahren hat er das neue Herrschaftssystem stärker zu theoretisieren versucht. Im Kampf um Lenins Nachfolge hat Trockij zunächst durchaus einige Konzessionen an Stalin gemacht. Im November 1926 hatte er erklärt, dass die Theorie der permanenten Revolution nur noch von historischem Interesse sei. Stalin hat die alte Kluft jedoch wieder aufgerissen, um Trockij auf eine klare Oppositionsposition festzulegen. Manchen Fehler der Einschätzung der Lage hat Trockij anfangs mit Stalin geteilt. Auch die theoretischen Positionen mit dem unkritischen Glauben an die Dynamik der Geschichte waren bei Trockij und Stalin nicht so weit auseinander (Abosch 1975: 160). Sie unterschieden sich vor allem in ihrer Egomanie. Stalin wusste, dass er harte Organisationsarbeit leisten musste, um Erfolg in der Partei zu haben - Trockij verließ sich allzu sehr auf sein Charisma und die laufende historische Bestätigung seiner Ansichten. Hellsichtiger als Stalin war Trockij aber in internationalen Fragen. Die Gefahr, die vom Nationalsozialismus ausging, hat er klarer gesehen als Stalin. Schon 1930 hatte er eine Einheitsfront von SPD und KPD in Deutschland gefordert, als Stalin noch gegen die „Sozialfaschisten" der SPD polemisierte.

Als Trockij ins Exil gezwungen worden war, hat er Stalins Herrschaft in Analogie zur französischen Revolution als „Thermidor" erklärt. Stalin sei nicht mit einem strategischen Plan aus den Kulissen hervorgetreten: „Nein, bevor er seinen Weg aufspürte, spürte die Bürokratie ihn selbst auf" (VR: 93). Das Mittelmaß der Bürokratie hob Mittelmaß auf den Schild. Die Krupskaja, Lenins Frau, soll schon 1926 gesagt haben: „Lebte Lenin, er säße bestimmt schon im Gefängnis" (VR: 94). Die Grundlage der Entartung des Systems führte er - in einer gewissen Kontinuität zu seinen Ansichten von 1904 - auf die Entartung der Partei zurück.

Der späte Trockij entdeckte sein demokratisches Herz, die Arbeiterselbstverwaltung und den kommunistischen Pluralismus. Als er noch an der Macht in die Minderheit geriet, soll er ein kommunistisches Mehrparteiensystem erwogen haben. Dieser Zweckdemokratismus war jedoch wenig glaubhaft, wenn man die Fortsetzung der Fraktionskämpfe in der Vierten Internationalen betrachtet. Nur in Ceylon wurde eine trotzkistische Bewegung einmal zweitstärkste Partei. Selbst in der weltweiten Studentenrevolte spielten die Trotzkisten eine untergeordnete Rolle, die sie durch die Entwicklung des „Entrismus" - Eindringen in andere Gruppierungen - zum Teil kompensierten. Sie wurden gleichwohl keine politische Bewegung von der Bedeutung der Castristen und Maoisten.

Josif Visarionovič Stalin (Džugažvili) (1879-1953)

Quellen:

Stalin: Sočinenija. Moskau, Institut Marksa, Engelsa, Lenina, 1946-1951, 13 Bde.
Stalin: Sočinenija (Hrsg: R.H. McNeal) 1967, Stanford University Press, 3 Bde. Bd. 14-16 zu den Veröffentlichungen nach 1934.
Stalin: Werke. Berlin, Dietz 195o-1955, 13 Bde (zit: StW).
Stalin: Fragen des Leninismus. Moskau, Verlag für fremdsprachige Literatur, 1947 (zit FdL).
Stalin: Der Marxismus und die nationale und koloniale Frage. Berlin, Dietz, 1955 (zit:MNK).
Stalin: Letters to Molotov. New Haven, Yale University Press, 1995.
J. W. Stalin: Werke 15: Geschichte der KPdSU (Bolschewiki). Kurzer Lehrgang. Frankfurt, Druck-Verlags-Vertriebs-Kooperative, 1972.
Neisvestnij Stalin. Moskau, Russkoe Slovo, 1994.
S. J. Allilujewa: Zwanzig Briefe an einen Freund. Wien, Molden, 1967.
E. Preobraženskij: Die neue Ökonomik (1926). Berlin, Verlag Neuer Kurs, 1971.

Literatur:

St. F. Cohen: Bukharin and the Bolshevik Revolution. New York, Knopf,1973, New York, Vintage. 1975.
I. Deutscher: Stalin. Stuttgart, Kohlhammer, 1962.
R. Fischer: Stalin und der deutsche Kommunismus. Berlin, Dietz, 1991.
D. G. Fry: Lenin and Stalin. London, Hamish Hamilton, 1966.
W. Hedeler: Stalin. Trotzki. Bucharin. Studien zum Stalinismus und Alternativen im historischen Prozess. Mainz, Decaton, 1994.
R. Hingley: Stalin. Stalinismus. In :C.D. Kernig (Hrsg): Sowjetsystem und demokratische Gesellschaft. Freiburg, Herder, 1972, Bd.6: 187-211.
W. Laqueur: Stalin. München, Kindler, 199o.
St. J. Lee: Stalin and the Soviet Union. London, Routledge, 1999.
N. C. Leites: Stalin as an Intellectual. Santa Monica, Rand Corporation, 1953.
R. di Leo: Il modello di Stalin. Mailand, Feltrinelli, 1977.
F. Marek: Was Stalin wirklich sagte. Wien, Molden, 1970.
R. A. Medvedev: On Stalin and Stalinism. Oxford, Oxford University Press, 1979.
E. S. Radzinsky: Stalin. The first indepth biography based on explosive new documents. New York, Doubleday, 1996.
A. Spindler: Outwitting Hitler, surviving Stalin. Sydney, UNSW Press, 1997.
A. Ulam: Stalin. Koloss der Macht. Esslingen, Bechtle, 1977.

Stalin hat als Theoretiker der Politik keine Bedeutung, die unabhängig von seiner Rolle als Politiker betrachtet werden kann. Die Heldenlegende hat ihn - mehr als jeden anderen aktiven Politiker - zu einem Theoretiker hochstilisiert, mit einem geringen Effekt. Stalin hat - auf die Dauer erfolglos - seine Karriere als in voller Harmonie mit Lenin darstellen lassen. Lenin hat ihn immer nur als einen nützlichen Organisator betrachtet. Noch 1917 lag Stalin keineswegs auf der Linie Lenins. Er lehnte den Widerstand gegen die provisorische Regierung zunächst ab. In der Oktoberrevolution war seine Rolle eher marginal. 1921-23 hat Stalin gelegentlich Konflikte mit Lenin gehabt, vor allem in der Nationalitätenpolitik.

Der Versuch Stalins, sich als Hüter der leninistischen Orthodoxie gegen alle Abweichler zu profilieren, zwang zur Herausbildung des Anspruchs, Chefideologe der Partei zu sein - eine Funktion, die sich erst unter seinen Nachfolgern ausdifferenzierte (z. B. Brežnev- Suslov). Die „Geschichte der Kommunistischen Partei der Sowjetunion (Bolschewiki)" als „kurzer Lehrgang" (1970) hat er angeblich allein geschrieben. Wie Mussolini die Leitartikel für die italienische Enzyklopädie mit Hilfe von Gentile schrieb, so hat Stalin wenigstens das Kapitel über „dialektischen und historischen Materialismus" selbst geschrieben. „Kratkij kurs" (kurzer Lehrgang) wurde nach Stalins Tod als Synonym für engstirnige dogmatische Apparatschiki benutzt. Stalins eigenartiger Stil, abgehackt mit endlosen Wiederholungen, ist teils auf die Sozialisation, die er im Priesterseminar genoss, teils auf seine mangelnde Vertrautheit mit der russischen Sprache, die er mit Akzent sprach, zurückgeführt worden (Hingley 1972: 197). Stalin war ein Popularisator, aber kein kreativer Denker.

Allenfalls für die Schrift „Die nationale Frage und die Sozialdemokratie" (1913) besaß er eine gewisse Kompetenz (StW, Bd.2: 266-333). Die Schrift erregte Aufsehen, da sie der russo-zentrischen Sicht zuwiderlief und das Selbstbestimmungsrecht der Nationen ernst nahm. Die Arbeit war eine Kompilation aus österreichischen Quellen. Sie diente der Bekämpfung von abweichenden Meinungen wie der ethnischen Kulturautonomie, welche der Austromarxismus propagierte. Die armenische Sozialdemokratie unter Šaumjan hat sich von solchen Ideen stark beeinflussen lassen. Aber auch der Jüdische Bund liebäugelte mit solchen Ideen. Regionale Autonomie wurde von Stalin gegen die kulturelle Autonomie gesetzt.

Als Nation wurden historisch stabile Gemeinschaften von Menschen angesehen, auf der Grundlage von Sprache, Territorium, Wirtschaftsleben und psychischer Wesensart. Nur Nationen hatten ein Recht auf Selbstbestimmung. Als Georgier hatte Stalin ein Interesse an den kleinen Völkern, und polemisierte gegen die Beschränkung der nationalen Frage auf die zivilisierten Völker - was klar von Marx abwich (MNK: 247). Die territoriale Basis schien Stalin unverzichtbar. Die Juden sah er als so unterschiedlich an - von den Bergjuden im Kaukasus bis zu den Stadtjuden in Amerika -, dass sie keine einheitliche Nation bildeten (MNK: 32). Die Polemik gegen die Juden des „Jüdischen Bundes" war nicht rassistisch gemeint. Sie richtete sich gegen das religiöse Judentum und die Verherrlichung des Jiddischen, die im Nationalismus versumpfe (MNK: 88, 90) und einen „uferlosen Föderalismus" fordere. Theoretisch schwierig war das Selbstbestimmungsrecht, soweit es ein Sezessionsrecht einschloss. Er hielt nichts von der Sezession kleinerer Völker wie der Tataren, die mit der Unabhängigkeit nur in die Hände ihrer Mullahs fallen würden. Das war ziemlich das gleiche Argument, mit dem die Liberalen in Großbritannien die irische Autonomie ablehnten, und „home rule = Rome rule" setzten. Institutionen sah Stalin als zweitrangig an. Es zählten die sozialen Verhältnisse - diese aber konnte die Partei jeweils nach Belieben definieren. Es machte keinen Vertrauen erweckenden Eindruck, dass Stalin sich offen über Marx in dieser Frage hinweg setzte: Marx war Mitte des 19. Jahrhunderts für die Loslösung Polens von Russland eingetreten, am Ende des 19. Jahrhunderts hätten aber selbst polnische Marxisten sich gegen die Trennung ausgesprochen, weil bereits eine tiefe innere Annäherung zwischen Polen und Russland erfolgt sei (MNK: 46). Diese Annäherung blieb von der Mehrheit in Polnisch-Russland unbemerkt und bewegte allenfalls jüdische Marxisten, wie Rosa Luxemburg, die nie ganz in der polnischen Gesellschaft aufgegangen waren.

1921 wurde Stalin Volkskommissar für die Angelegenheit der Nationalitäten. Seine Taten widersprachen derart seinen Theorien von 1914, dass selbst Lenin Einspruch erhob. Georgien wurde brutal durch die Rote Armee seiner Unabhängigkeit beraubt.

In der Nachfolge Lenins schien Stalin keineswegs prädestiniert, das Rennen zu gewinnen. Lenins Testament enthielt trotz einiger Kritik an Trockij (vgl. Kap. Trockij) noch immer eine Präferenz gegen Stalin. Die Verbohrtheit Stalins wurde gebrandmarkt. In der Nationalitätenfrage hat Lenin ihm übelgenommen, dass er ständig mit Beschuldigungen gegen einen „Sozialnationalismus" um sich werfe und doch selbst als Sozialnationalist schlimmster großrussischer Prägung auftrete. Er riet den Genossen, Stalin von seinem Posten zu entfernen. Die Kritik an Stalin wurde bei Lenin auch durch beleidigendes Verhalten gegenüber der Krupskaja ausgelöst. Nach der Verlesung des Testaments hatte jedoch niemand den Mut - auch Trockij nicht - auf der Demission zu bestehen, die Stalin in einem geschickten Schachzug angeboten hatte.

Die gewichtigste Abweichung Stalins von der marxistischen Orthodoxie war zweifellos die Lehre vom Sozialismus in einem Lande. Trockij und andere Intellektuelle, welche die Weltrevolution fördern wollten, hatten zu wenig Verständnis dafür, dass diese Lehre bei den Parteigenossen doppelten Appeal hatte: Einmal wäre die weltrevolutionäre Tätigkeit eine Überforderung des noch nicht konsolidierten Sowjetstaates gewesen, anderseits schmeichelte die Sonderrolle,

die Russland zugedacht wurde, dem russischen Sendungsbewusstsein. Im Frühjahr 1924 versuchte Stalin sich mit dem Artikel „Über die Grundlagen des Leninismus" als Theoretiker im Kampf um Lenins Nachfolge zu profilieren. Lenins
Marx-Interpretationen waren schon eigenwillig. Nun aber wurde trotz der vielen
taktischen Wenden Lenins ein System des Leninismus konstruiert, das es nie
gegeben hat. Leninismus war Theorie und Taktik der proletarischen Revolution
im Allgemeinen und Theorie und Taktik der Diktatur des Proletariats im Besonderen (FdL: 10). Diese Konzentration auf Strategie und Taktik in beiden Aspek-
ten ging noch über Lenins Funktionalisierung der Theorie hinaus. Als Kontrast
wurde auch ein „Trotzkismus" konstruiert, der vor allem in der Unterschätzung
der Rolle der Bauern zu liegen schien. 1926 hat Stalin in „Zu Fragen des Leninismus" seine Position leicht verändert: Die kapitalistische Einkreisung der Sowjetunion erlaubte es nun nicht, eine Intervention auszuschließen. Dennoch aber
könne der Aufbau einer sozialistischen Gesellschaft vollendet werden (FdL:
134ff). Der Ton gegen die Theorie der permanenten Revolution Trockijs - die
dieser gar nicht mehr vertrat - wurde schärfer. Stalin setzte sich mit seiner These
durch - nicht weil sie theoretisch schlüssiger war als die Alternativen, sondern
weil niemand in Russland die Macht hatte, die Weltrevolution ernsthaft zu beför-
dern. Trockij selbst wurde mit seinem Export der Weltrevolution durch das
„Wunder an der Weichsel" von den Polen mit französischer Unterstützung ge-
stoppt. Seither gehörte einige Chuzpe dazu, Stalin ständig Verrat an der Weltrevolution vorzuwerfen. Auch Trockij hätte keine andere Politik vertreten können,
wäre er an der Macht geblieben.

Nach Lenin war in der Nachfolgedebatte vor allem die Industrialisierung
des Landes zum Schlüsselpunkt aller Kontroversen geworden, der die Fraktionskämpfe 1926-28 bestimmte. „Jedermann wurde Wirtschaftsexperte" (Daniels
1962: 336), da ein anerkannter Chefideologe nach Lenin noch nicht in Sicht war.
Die Vereinte Opposition von Zinov'evisten und Trotzkisten gegen die „Kulaken-
Abweichung in der Parteiführung" kämpfte für Knebelungsmaßnahmen gegenüber den Kulaken und polemisierte gegen die Förderung des Kleinbauerntums.
Die Regierung hingegen setzte weiter auf die „smyčka", das ideologisierte Bündnis von Arbeitern und Bauern. Die Linke forderte den Übergang zur Planwirt-
schaft. Preobraženskij (1971:142ff), der als Trotzkist galt, hat die schärfsten Positionen entwickelt. Eine Theorie der „ursprünglichen sozialistischen Akkumulation" sollte das Tempo der Industrialisierung beschleunigen. Die Finanzierung der
Industrie sollte durch Ausbeutung der Bauern aufgebracht werden. Stalin war
damals gegen dieses Konzept. Sowie die linke und rechte Opposition besiegt war,
hat er jedoch in der Epoche der Fünfjahrespläne dieses Konzept sich selbst zu
eigen gemacht. Umsatzsteuern auf Einzelhandelsumsätze wurden zur Bezahlung
der Industrialisierung eingesetzt. Im Februar 1927 ist die Rechte der Partei auf die

Planungsvorstellungen der Linken eingeschwenkt, aber Bucharin - der eigentliche
Liebling der Partei - setzte immer noch auf die individuelle Landwirtschaft und
die private Akkumulation und lehnte eine Politik des Terrors gegen die Kulaken
ab (Cohen 1974: 250f). Stalin war in den Kontroversen der Industrialisierungsde-
batte anfangs unentschlossen gewesen, machte aber den Schwenk mit und ging
noch über die Vorstellungen der Linken hinaus - bei weiter gepflegter verbaler
Abgrenzung gegen die „Trotzkisten", etwa 1929 in: „Zu den Fragen der Agrarpo-
litik in der UdSSR".

In diesem Werk wurde die Gleichgewichtstheorie der Entwicklung als un-
marxistisch angegriffen. Die rechte Theorie behandele den staatlichen und den
privaten Sektor wie zwei Parallelen, von denen versichert werde, dass sie sich im
Unendlichen - hier im Sozialismus - schnitten. Hinter diesen zwei Sektoren stün-
den jedoch zwei Klassen. Ein erbarmungsloser Kampf nach dem Prinzip „kto -
kogo?" (wer - wen?) tobe in Russland (FdL: 336). Stalin hatte einige Mühe zu
begründen, warum er noch 1926-27 diese Taktik der linken Opposition so erbittert bekämpft habe. Seine Begründung lautete, daß die Kräfteverhältnisse noch
nicht reif gewesen seien und die Partei gut beraten war, sich keine sofortige Of-
fensive gegen die Kulaken aufdrängen zu lassen. Inzwischen - so argumentierte
Stalin - sei eine „ausreichende materielle Basis" vorhanden, um diesen Kampf
aufzunehmen. Dabei war das Datum 1928 nicht weniger voluntaristischer Dezi-
sionismus als es das Jahr 1926 oder 1927 gewesen wäre. In der Rede über „Neue
Verhältnisse - neue Aufgaben des wirtschaftlichen Aufbaus" von 1931 hat Stalin
dann die Polemik gegen die „linke Gleichmacherei" beim Arbeitslohn und die
Propaganda für eine diktatorische Einmann-Leitung statt der kollektiven Führung
der Betriebe aufgenommen (FdL: 406, 423).

Der späte Stalin, der zum Hauptsieger im Zweiten Weltkrieg wurde, hatte
keine Veranlassung zu größeren theoretischen Einsätzen mehr. Erst in den 50er
Jahren hat er erstaunlicher Weise in vielen Einzelfragen der Spezialdisziplinen
interveniert, von denen er wenig verstand - von der Bekämpfung der Thesen
Marr's in der Sprachwissenschaft bis zu der Bekämpfung von Thesen Vargas in
der Weltökonomie, der eine gewisse Stabilisierung des Weltkapitalismus prognostiziert hatte. Der ideologische Führungsanspruch eines alternden Diktators hat
lang anhaltende Schäden im System hinterlassen. Die sechs-stündigen Vorträge
des Generalsekretärs vor den Parteitagen - die Stalin selten genug abhielt - waren
überfrachtet mit Planungsdetails, aber entbehrten der großen theoretischen Visionen, wie sie Lenin noch einsetzte. Das Theorieverständnis, dass sich bei der Parteiführung monopolisierte, hat zudem die Ausdifferenzierung der Wissenschaften
nicht wenig behindert. Über dem Lob der Errungenschaften in der sozio-
ökonomischen Entwicklung blieben sowohl die Wirtschaftstheorie als auch eine
empirische Sozialanalyse auf der Strecke. Das hat den Sozialismus untergraben

helfen, den zu preisen die Führung angetreten war - als Gorbačëv schließlich den Theoretikern die Leviten las, weil sie eher Toaste auf die gute Gesundheit als handlungsrelevante empirische Analyse lieferten, war es schon zu spät. Selbst Gorbačëv hat sich nicht ganz von den Prämissen des Leninismus befreien können. Dieser suchte bei Mängeln immer Heere von Genossen, die es an Motivation hatten fehlen lassen. Die strukturellen Mängel - die enge Kopplung der Theorie-bildung an die politische Führung - hat auch er noch nicht erkannt.

Rückblick

Politische Theorien, die in Russland wenig professionalisiert dargeboten wurden, können kaum als „Dogmengeschichte" behandelt werden, schon weil sie sich vielfach in bewussten Gegensatz zum „westlichen Rationalismus und Scientismus" bei den Konservativen und in Gegensatz zum „bürgerlichen Objektivismus" bei den Sozialisten und Kommunisten setzten. Die politischen Theorien Russlands sind tief eingebettet in das soziale und politische Handeln ihrer Exponenten. Der Positivismus, der auch in Russland bei Liberalen und Populisten viele Anhänger gewann, glaubte gern, er habe die holistischen Weltanschauungen überwunden. Restbestände metaphysischen Denkens sah er allenfalls als Ausfluss menschlicher Dummheit an (L. Kolakowski: Die Philosophie des Positivismus. München, Piper, 1971: 238), und doch kamen immer wieder neue holistische Theorieentwürfe auf. Theorie und Ideologie ließ sich nicht so säuberlich trennen, wie die sprachphilosophisch angehauchten Positivisten glaubten. Je stärker die Praxis-Orientierung der politischen Theorie sich im Kampf gegen die Autokratie entwickelte, umso größer war naturgemäß die Ideologiegefahr.

Die Theorie der Politik verbarg sich in verspäteten Nationen vielfach zunächst in der Literatur - in Russland bei Radiščev oder Karamzin, im Westen bei Schiller, Foscolo oder Jovellanos. Im romantischen Gegenschlag gegen die Aufklärung optierten einige Dichter radikal wie Shelley, Lamartine, Hugo oder Carducci, andere aber konservativ wie Coleridge, Wordsworth, Novalis oder Kleist. Das Besondere an Russland war nicht, dass Dichter politische Ansichten entwickelten, sondern dass große Schriftsteller wie Dostoevskij und Tolstoj ein eigenes Kapitel in der Geschichte der politischen Theorien ihres Landes beanspruchen können.

Ein sozialgeschichtlicher Ansatz in der Geschichte der politischen Theorien muß drei Zusammenhänge näher beleuchten:

- Die Trägerschichten der Theorieproduktion, ihre wirtschaftlichen Lebensbedingungen und ihre sozial geprägten Denk- und Diskussionsstile.
- Die Einfluss- und Rezeptionsströme im transnationalen Theorieaustausch.
- Die politische Relevanz der Theorien und der Theoretiker als Akteure.

1) Russland eröffnete liberalen Denkern keine Möglichkeit, als Professoren mit dem Staat ihren Frieden zu schließen, ein Privileg, das deutsche Theoretiker von Rotteck bis Mohl genossen. Die Grenzen der Liberalität waren auch in Deutschland eng gezogen - ein Mann wie Rotteck bekam in Deutschland Schwierigkeiten - und die radikalen Linkshegelianer wie Feuerbach, Bauer, Marx oder Ruge hatten keine Chance auf eine wissenschaftliche Karriere. Aber der Austausch von einem Minimum an Loyalität für ein Minimum an Lehrfreiheit bei staatlicher Versorgung im Beamtenstatus entwickelte sich im Westen - nicht hingegen in Russland. Dort erlitten aufstrebende Theoretiker regelmäßig Schiffbruch. Selbst ein so konservativer Liberaler wie Čičerin kam in Konflikt wegen einer harmlosen Äußerung zugunsten einer Verfassung anlässlich eines Banketts, und musste sich grollend auf seine Güter zurückziehen.

Die radikalen Theoretiker wie Belinskij, Černyševskij, Dobroljubov oder Pisarev mussten - wie die deutschen Linkshegelianer - in die Lohnschreiberei ausweichen. Die noch Radikaleren hatten nur eine Option: Verbannung oder Emigration. Vielfach erlitten sie beides nacheinander wie Lavrov, Herzen, Bakunin, Tkačёv, Kropotkin oder Plechanov. Nur wenige waren so wohlhabend wie Herzen, um im Ausland komfortabel leben zu können. Manche der Emigranten existierten kümmerlich und wurden von Gönnern wie Herzen oder Lavrov unterstützt - von Bakunin bis Plechanov. Gelegentlich haben die „reuigen Edelmänner" auf ihr Erbe verzichtet, wie Bakunin oder Kropotkin. Andere haben es zu erhalten versucht: Herzen, um der revolutionären Propaganda willen, Tolstoj aus Rücksicht für seine Familie und um auf seinem Gut vorbildlich „Gutes" zu tun.

Die Soziographie der russischen Intelligenz, die in der Theorie der Politik dilettierte, ist wenig erhellend. Man muss eigentlich fragen: Wer war nicht adlig? Nur wenige Aufsteiger wie Belinskij beherrschten die Szene. Es gab einige Söhne von Popen, wie Černyševskij oder Dobroljubov, in der späteren Generation Bulgakov. Das Pfarrhaus spielte aber als Pflanzstätte der Intelligenz nicht annähernd die Rolle wie im deutschen Protestantismus. Professorensöhne wie Solov'ёv waren selbst in der mittleren Generation noch selten. Einige der radikalsten Denker hatten die höchsten Adelstitel wie Kropotkin oder Bakunin. Die Übermacht des Adels war bei den Slawophilen nicht verwunderlich. Aber sie fand sich auch bei den revolutionären Publizisten (Herzen, Ogarёv, Lavrov, Šelgunov, Bervi-Flerovskij). Angesichts des differenzierten Stufensystems im Adel wird man den wohlhabenden Grundbesitz-Adel von den eher ärmlichen Aristokraten wie Michajlovskij, Tkačёv, Leont'ev oder Plechanov und von den unlängst Aufgestiegenen wie Lenin, unterscheiden müssen. Auch die Liberalen von Čičerin bis Kovalevskij oder die legalen Marxisten von Struve und Berdjaev bis Tugan-Baranovskij stammten aus dem Adel (Bulgakov war die Ausnahme). Erst zu Beginn des 19. Jahrhunderts gab es eine Reihe von bürgerlichen Aufsteigern.

Aber auch bei den Kadetten dominierten die Oberschichten, das reichte von Miljukov bis zum Fürsten Trubeckoj. In der Linken stieg ein neuer Typ des jüdischen Intellektuellen auf, wie Martov (Cederbaum), Akselrod oder Trockij (Bronštejn). Adlige Lebensweise und Unabhängigkeit wirkten nach, auch wenn die ökonomischen Bedingungen sich längst gewandelt hatten. Nicht wenige Exponenten der Theorie wurden wegen ihres adligen Hochmuts und ihres undisziplinierten Individualismus kritisiert, von Herzen und Bakunin bis zu Berdjaev. Typisch für adlige Denker - und solche, die es durch Nobilitierung geworden waren wie Adam Müller, Friedrich Gentz oder Donoso Cortés - war die aristokratische Verachtung des „Bourgeois". Man huldigte der Vorstellung, dass man eher mit dem einfachen Volk als mit dem „philiströsen" Bürgertum kooperieren könne. Die russische Intelligenz hat noch in den 1840er Jahren ein französisches Salon-Leben geführt, wie es in Frankreich 1789 untergegangen war. Jeder wissenschaftliche Disput nahm einen Hauch von genialem Dilettantismus an, wie Herzen es so treffend beschrieb. Vernichtend waren die Urteile der Theoretiker über ihre jeweilige Generation, von Herzens Kritik an den 1840er Jahren, als man von Salon zu Salon fuhr, gedankenschwer und tatenarm blieb (vgl. Kap. Herzen), bis zu Šelgunov (Skizzen des russischen Lebens, 1895), der die 1880er Jahre aufs Korn nahm: Der Praxisdrang war gewachsen, aber der Wissensdurst hatte angeblich stark abgenommen.

2) In der Geschichte der europäischen Länder hat es Wellen der Rezeption von ausländischen Ideen gegeben. Auch das selbstgenügsame England hat solche Einflüsse erlebt - von der französischen Aufklärung bis zum deutschen Neuhegelianismus in der Oxford-Schule. Nirgendwo - mit Ausnahme Spaniens im Konflikt des kantianischen „Krausismo" gegen die Traditionalisten - hat es in Europa jedoch so flächendeckende Rezeptionskriege gegeben wie in Russland. Erst dominierte die französische Aufklärung, dann folgte der deutsche Idealismus. Bei ihm spaltete sich die Anhängerschaft bald in Hegelianer und Schellingianer. Positivismus und Frühsozialismus aus Frankreich lösten die Dominanz der deutschen Idealisten ab. Deutschland hat erst in den 1890er Jahren mit dem Marxismus, und vor dem Weltkrieg mit dem Eindringen des Neukantianismus verlorenes geistiges Terrain in Russland zurück erobert. Schematische Darstellungen haben eine Theoriemode für jede Dekade ausgemacht. Aber die russischen Fraktionsstreitigkeiten, die mit beispielloser Härte ausgefochten wurden, haben dafür gesorgt, dass der Dekaden-Schematismus unbrauchbar wurde. Immer haben verschiedene Einflüsse gleichzeitig miteinander konkurriert. Fest steht, dass Russland dabei überwiegend der nehmende Teil blieb. Nur zwei politische Theorieangebote wurden zum Exportartikel in Westeuropa: der Bakunismus in den romanischen Ländern und der Leninismus in ganz Westeuropa.

3) Die Relevanz politischer Denker in der Politik Russlands war überdurch-
schnittlich hoch, wenn auch überwiegend durch Aktivitäten von Revolutionären.
Immerhin gab es zu Beginn des 20. Jahrhunderts ein zunehmendes Engagement
einer Art „Professorenparlamentarismus" - den Deutschland etwa in der Zeit der
Paulskirche 1848 durchlaufen hatte. Führende Staats- und Sozialwissenschaftler
waren in der Politik engagiert: Muromcev wurde Präsident der Duma, Kokoškin
und Miljukov brachten es zu Ministern. Von Ostrogorskij bis Kovalevskij, Struve
und Tugan-Baranovskij haben Sozialwissenschaftler als Abgeordnete gedient und
damit - wie Struve einst forderte - ihre „Intelligenz-Uniform" ausgezogen und
praktisch-konstruktive politische Arbeit geleistet.

Der russische Scheinparlamentarismus hatte in der ersten Duma eine Über-
repräsentation der liberalen Kadetten ermöglicht, als die Linke zum Teil noch an
Boykott-Strategien festhielt. 1907 wurden die Liberalen halbiert und die Konservativen verdoppelt. Die Sozialisten hatten zugenommen. 1912 waren die Kadetten und Bolschewiki in einer Minderheitsposition. Die Konservativen stellten
durch ein manipuliertes Wahlrecht, das die Stimmung im Lande nicht widerspie-
gelte, die Mehrheit (vgl. Matrix).

Matrix: *Die Repräsentation der Weltanschauungsgruppen im russischen Parlament (Zahl der Sitze):*

	LIBERALE	KONSERVATIVE	SOZIAISTEN
1906	Kadetten 184	Oktobristen 38	Trudoviki 100
		Sonstige 7	Sozialisten 24
1907	Kadetten 98	Konservative 148	Trudoviki 10
		Oktobristen 60	Sozialisten 7
			Bolschewiki 5

Die Liberal-Konservativen hatten vor dem Ersten Weltkrieg das Ohr der Administration, die Trudoviki und Sozialrevolutionäre standen dem Volk nahe. Aber es
kam zu keiner Allianz zwischen der gemäßigten Linken und den Liberalen. Bei
den Wahlen zur Konstituante im November 1917 bekamen die Bolschewiki weniger als ein Viertel der Stimmen - kein Wunder, dass sie endgültig den parlamentarischen Weg zur Macht verließen.

Niemals hatte sich im Zeitalter der Ideologien von 1789-1945 in Russland
eine Chance ergeben, legale Politik und Theorie der Politik harmonisch miteinander zu verbinden. Die nicht legitimierte autokratische Politik prägte eine illegal-
revolutionäre Theorie der Politik. Durch die Machtergreifung der Leninisten kam
es zu dem einmaligen Fall in der Theoriegeschichte, dass drei Akteure behandelt
werden mussten, die ohne den brutalen Machtgebrauch als „bewaffnete Prophe-

ten" schwerlich eine prominente Stellung in der Geschichte der politischen Theorien eingenommen hätten, nämlich Lenin, Trockij und Stalin.

MIX
Papier aus verantwortungsvollen Quellen
Paper from responsible sources
FSC® C105338

If you have any concerns about our products,
you can contact us on
ProductSafety@springernature.com

In case Publisher is established outside the EU,
the EU authorized representative is:
Springer Nature Customer Service Center GmbH
Europaplatz 3, 69115 Heidelberg, Germany

Printed by Libri Plureos GmbH
in Hamburg, Germany